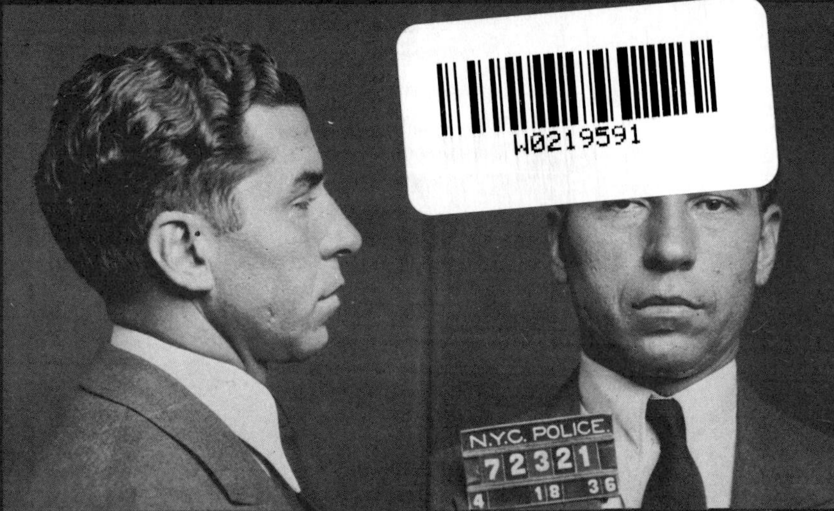

Charles »Lucky« Luciano, der Mafiaführer, im Profil und von vorn, zur Zeit seiner Verhaftung im Jahre 1936. (Polizeidirektion der Stadt New York)

Stellvertretender Distrikts-staatsanwalt Murray L. Gurfein, Leiter des Gangsterdezernats in New York. (Sammlung Thomas E. Dewey)

Distriktsstaatsanwalt Frank S. Hogan gewährte dem Luciano-Projekt der Marineabwehr volle Unterstützung und Kooperation. (Sammlung Thomas E. Dewey)

Unternehmen Luciano

Rodney Campbell

Unternehmen Luciano

Die Rolle der Mafia im Zweiten Weltkrieg

Europaverlag
Wien · München · Zürich

Titel der amerikanischen Originalausgabe
The Luciano Project

Verlegt von McGraw-Hill Book Company, New York
Übersetzt von Susanne Bock

Umschlag und Einband von Georg Schmid

Lektorat Peter Aschner

Printed in Austria
Gesetzt im Filmsatzzentrum Ges.m.b.H. Wien
Druck Elbemühl Wien
ISBN 3-203-50661-0

Für W. B. H.

Inhalt

Vorwort

Im Jahre 1954, zwischen dem 28. Januar und dem 17. September, leitete William B. Herlands, Untersuchungsrichter des Staates New York, eine geheime offizielle Untersuchung im Zusammenhang mit Gerüchten über eine Zusammenarbeit der amerikanischen Marine mit der Mafia im Zweiten Weltkrieg. Im Brennpunkt dieser Untersuchung standen die angeblichen Verdienste des Mafiaführers Charles »Lucky« Luciano. Das Ergebnis dieser Untersuchung war frappierend: es wurde aufgedeckt, was wirklich geschehen und wie es dazu gekommen war. Lucky Luciano und seine Mafiakumpane haben nicht nur der Marine beim Schutz des New Yorker Hafens vor Spionage, Sabotage und Arbeitskonflikten geholfen; ihr Einfluß reichte sogar über den Atlantischen Ozean bis in die Hafenstädte Siziliens und Italiens zur kritischen Zeit der Landung an der von Hitler beherrschten Mittelmeerküste.

In bezug auf diese Zusammenarbeit war sowohl die Mafia als auch die Marine überaus vorsichtig. Die fünf prominenten Gangster und drei ihrer Anwälte, die vor der Herlands-Kommission aussagten, teilten offenherzig mit, wer beteiligt gewesen, was geschehen und warum es geschehen war. Anders die Mafia, die ihre traditionelle »omertà« – das Stillschweigen vor den Behörden – über viele Einzelheiten ihres geheimen Kriegseinsatzes bewahrte. Die Marine gestattete Herlands die Befragung von einunddreißig Marineoffizieren, Mannschaften und Zivilangestellten, aber nur unter der Bedingung, daß keine geheime Information enthüllt werde. Tatsächlich erhielt Herlands einen Großteil seiner Informationen von achtzehn prominenten Fachleuten aus der Justizverwaltung. Als er aber endlich den schlüssigen Beweis vorlegte, daß die Zusammenarbeit zwischen der Mafia und der Marine kein bloßes Gerücht, sondern Tatsache war, begann die Marine mit einer planmäßigen, rücksichtslosen und recht unklugen Vertuschung des Unternehmens.

Auf Verlangen der Marine wurden unterdrückt: Herlands 101 Seiten langer Bericht, 2883 Seiten beeideter Zeugenaussagen, eidesstattliche Erklärungen und Protokolle mit 57 Hauptzeugen, desgleichen Herlands Sammlung urkundlicher Beweisstücke; all das wird in diesem Buch zum ersten Mal veröffentlicht. Es ergibt eine verwikkelte und spannende Geschichte, die dreiundzwanzig Jahre lang geheimgehalten wurde; die handelnden Personen sind Hunderte von Marineoffizieren, Mafiagrößen und Gangstern, aber auch Richter, Staatsanwälte, Bewährungshelfer und Fürsorger, gar nicht zu reden von Geheimdienstagenten aller Kategorien, die ihre Fäden vom Gefängnis Great Meadow bis zum italienischen Kriegsschauplatz zogen. Sicherlich handelte es sich hier um eines der unwahrscheinlichsten Bündnisse des Krieges, aber auch um eines der faszinierendsten und rätselhaftesten.

Die Herlands-Untersuchung des Unternehmens Luciano war und ist tatsächlich die einzige maßgebliche Überprüfung dieses Falles. Die Geschichte, die hier folgt, stützt sich daher bewußt ausschließlich auf die Herlands-Akten, mit wörtlichen Zitaten aus beeideten Zeugenaussagen. Wie aus der Bibliographie hervorgeht, wurde der Bericht durch zusätzliche Recherchen über die darin genannten Personen untermauert. Der Herlands-Untersuchung gelang es auf dramatische Weise, die Wahrheit über das Unternehmen Luciano festzustellen. Deshalb ist dieses Buch Herlands und seinen Mitarbeitern gewidmet. Der Autor dankt gleichzeitig folgenden Personen für ihre tatkräftige Hilfe: Burton Beals, R. Burdell Bixby, Duncan C. Campbell, Tom Carlile, Erne Helwig, Helen Henry, Frederic W. Hills, Herbert Jacoby, Yolanda Milanese, Mary E. Moran, Robert Ripley, Lilian Rosse und William Tekverk.

Unternehmen Luciano enthält die Wahrheit über ein

Geheimdienstunternehmen, das fraglos strittig, aber unzweifelhaft wirksam war, im Verlauf eines Krieges, in dem wie in vielleicht keinem anderen der Sieg um jeden Preis errungen werden mußte.

New York, 1977

EINLEITUNG

1954: Die Herlands-Untersuchung

Es war eine der sensationellsten Entscheidungen der Nachkriegsjahre, als der Gouverneur des Staates New York, Thomas E. Dewey, am 3. Januar 1946 die Strafe von dreißig bis fünfzig Jahren Gefängnis, die Charles »Lucky« Luciano gefaßt hatte, aufgrund der einstimmigen Empfehlung der New Yorker Bewährungskommission aussetzte. Am 2. Februar wurde Luciano entlassen, aber nur, um in sein Geburtsland Italien abgeschoben zu werden. Am 10. Februar wurde er im Hafen von New York an Bord der *Laura Keene* verbracht und unter Aufsicht der Einwanderungs- und Einbürgerungsbehörde deportiert.

Die Mitteilung Gouverneur Deweys an die gesetzgebende Körperschaft, wie sie in allen Fällen administrativer Begnadigung vorgeschrieben ist, lautete:

CHARLES LUCIANO

> wurde im Staate New York wegen Zuhälterei verurteilt und erhielt am 18. Juni 1936 eine Strafe von mindestens dreißig und höchstens fünfzig Jahren Gefängnis. Am 4. April 1936 wurde er verhaftet und beendet derzeit das zehnte Haftjahr.
>
> Luciano kann nach Italien deportiert werden. Er war der Leiter eines Syndikats, das einen Ring von Bordellen beaufsichtigte und betrieb, für diese Häuser Frauen »anwarb« und andere einschlägige Dienstleistungen organisierte. Schon vorher war Luciano wegen Drogenbesitzes verurteilt worden. Er ist jetzt 48 Jahre alt.
>
> Nach dem Eintritt der Vereinigten Staaten in den Krieg wandten sich die Streitkräfte um Hilfe an Luciano: er

sollte andere Personen veranlassen, Informationen über möglicherweise geplante feindliche Angriffe zu beschaffen. Er scheint kooperiert zu haben, wenn auch der tatsächliche Nutzen der auf diese Weise erlangten Informationen nicht geklärt ist.
Das Verhalten Lucianos im Gefängnis ist völlig zufriedenstellend.

Gouverneur Dewey setzte gleichzeitig die Strafen von sechs anderen ausländischen Verbrechern aus, um sie in ihre Heimatländer deportieren zu lassen. Diese sechs Männer wurden von der Einwanderungs- und Einbürgerungsbehörde nach Spanien, Griechenland, England, Italien und China abgeschoben. Luciano aber war eine Berühmtheit, und Deweys Entscheidung war eine Sensation, erstens wegen der Position und des Ansehens des Mannes, der sie getroffen hatte, und zweitens wegen des Mannes, dem sie zugute kam.

Thomas Edmund Dewey war damals dreiundvierzig Jahre alt. Er war der Sohn des lebenslänglichen Herausgebers der *Times* von Owosso, Michigan, und Absolvent der Universität Michigan und der juridischen Fakultät der Universität Columbia. In den dreißiger Jahren war er Staatsanwalt für den Süddistrikt von New York. Als öffentlicher Ankläger und als Staatsanwalt im Staate New York organisierte, plante und leitete er die durchgreifendste und erfolgreichste Kampagne gegen das Verbrechertum, die Amerika je erlebt hatte. Mit einem Team von zwanzig jungen Anwälten verfolgte er so schwere Burschen wie Dutch Schultz, Legs Diamond, Waxey Gordon, Louis Buchalter (»Lepke«) und Jakob Shapiro (»Gurrah«) und legte ihnen das Handwerk. Charles »Lucky« Luciano fiel seinem flammenden Richtschwert 1936 zum Opfer und schmachtete im Dannemora-Gefängnis im Nordwesten des Staates New York. Dewey wurde 1943 Gouverneur dieses Staates und übersiedelte als solcher nach Albany; 1944 bewarb er sich erfolglos um das Präsidentenamt gegen den damals schon leidenden Präsidenten Franklin D. Roosevelt. Dann, im Jahre 1946, gegen Ende seiner ersten

Amtsperiode als Gouverneur, setzte er die Strafe Lucky Lucianos aus, desselben Mannes, den er zehn Jahre zuvor ins Gefängnis geschickt hatte.

Luciano hatte sich in den dreißiger Jahren an die Spitze der Mafia emporgearbeitet. Ein Reporter beschrieb ihn damals so: »Er war schlau und raubgierig, von einer wilden Grausamkeit. Wie eine todbringende Kobra schlängelte sich dieser müdäugige Schläger um die Unterwelt der Ostküste und preßte unbarmherzig das verderbte Gold aus ihr heraus. Dabei war er die Freude der Buchmacher, das Entzücken der Straßensänger, ein Dracula in der Maske eines gutmütigen Lebemannes.« Aber noch dramatischer als Lucianos Schurkerei waren seine hochfliegenden Pläne. Er war der Meinung, das organisierte Verbrechertum in Amerika sollte sich legalisieren, Rauschgifthandel, Spielhöllen und Prostitution sollten organisiert werden wie Kettenläden oder Supermärkte. Er hielt Bandenkriege für eine Verschwendung, Gewalt gegen die Ordnungshüter für unproduktiv, und er schien zu denken, die Vereinigten Staaten seien – trotz aller Probleme – ein Land, in dem zu leben sich lohnte.

Warum hatte Dewey das Urteil gegen diesen Mann revidiert? Worauf spielte er an mit dem Satz: ». . . wandten sich die Streitkräfte um Hilfe an Luciano«? Die Streitkräfte selbst nahmen dazu überhaupt nicht Stellung, auch war es noch zu bald nach Kriegsende, um in Staatsgeheimnissen zu wühlen. Es gab gute Gründe, Luciano abzuschieben – die zehn Jahre, die er schon abgesessen hatte, seine gute Führung im Gefängnis –, und so bedauerten viele Mitglieder von Deweys Stab, daß der Zweite Weltkrieg in diesem Zusammenhang überhaupt erwähnt worden war.

Während der folgenden acht Jahre folgte ein wildes Gerücht dem anderen. Im Februar 1947 schrieb der Journalist Walter Winchell in seiner Kolumne, Luciano solle die Ehrenmedaille des Kongresses für seine Verdienste im Zweiten Weltkrieg bekommen. Das Heer, die Marine und das *Office of Strategic Services* (bald darauf in *Central Intelligence Agency* umbenannt) dementierten einstimmig und in aller Form, daß Luciano irgendwelche Dienste geleistet hätte. Natürlich würde dieser »Zuhälter« Luciano – so bezeichnete ihn Generalmajor William J. Donovan (»Wild Bill«) – niemals den höchsten Orden des Vaterlandes erhalten! Ein Offizier der Marineabwehr, Commander Charles Radcliffe Haffenden, erklärte jedoch, das Gerücht sei begründet; Luciano sei der Marineabwehr bei der Sicherung des Hafens von New York gegen Sabotage behilflich gewesen.

Die Zielscheibe dieser Gerüchte war Dewey. Zwei Jahre nach einer zweiten erfolglosen Präsidentschaftskandidatur, diesmal gegen Harry S. Truman im Sommer 1950, als er sich zum dritten Mal um die Wiederwahl zum Gouverneur bewarb, beschuldigte ihn sein Gegner, der Abgeordnete Walter Lynch, sich inkorrekt verhalten zu haben, als er Lucianos Strafe in Deportation umwandelte. Aber Dewey schwieg weiter über die Beziehungen zwischen den Streitkräften und Luciano im Krieg. Er wies lediglich darauf hin, daß sein Vorgänger, Gouverneur Herbert H. Lehmann, fünfundzwanzig solche Revisionen vorgenommen hatte, Gouverneur Franklin D. Roosevelt einundzwanzig und Gouverneur Al Smith elf.

Im nächsten Jahr, 1951, veranstaltete der Sonderausschuß des Senats zur Untersuchung des organisierten Verbrechertums im zwischenstaatlichen Handel unter Vorsitz des Demokraten Estes Kefauver aus Tennessee für die Fernsehzuschauer des ganzen Landes eine eindrucksvolle Sendung über das Ausmaß der kriminellen Geschäfte in den Vereinigten Staaten. Zum ersten Mal erfuhren Millionen Amerikaner von der Mafia. Wichtiges Beweismaterial wurde vorgelegt, aus dem hervorging, daß Luciano von seinem neuen Heim in Neapel aus wahrscheinlich noch immer in der amerikanischen Unterwelt mitmischte, wenn auch das Beweismaterial für einen Auslieferungsantrag nicht ausreichte. Zwangsläufig erhob sich wieder die Frage: »Was hat Luciano nun wirklich während des Krieges getan?« Wehrmacht, Marine und OSS wiederholten wie aus einem Munde: Nichts. Commander Haffenden wurde als Zeuge vor den Kefauver-Ausschuß geladen und sagte diesmal aus, Luciano habe keinen wesentlichen Beitrag geleistet. Niemand bestand auf einer Erklärung, warum Haffenden sich die Sache jetzt anders überlegt hatte.

1952 und 1953 – im sechsten und siebenten Jahr ohne Klarheit über Lucianos Rolle im Zweiten Weltkrieg – erschienen einige Bücher, Artikel und Erinnerungen zu diesem Thema, die jedoch eine Klärung des wahren Sachverhalts fast aussichtslos machten. In unterschiedlicher Weise wurde beschrieben, wie Luciano und seine Mafiakumpane den Krieg im Hafen von New York und später die Invasion von Sizilien zum Sieg geführt hätten. Heer, Marine und Geheimdienst schwiegen. Luciano wurde beschuldigt, seinen Beitrag zur Kriegführung irgendwie simuliert und damit unrechtmäßig seine Entlassung erreicht zu haben. Ein amerikanischer Autor, Mike Stern, schrieb in seinem Buch *No Innocents Abroad,* Luciano selbst habe behauptet, die Republikanische Partei im Staate New York sei mit 75.000 Dollar bestochen worden, damit Dewey sein Urteil revidiere. Weder damals noch später äußerte sich irgendwer zu dieser ernsten Beschuldigung, und es wurden auch keine Beweise vorgebracht. Als Mike Stern sie in der »Kate Smith Show« des WNBC-Senders wiederholte, verlangte und erreichte Dewey einen Widerruf und eine Entschuldigung von den Veranstaltern und von der Radiostation. Als Dewey jedoch vom Verlag Random House, wo *No Innocents Abroad* erschienen war, das gleiche verlangte, kam dieser der Aufforderung nicht nach, und es folgten keine weiteren Schritte.

Inzwischen hatte Senator Dewey mit seinen Mitarbeitern den Entschluß gefaßt, die ganze Angelegenheit zu untersuchen und die wahren Fakten von Lucianos Zusammenarbeit mit den Streitkräften im Zweiten Weltkrieg ans Tageslicht zu bringen. Da Dewey am 1. Januar 1943 die Nachfolge Lehmanns als Gouverneur angetreten hatte und auch mit dessen früheren Mitarbeitern in der Distriktstaatsanwaltschaft befreundet war, wußte er zumindest in allgemeinen Zügen von Lucianos Kriegsbeitrag. Aber die Einzelheiten waren ihm verborgen geblieben, und die Streitkräfte hatte er nie befragt. Nun beschloß er, sich nicht auf politische und gerichtliche Schritte einzulassen, sondern auf eigene Faust eine formelle offizielle Untersuchung einzuleiten, gestützt auf seine staatlichen Vollmachten, die es ihm ermöglichten, Zeugen unter Strafandrohung vorladen zu lassen und Akteneinsicht zu verlangen. Aus seinem Nachlaß, der nach seinem Tode veröffentlicht wurde, stammt folgender Auszug:

> Es wurde gesagt, daß möglicherweise meine Handlungsweise [bei der Aussetzung der Strafe Lucianos] unrecht gewesen sei. Das ärgerte mich zwar maßlos, doch konnte ich in diesem Augenblick keinen Weg finden, diesem unbegründeten Klatsch entgegenzutreten. Ich beschloß jedoch, soviel wie möglich über die Hilfe, die Luciano der Marine gewährt haben sollte, herauszufinden, und ich wandte mich an William B. Herlands, der damals Untersuchungsrichter [des Staates New York] war, und bat ihn, eine solche Erhebung in die Wege zu leiten.

Am 26. Januar 1954, als die Herlands-Untersuchung gerade beginnen sollte, explodierte der Fall Luciano in aller Öffentlichkeit mit einem giftigen Austausch von Anschuldigungen und Gegenanschuldigungen im Kongreß des Staates New York. Im Unterhaus erklärte der demokratische Abgeordnete von Manhattan, Louis A. Cioffi, unverblümt, ohne Beweise anzubieten, daß im Zusammenhang mit Lucianos Deportation 300.000 Dollar den Besitzer gewechselt hätten. Weil es für diese Behauptung keinerlei Beweise gab, forderte der demokratische Fraktionsobmann, Eugene F. Bannigan, jeden Hinweis auf Bestechung aus dem Sitzungsprotokoll zu streichen. Dann brachte der republikanische Abgeordnete William F. Horan erstmals ein unanfechtbares Faktum in der Angelegenheit Luciano vor. Er sagte, Luciano sei während der zehn Jahre seiner Haft von 34 Personen besucht worden. Unter diesen Besuchern befanden sich sieben Mitglieder seiner Familie, sieben Rechtsanwälte, sechs Aufsichtsbeamte und vierzehn andere Personen. Elf dieser vierzehn anderen, so berichtete Horan, seien auf der Suche nach Information für die Marineabwehr gewesen. Der einzige von diesen elf, der identifiziert wurde, konnte allerdings kaum als Marineoffizier bezeichnet werden: es war Frank Costello, der berüchtigte Gangster und Mitarbeiter Lucianos in der New Yorker Mafia.

Am folgenden Morgen lud der Strafvollzugskommissar des Staates New York, Edward J. Donovan, die Fraktionsobmänner des Abgeordnetenhauses in sein Büro, um ihnen Gelegenheit zu geben, in die vollständige Liste der Besucher Lucianos Einblick zu nehmen. Das taten sie denn auch, und die Namen machten am nächsten Tag Schlagzeilen in allen Zeitungen von der Ostküste bis zur Westküste. Außer Frank Costello waren da Meyer »Little Man« Lansky, Josef »Socks« Lanza, Willi Moretti, Mikey Lascari und ein geheimnisvoller »Segel«, der sich später als Benjamin »Bugsy« Siegel aus Las Vegas, Nevada, herausstellte. Jeder einzelne dieser Besucher stand auf der Besucherliste mit dem Vermerk: »Besuch bewilligt nach Ansuchen an den Strafvollzugskommissar [John A.] Lyons [der damals diese Stelle innehatte] im Jahre 1942, damit der Häftling den Kriegseinsatz unterstützen könne.«

Auf den ersten Blick schien es, als hätte hier wirklich ein wahrhaft skandalöses Kommen und Gehen von Obergangstern in einem New Yorker Staatsgefängnis zu üblen Zwecken stattgefunden. Auf den zweiten Blick schien es, daß Luciano, wenn er irgendwie mit der Marineabwehr zusammenarbeitete, gerade diese Männer brauchte: sie mußten seine Aufträge ausführen und, falls nötig, jeden, der sich ihnen entgegenstellte, abschießen. Wie auch immer, die Fakten der Luciano-Affäre versprachen noch sensationeller zu sein als die Gerüchte! Es war Zeit, mit der Herlands-Untersuchung zu beginnen.

Die Herlands-Untersuchung sollte aber nicht nur den Sachverhalt ermitteln, sondern auch grundlegende moralische Fragen klären. Noch keine zehn Jahre waren vergangen seit dem Kriegsende, dem mühsam errungenen Sieg, der Alternative zu Niederlage, Tod und Konzentrationslager. Die Welt hatte noch nicht die gefährlichen Augenblicke vergessen, da es nichts anderes gegeben hatte als Sieg um jeden Preis. In jenen Tagen hatte Winston Churchill einmal einen Aspekt der Kriegsmoral so definiert: Sollte durch ein merkwürdiges Spiel des Schicksals der Teufel selbst sich gegen Hitler stellen, würde er »sich zumindest verpflichtet fühlen, den Teufel im Unterhaus freundlich zu erwähnen«. Es ging eben um alles oder nichts.

Doch gerade als die Herlands-Untersuchung eingeleitet wurde, ließ Dewey selbst in seiner Jahresbotschaft an den New Yorker Kongreß andere Töne hören: »Die Öffentlichkeit hat das Recht, von ihren Beamten eine Haltung zu erwarten, die hoch über der Moral des Basars steht. Die Träger der öffentlichen und politischen Macht sind die Garanten für die Hoffnungen und Wünsche der gesamten Menschheit.«

Von welchen moralischen Normen ließen sich die amerikanischen Militär- und Zivilbeamten leiten, die sich mit Lucky Luciano befaßten?

Der Untersuchungsrichter des Staates New York, William B. Herlands, war achtundvierzig Jahre alt. Bislang hatte er als Untersuchungsrichter der Stadt New York für Bürgermeister Fiorello La Guardia und als stellvertretender Distriktstaatsanwalt für den Sonderankläger Dewey gearbeitet, aber keiner dieser beiden war sein Hauptförderer gewesen. Er hatte das New Yorker City College mit brillantem Erfolg absolviert und an der juridischen Fakultät der Columbia-Universität als Allerbester seines Jahrgangs promoviert. Ein bemerkenswerter Anwalt namens George Zerdin Medalie engagierte ihn sofort für seine New Yorker Kanzlei. Herlands beschrieb seinen Mentor als »einen der belesensten Männer, die ich je getroffen habe. Er verbrachte Stunden damit, über die neuesten juristischen Theorien, die aktuellste Literatur zu diskutieren. Sehr gern berief er sich auf Wigmores *Ein Panorama der Rechtssysteme der Welt,* aber auch auf den Talmud, das Kirchenrecht, das römische Recht«. Medalies Gattin war ebenfalls hoch gebildet, und die beiden schrieben einander liebevolle Briefchen in altgriechischer Sprache.

Herlands, ein rundgesichtiger, eulenäugiger Mann mit

sanften Wangen, trug dünne, runde Stahlbrillen und war als Anwalt fast zu penibel für unsere Zeit. Er war vielleicht der scharfsinnigste und am wenigsten überschwengliche Anwalt der skandalumwitterten, rauschenden dreißiger Jahre. Er schätzte Genauigkeit um ihrer selbst willen. Auch war er praktisch unbekannt. Während Sonderankläger Dewey und die stellvertretenden Distriktstaatsanwälte Frank S. Hogan und Sol Gelb für die Verfolgung des Luciano-Lasterkombinats Lobgesänge und Schlagzeilen einheimsten, wo war da Herlands? Er leitete in seiner typischen Manier eine monatelange, methodische Untersuchung des organisierten Verbrechens im Gastgewerbe. Seine Gewissenhaftigkeit rentierte sich. Sie führte zur Verurteilung von zehn führenden Gastgewerbe-Gangstern in einundvierzig Fällen von Erpressung, sieben Fällen von versuchter Erpressung und wegen Verschwörung. Es war das erste Mal, daß in Amerika eine Verbrecherorganisation dieses Ausmaßes, die einen ganzen Wirtschaftszweig umfaßte, zerschlagen wurde.

Herlands wurde Anfang 1954 Untersuchungsrichter des Staates New York und leitete zwischen 28. Januar und 17. September die Geheimuntersuchung in Sachen Luciano. Es war eine verworrene Spur, und Herlands führte die Verhöre und Kreuzverhöre der Zeugen persönlich, unterstützt von Untersuchungskommissar Abraham M. Poretz und den Rechtsassistenten Jakob Imberman und A. Cuyler Ten Eyk. Die Detektive William J. Grafenecker, Hyman Rosenblatt und Arthur J. Govin dienten als Erhebungsbeamte, um die Aussagen unabhängig voneinander zu erhärten. Herlands und Poretz sammelten beeidete Zeugenaussagen, eidesstattliche Erklärungen und Gedächtnisprotokolle von einunddreißig Marineangehörigen, darunter vier Kapitäne, zehn Kommandeure und Kommandeurleutnants, fünf Unterleutnants zur See und Mannschaften, ein Oberst der Marineinfanterie, sechs Zivilbeamte der Marineabwehr und fünf ihrer Konfidenten. Herlands nahm beeidete Zeugenaussagen von achtzehn Justizbeamten entgegen, darunter ein Richter, drei Distriktstaatsanwälte und stellvertretende Distriktstaatsanwälte, vier Gefängnisbeamte, drei Bewährungshelfer, ein Polizeiinspektor und sechs Rauschgiftspezialisten. Ferner protokollierte Herlands die eidlichen Aussagen von fünf prominenten Gangstern, die als Führer oder Mitglieder der Mafia bekannt waren, und von drei Strafverteidigern, die als Rechtsvertreter von Luciano und Genossen fungiert hatten. Luciano selbst, der in Neapel lebte, wurde nicht einvernommen.

Von den 57 Hauptzeugen kompilierten Herlands und Poretz 2883 Seiten beeideter Aussagen, eidestattlicher Erklärungen und Gedächtnisprotokolle, dazu noch ergänzende Belege und Dokumente; daraus verfertigten sie einen Bericht von 101 Seiten mit Anlagen. Es war eine bemerkenswerte Leistung. Allerdings war aus dem Bericht ersichtlich, daß der Untersuchung gewisse Grenzen gesetzt worden waren.

Die Mitarbeit der Marine war offensichtlich entscheidend angesichts der Tatsache, daß auch ein selbständiger Bundesstaat wie New York nur ein begrenztes und nicht genau definiertes Recht hat, militärische Angelegenheiten – und gar geheime – zu untersuchen. Trotzdem half die Marine bei der Herlands-Untersuchung. Eine schriftliche Abmachung, die diese Kooperation formell geregelt hätte, schien jedoch in den Herlands-Akten nirgends auf. Aber die wesentlichen Elemente eines Übereinkommens waren der Diktion des Berichtes zu entnehmen und gingen aus den beigefügten Belegen hervor.

Die Marine stellte die Zeugen. Im Herlands-Bericht heißt es: »Wir danken dem Marineministerium für die Zusammenarbeit bei der Suche nach Marineangehörigen, die an den im Bericht beschriebenen Unternehmungen beteiligt waren, und für die umfassende Hilfe bei der Rekonstruktion der Einzelheiten.«

Jedoch setzte die Marine Grundregeln für die Interviews mit Marinepersonal fest, und an diese Regeln hielt sich die New Yorker Untersuchungsbehörde. Herlands und Poretz machten alle Zeugen der Marine besonders darauf aufmerksam – und das steht in den Protokollen –, daß ihre Vorgesetzten über die Vernehmungen informiert seien und daß Geheimmaterial nicht enthüllt werden dürfe. Mehrmals, wenn Zeugen von der Marine bemerkten, daß man nun geheime Themen berühre, wechselten Herlands und Poretz zu anderen Fragen über.

Der Marine wurde versichert, daß die Herlands-Untersuchung diskret und verantwortungsvoll geführt würde, und daß etwaige Enthüllungen über Luciano mit Vorsicht präsentiert werden würden. Der Herlands-Bericht weist auch nachdrücklich darauf hin, es könne »gar nicht stark genug betont werden, daß die Kontakte mit der Unterwelt nur eine winzige Episode in den zahlreichen Unternehmungen der Marineabwehr darstellten. Sie bildeten nur einen verschwindend kleinen Bestandteil der umfassenden Unternehmungen zum Schutze der Sicherheit der Nation«.

Der Marine wurde zugesagt, sie würde Kopien der Niederschriften aller Zeugenaussagen sowie aller Dokumente erhalten, die für die Marine von direktem offiziellem Interesse seien. Herlands sandte tatsächlich dem Marineabwehrbüro in Washington Kopien aller beeideten Zeugenaussagen, eidesstattlichen Erklärungen und Gedächtnisprotokolle von neununddreißig der insgesamt siebenundfünfzig Hauptzeugen, darunter alle Zeugen von der Marine. In seinem Begleitbrief an den Leiter der Marineabwehr schrieb Herlands: »Es ist zu bemerken, daß alle diese Gespräche und Vernehmungen mit Wissen und Zustimmung der zuständigen Marinebehörden geführt worden sind.«

Der Marine wurde zugesagt, daß die Identität ihrer zivilen Geheimagenten nicht preisgegeben werden würde. Herlands schrieb einem dieser Zeugen: »Ihr Name wird in der Öffentlichkeit nicht genannt werden, weder im Zusammenhang mit einer Einvernahme oder einem Bericht noch in anderem Zusammenhang.« Dieser Mann, dessen Aussage von Bedeutung war, wurde nur als »Agent X« bezeichnet. Herlands bestand darauf, dem Mann diese Zusicherung persönlich und eigenhändig in Anwesenheit von Poretz und Grafenecker zu überreichen.

Andere Informationsquellen waren leichter zu erschließen. Herlands erhielt die rückhaltlose Unterstützung der

New Yorker Strafvollzugsbehörde und der New Yorker Polizei. Von der Bewährungsbehörde wurde er mehr als großzügig unterstützt: man gab ihm das Dossier, das Lucianos Führungsbogen aus dem Gefängnis und die Begründung für die vorzeitige Entlassung enthielt. Von der New Yorker Distriktstaatsanwaltschaft bekam er nicht nur entscheidendes Material, sondern sogar die Niederschrift von zwölf in gerichtlichem Auftrag abgehörten Telephongesprächen, die voneinander unabhängig bestätigten, daß führende Leute der Unterwelt in signifikantem Ausmaß über Marineangelegenheiten gesprochen hatten. Das Rauschgiftdezernat verschaffte Herlands Zugang zu Drogenhändlern, die ihrer Sorge über Lucianos Aktivitäten auf diesem Gebiet in den fünfziger Jahren Ausdruck verliehen. Von Zeugen, die als Mitglieder der Unterwelt namhaft gemacht worden waren, erhielt Herlands auch eine Menge von Aussagen, die der Überprüfung durch Grafenecker, Rosenblatt und Govin standhielten. Und von Lucianos Rechtsanwälten erhielt Herlands reichliche Bestätigung dafür, daß die Gangster, die in Untersuchung standen, genauso entschiedene Gegner der Achsenmächte waren wie die Marine selber, wobei ihr spezieller Abscheu dem »Duce« Mussolini galt.

Schließlich ließ Herlands von seinem Büro drei besonders wichtige Bereiche untersuchen. Er legte eine Sammlung aller bekannten Präzedenzfälle, Vorgangsweisen und Richtlinien bei der Strafaussetzung zum Zwecke der Deportation an. Er untersuchte alle Fälle zwischen 1923 und 1942, in denen für »Unterstützung der Behörden« Strafnachlaß gewährt worden war. Und er verschaffte sich die Richtlinien und Handbücher der Marineabwehr, die sich auf die Heranziehung von Konfidenten, besonders solchen aus der Unterwelt, bezogen.

Das war wie gewöhnlich eine mühsame Arbeit. Aber Herlands hatte stets eine Frage vor Augen, die sein Mentor Medalie manchmal bezüglich eines Falles stellte: »Wie setzt du dem eine rote Nase auf?« Eine »rote Nase« war die spezifische Note einer Untersuchung, die in Herlands' Worten die »Physiognomie eines Zeugen, einer Transaktion, eines Falles« bestimmte. Die »rote Nase« einer Verbindung zwischen Mafia und Marine im Zweiten Weltkrieg, sofern eine solche sich nachweisen ließ, hätte eine erste direkte, schriftliche, offizielle Bestätigung der Marine selbst sein müssen, daß Luciano der Marineabwehr von Nutzen gewesen sei. Geduldig und methodisch suchte Herlands diese »rote Nase« in den Aussagen der verantwortlichen höheren Beamten.

Hier fand sich eine eidesstattliche Erklärung von Captain Roscoe C. MacFall, vom 10. Juni 1940 bis 13. Dezember 1943 Distriktabwehroffizier für den Dritten Marinedistrikt (zu dem der Hafen von New York gehört), bestätigt von seinem Untergebenen und späteren Nachfolger, Captain William B. Howe, der vom 13. Dezember 1943 bis 1. Mai 1944 dieselbe Stelle innehatte:

> Die Verwendung von Informanten und Typen aus der Unterwelt sowie die Anwendung anderer besonders vertraulicher Verfahren war ein kalkuliertes Risiko, das ich als Distriktabwehroffizier auf mich nahm. Es lag allein an mir, nach bestem Wissen abzuschätzen, auf welche Weise Informationen beschafft werden sollten.

Da war Frank S. Hogan, Distriktstaatsanwalt im Staate New York vom 1. Januar 1942 bis zu seinem Tode am 4. April 1974:

> Ich sagte Captain MacFall, daß es in meinem Büro nichts gebe, was die Marine nicht haben könne, und ich beauftragte Mr. Gurfein [stellvertretender Distriktstaatsanwalt Murray I. Gurfein], Informationen aus unserem gegenwärtigen und künftigen Besitz, die für die Angelegenheit von Belang sein könnten, zur Verfügung zu stellen.

Da war John A. Lyons, Strafvollzugskommissar vom 28. Februar 1939 bis zu seinem Tode am 12. Juli 1951, der seinem Vertreter erklärt hatte, warum er 1942 einem Ansuchen der Marine zustimmte, Luciano in ein leichter erreichbares Gefängnis zu überstellen, wo er regelmäßig von der Marineabwehr befragt werden konnte:

Ich hätte es getan, um auch nur das Leben eines einzigen amerikanischen Soldaten auf einem einzigen amerikanischen Schiff zu retten.

Von da an war es nur noch ein Schritt zum Beweis, daß zwischen dem 7. März 1942 und dem 1. Mai 1944 bis zu 73 Marineoffiziere und 82 Marinesoldaten und Zivilangestellte im Dritten Marinedistrikt aktiv, kontinuierlich und erfolgreich mit Geheimdienstaktionen befaßt waren, welche die rückhaltlose Mitarbeit der Mafia und vieler ihrer notorischen Führer, Charles »Lucky« Luciano inbegriffen, erforderten; Aktionen, die in so verschiedenen Örtlichkeiten wie dem Hotel Astor und dem Great Meadow-Gefängnis ausgeheckt wurden und die vom New Yorker Hafen bis an die Küste Siziliens reichten.

Im Juni 1954, mitten in seinen Untersuchungen, flog Herlands nach Portland, Oregon, um sich die grundlegende Frage unter Eid beantworten zu lassen: Wieviel von all dem war bekannt, und wer wußte davon im Marineministerium in Washington? Dort erhielt Herlands eine eidesstattliche Erklärung vom Spionagemeister, einem pensionierten Marineoffizier, der während des Krieges Leiter der Abteilung Gegenspionage der Marineabwehr gewesen war. Dieser Mann bestätigte Herlands, daß er in Washington vertrauliche Informationen aus Unterweltquellen erhalten habe, worüber er auch mit seinen Vorgesetzten gesprochen habe. Die Marine habe diese Informationen für nützlich gehalten. Übrigens schickte der Spionagemeister Herlands eine Spesenrechnung, weil er seinen Privatwagen benützt hatte, um von seinem Wohnsitz zur Unterredung nach Portland zu fahren.

Herlands, der noch immer die »rote Nase« des Falles Luciano suchte, hielt nun die Zeit für gekommen, um von der Marine die erste offizielle Bestätigung über die Zusammenarbeit mit der Unterwelt zu erlangen. Am 20. Juli 1954 schrieb er an Admiral Carl F. Espe, Leiter der Marineabwehr im Pentagon, folgenden Brief:

Werter Admiral Espe!

Dieses Büro führt eine Untersuchung über die Teil-

nahme von Charles Luciano an gewissen Aktionen der Marineabwehr im Dritten Marinedistrikt während des Zweiten Weltkrieges durch.
Es wäre sehr nützlich, wenn Sie mich – soweit es die Geheimhaltungsvorschriften gestatten – über die Art der Mitwirkung Lucianos an diesen Aktionen informieren könnten.

Weil dieser Brief am gleichen Tage wie die Kopien der Niederschriften der Aussagen von Marine- und anderen Zeugen an das Büro der Marineabwehr geschickt wurde, kann man annehmen, daß die Antwort Admiral Espes »bestellt« war. Es gibt aber in den Akten der Herlands-Untersuchung keine Beweise für diese Vermutung. Jedenfalls erhielt Herlands innerhalb einer Woche eine Antwort vom Leiter der Marineabwehr. In einem Brief vom 26. Juli 1954 schrieb Admiral Espe:

Werter Herr Herlands!
In Beantwortung Ihres Schreibens vom 20. Juli 1954 betreffend die Teilnahme von Charles Luciano an Aktionen des Distriktabwehrbüros im Dritten Marinedistrikt während des Zweiten Weltkrieges teile ich Ihnen mit:
Im Frühjahr 1942 war es nötig, alle verfügbaren Informationsquellen auszuschöpfen. Der Distriktabwehroffizier des Dritten Marinedistriktes verwendete zahlreiche Konfidenten, auch vorbestrafte Personen.
Eines dieser Projekte kam durch Vermittlung des Distriktstaatsanwaltes von New York zustande und stellte eine Verbindung mit gewissen kriminellen Elementen her.
Zu dieser Zeit erlitten wir starke Verluste durch U-Boot-Angriffe auf die Schiffahrt längs der Atlantikküste. Der Ausgang des Krieges erschien äußerst fraglich. Dazu kam allergrößte Besorgnis über die Möglichkeit von Sabotage in den Häfen. Es war notwendig, jedes verfügbare Mittel zu verwenden, um Sabotageakte zu verhindern und die Versorgung und Kontaktierung feindlicher U-Boote unmöglich zu machen.

Um diese Pläne zu fördern, ersuchte das Distriktabwehrbüro um die Überstellung von Charles »Lucky« Luciano in das Great Meadow-Gefängnis, wo er leichter erreichbar sein würde. Diese Überstellung fand am 12. Mai 1942 statt.
Es wird uns mitgeteilt, daß von da an eine Verbindung mit Luciano bestand, dessen Einfluß auf andere kriminelle Kreise zu deren Zusammenarbeit mit der Marineabwehr führte, einer Zusammenarbeit, die für die Marine nützlich war.

Das war die »rote Nase«, die Herlands gesucht hatte! Am 17. September 1954 setzte er den Schlußpunkt unter seinen 101 Seiten langen Untersuchungsbericht und sandte ihn an Gouverneur Dewey. Er schrieb:

Das Beweismaterial zeigt, daß sich die Marineabwehr der Hilfe und Mitarbeit Lucianos versicherte. Das geschah im Interesse der sich entfaltenden und wachsenden Bedürfnisse der Landesverteidigung. Es wäre ohne jeden praktischen Nutzen, über die technische Bedeutung von Lucianos Unterstützung des Kriegseinsatzes zu diskutieren. Über der genauen Einschätzung seines Beitrages steht die kristallklare Tatsache, daß Luciano und seine Komplizen und Mittelsmänner in einer Periode, als »der Ausgang des Krieges äußerst fraglich erschien«, für eine breite Skala von Hilfsdiensten sorgten, die »für die Marine nützlich« waren.

Herlands beschrieb dann detailliert die »breite Skala von Hilfsdiensten« und die Leute, die damit zu tun hatten. »Es kann keinen Zweifel geben, daß das Projekt von Wert war«, bemerkte er. »Die Fakten, die in diesem Bericht niedergelegt sind, zeigen, daß die Erklärung des Gouverneurs in seiner Begründung des Strafnachlasses, die sich auf die Hilfe Lucianos im Kriege bezog, eher als zurückhaltend bezeichnet werden muß.«

Damit war Gouverneur Dewey völlig rehabilitiert. Warum aber wurde der Herlands-Bericht niemals veröffentlicht? Es gibt Auszüge aus Deweys Papieren, in denen er selbst nur folgendes erklärt: »Da die Marine ihren Offizieren nur auszusagen erlaubte, sofern die Geheimhaltung gewahrt bliebe, gab ich den Bericht nicht frei.«

Der wirkliche Grund, warum der Herlands-Bericht nie veröffentlicht wurde, liegt in den Akten der Herlands-Untersuchung selbst verborgen. Und so halten sich Halbwahrheiten, Gerüchte, Klatsch und Andeutungen über die Zusammenarbeit zwischen der Marine und der Mafia während des Krieges beharrlich bis zum heutigen Tag.

Der Leiter der Marineabwehr schrieb an Gouverneur Dewey fünf Monate nach seinem ersten Brief und zwei Monate nach der Fertigstellung des Berichtes, teils dankbar, teils anerkennend, teils drohend, teils bittend, aber in einer Form, die Gouverneur Dewey buchstäblich keine andere Möglichkeit ließ, als den Herlands-Bericht unter Verschluß zu halten. Am 22. November 1954 schrieb Espe wie folgt:

> Werter Herr Herlands!
> Ich möchte Ihnen für Ihr großzügiges Entgegenkommen danken, das Sie veranlaßt hat, mich in Washington zu besuchen, und mir Gelegenheit bot, Ihren Bericht an Gouverneur Dewey über die Umstände von Lucianos Zusammenarbeit mit der Marineabwehr in New York während des Zweiten Weltkrieges durchzusehen.
> Ich habe diesen Bericht studiert und muß befürchten, daß seine Veröffentlichung der Marine schaden könnte. Vielleicht birgt der Bericht selbst nicht einmal sosehr die Gefahr in sich, die Methoden der Marineabwehr und den Umfang ihrer Operationen ans Licht zu bringen; möglicherweise gibt er auch nicht die Namen und Methoden von Geheimagenten der Marine preis, aber er faßt doch alle diese einzelnen Elemente zu einem Ganzen zusammen. Es wäre also durchaus möglich, daß die Veröffentlichung dieses Berichtes ähnliche Unternehmungen in Hinkunft präjudizieren könnte.
> Es scheint unvermeidlich, daß die Veröffentlichung dieses Berichtes eine Welle von »Knüllern« inspirieren würde, die sich samt und sonders auf diesen Bericht

berufen würden. Geschäftstüchtige Autoren würden nicht zögern, die darin erwähnten Namen auszunützen, darunter auch die von Marineoffizieren. Wo phantasievolle und unverantwortliche Publizisten auf der Suche nach Pikanterien für den Gaumen der Leser haltmachen würden, ist nicht abzusehen. Daß dies für die Marine und ihr Ansehen in der Öffentlichkeit peinlich wäre, ist offenkundig.

Die Richtlinien in bezug auf Veröffentlichung von Geheimdienstprojekten besagen: »... da jede wahre oder fiktive Veröffentlichung über die Geheimdienste den Abwehrdiensten und der nationalen Sicherheit abträglich sein kann, werden alle Ministerien ... Schritte unternehmen, um die unbefugte Veröffentlichung schriftlicher oder mündlicher Geheimdienstinformationen zu verhindern ...« Jede Veröffentlichung über die Gegenspionage der Marine wäre bedauerlich, besonders aber eine mit dem Imprimatur des Staates New York.

Ich gratuliere Ihnen zur Gründlichkeit Ihrer Untersuchung dieser Angelegenheit. Sie haben Ihren Bericht bewundernswert dokumentiert. Gouverneur Dewey wurde gut gedient.

Ich wäre glücklich, wenn Sie dem Gouverneur vorschlügen, den Bericht nicht zur Veröffentlichung freizugeben; er würde der Marine sicherlich nicht nützen, vielleicht sogar schaden. Sollte es keine zwingenden Gründe dafür geben, den Bericht zu veröffentlichen, hoffe ich sehr, daß Herr Dewey auch im eigenen Interesse bereit sein wird, ihn für die Zukunft aufzuheben.

Mein Stab und ich haben gern mit Ihnen und Herrn Poretz zusammengearbeitet. Man sagt mir, daß Sie sich in Ihrer Arbeit der Marine gegenüber völlig aufrichtig, entgegenkommend und verständnisvoll verhalten haben. Nochmals: vielen Dank für die Zeit und die Energie, die Sie für die Untersuchung aufgewendet haben, und für Ihr freundliches Verständnis.

Gouverneur Dewey hielt sich an das Ersuchen des Leiters der Marineabwehr, den Herlands-Bericht »für die Zukunft aufzuheben«. Zweiundzwanzig Jahre vergingen, bis der Herlands-Bericht dem Autor dieses Buches, dem Herausgeber der Dewey-Memoiren, zur Verfügung gestellt wurde. Inzwischen starb Herlands, nachdem er Distriktrichter für den südlichen Distrikt New Yorks geworden war, am 29. August 1969. Gouverneur Dewey starb am 16. März 1971. Die Akten der Herlands-Untersuchung gehören zu Deweys Nachlaß.

Endlich 1975, dreißig Jahre nach dem Ende des Zweiten Weltkrieges, wurden die strengen Beschränkungen der Veröffentlichung offizieller Dokumente sowohl in England als auch in Amerika aufgehoben. Die Folgen waren umwerfend. Group Captain F. W. Winterbotham schrieb das Buch *The Ultra Secret,* in dem er enthüllt, wie die Geheimcodes des deutschen Oberkommandos gebrochen wurden; er zeigt, daß Spionage keineswegs immer eine schmutzige und irgendwie unehrenhafte Arbeit ist, sondern glänzend der Verteidigung der Freiheit dienen kann. Von *Bodyguard of Lies* von Anton Cave Brown bis *A Man Called Intrepid* von William Stevenson wurden viele Bücher von begabten und verantwortungsbewußten Autoren verfaßt, die Aufklärungsoperationen von fast unglaublicher Genialität und enormem Umfang schilderten. Was Admiral Espes Streben nach nationaler Sicherheit im Jahre 1954 auch bewirkt haben mag, in den siebziger Jahren erscheinen seine Überlegungen überholt.

Im Sommer 1976 haben die Nachlaßverwalter Gouverneur Deweys wieder einmal den Brief Admiral Espes mit der Aufforderung, den Herlands-Bericht »für die Zukunft aufzuheben«, überprüft. Sie haben entschieden, die Zukunft sei jetzt.

Erster Teil

1942:
Die ersten Geheimtreffen

Am 7. März 1942, pünktlich um elf Uhr vormittags, fand eine der merkwürdigsten Zusammenkünfte des Zweiten Weltkriegs statt. Zwei Marineoffiziere der Vereinigten Staaten, der eine ein Sechziger, der andere erst um die Zwanzig, wurden in das Büro des Staatsanwaltes des Staates New York, Frank S. Hogan, in der Leonard Street 155 gebeten. Captain Roscoe C. MacFall, ein stattlicher, gepflegter Mann, jeder Zoll ein Marineoffizier, hatte schon vierzig Dienstjahre hinter sich und war bis zum Kommandanten der Schlachtschiffe *California* und *West Virginia* avanciert. (Die *West Virginia* trug den liebevollen Spitznamen »Wevie«.) MacFall hätte schon zwei Jahre früher in Pension gehen sollen, wurde aber wie auch andere ältere Offiziere am 10. Juni 1940, nach Hitlers großem Sieg bei Dünkirchen und sieben Tage vor der Kapitulation Frankreichs, gebeten, seine Pensionierung angesichts der drohenden Notlage zu verschieben. MacFall, der höflich, aber hart sein konnte, wurde dem Dritten Marinedistrikt als Abwehroffizier zugeteilt, mit der großen Verantwortung, den Hafen von New York zu sichern, über den die Vereinigten Staaten Waffen, Munition und Lebensmittel in das belagerte Großbritannien zu pumpen begannen.

Der Dritte Marinedistrikt umfaßte die Staaten New York und Connecticut sowie Teile von New Jersey, die sogenannte östliche Seegrenze. MacFall war dem Kommandanten des Dritten Marinedistrikts, Vizeadmiral Adolphus Andrews, und dem Leiter der Marineabwehr in Washington, Konteradmiral Arthur Train, unterstellt. Sein Vollzugsoffizier im Distriktabwehrbüro war ein langjähriger Kamerad, mit dem er schon vierunddreißig Jahre gemeinsam gedient hatte, Captain William B. Howe, und die beiden betagten Offiziere hofften, sich nach Kriegsende in Südkalifornien, nicht zu weit voneinander entfernt, niederlassen zu können. Der Dritte Marinedistrikt operierte unter der Anleitung von Marineminister Oberst Frank Knox, der von Präsident Franklin D. Roosevelt selbst beauftragt war, im Namen der Marine die Verantwortung für die Sicherheit des New Yorker Hafens zu tragen. Die Küstenwache übernahm diese Aufgabe erst später. MacFall war ein Mann mit ausgezeichnetem Sinn für Teamarbeit und hatte es sich zur Gewohnheit gemacht, allwöchentlich Besprechungen abzuhalten und mit seinem Pendant im Bundeskriminalamt, Edward E. Conroy, sowie mit seinem Kollegen vom Geheimdienst der Armee, Oberst Vic Constant, regelmäßig Kontakte zu pflegen.

Der jüngere Offizier, der MacFall ins Büro von Frank Hogan begleitete, war Leutnant James O'Malley jr., ein großer, korrekt gekleideter, gepflegter Mann, der wie ein Wall-Street-Anwalt in Uniform aussah. O'Malley hatte sich am 13. Dezember 1941 im Distriktabwehrbüro zum Dienst gemeldet, nachdem er vier Jahre lang eine verantwortungsvolle Position im Morddezernat der Staatsanwaltschaft des Staates New York innegehabt hatte. Eine seiner ersten Aufgaben als Verwaltungsoffizier unter MacFall war die Herstellung der ersten Verbindung zwischen dem Distriktabwehrbüro und den zivilen Exekutivbehörden von Staat und Stadt New York. Das war, wie O'Malley sagte, notwendig, um »in Zusammenarbeit mit der Marineabwehr in gemeinsamer Anstrengung den höchstmöglichen Grad der Sicherung des Gebietes gegen allfällige feindliche Spionage, Sabotage und Subversion zu erzielen«.

Captain MacFall hatte die Zusammenkunft vom 7. März mit Distriktstaatsanwalt Hogan von O'Malley telephonisch arrangieren lassen. Hogan war erst seit 1. Januar 1942 als Nachfolger Deweys Distriktstaatsanwalt und MacFall hielt es für passend, ihn näher kennenzulernen und ihm die spezielle Aufgabe der Marineabwehr überzeugend zu erklären. MacFall selbst beschrieb diese Aufgabe im ersten

Teil seiner eidesstattlichen Erklärung, die er in der Herlands-Untersuchung abgab:

> Es war die Aufgabe der Marineabwehr, aus allen zur Verfügung stehenden Quellen Informationen zu sammeln und aufgrund dieser Informationen (ob sie nun positiv oder negativ sein mochten) andere Zweige der Abwehr in die Lage zu versetzen, dafür Sorge zu tragen, daß nichts die Truppeneinschiffungen, die Verladung von Gütern und Munition und die Sicherheit des Hafens und der anderen dem Dritten Marinedistrikt unterstellten Gebiete behindere.
>
> Dazu kam noch, daß die Lage an der Küste höherenorts Anlaß zur Sorge gab. Subversive Aktivität feindlicher Agenten im Hafen und entlang der ganzen Küste waren ein Problem, über das die Marineabwehr Informationen zu beschaffen suchte. Tips über mögliche Sabotageakte im Hafen von New York und über zersetzende Umtriebe unter den Küstenfischern, Hafenarbeitern und ähnlichen Arbeitskräften waren von größtem Interesse für die Marineabwehr. Dasselbe Interesse galt der Information über die allfällige Landung von Spionen an der Küste.

MacFall und O'Malley hatten aber das Treffen mit Hogan aus anderen, viel dringlicheren und gefährlicheren Gründen verlangt. Seit dem Eintritt der Vereinigten Staaten in den Krieg waren erst drei Monate vergangen. In diesem Zeitraum hatte die Marine an der Ostküste katastrophale Verluste erlitten, die fast das Ausmaß von Pearl Harbor erreichten. Zwischen dem 7. Dezember 1941 und Ende Februar 1942 verloren die Vereinigten Staaten und ihre Verbündeten insgesamt einundsiebzig Handelsschiffe durch U-Boote der Achsenmächte. Die vereinigten Stabschefs der Alliierten hatten die grundlegende Strategie des Krieges festgelegt: zuerst Sieg in Europa. Dieser Sieg war jedoch offensichtlich unmöglich, wenn nicht vorher die Atlantikschiffahrt gesichert werden konnte.

Leutnant O'Malley beschrieb die düstere Stimmung, die den Dritten Marinedistrikt am Vorabend des Treffens mit Distriktstaatsanwalt Hogan beherrschte:

Der Distriktabwehroffizier war unter Druck. Er sollte herausfinden, wie Informationen über Geleitzüge vom New Yorker Hafen an deutsche U-Boot-Kommandanten durchsickern konnten, was offensichtlich geschah, und wie die vor der Atlantikküste operierenden U-Boot-Rudel aufgetankt wurden, ohne zu ihren Stützpunkten zurückkehren zu müssen.

Irgendwann Ende Februar oder Anfang März begannen die Distriktabwehroffiziere einschließlich des Leiters der Untersuchungsabteilung B-3, Commander Charles Radcliffe Haffenden, sich ernstlich mit der Möglichkeit zu befassen, daß Informationen über Geleitzüge und Hilfe beim Auftanken von U-Booten von kriminellen Elementen deutschen oder italienischen Ursprungs im Hafengebiet kommen könnten.

Es bestand die Theorie, daß solche Personen Nachrichten verkaufen oder aus nationalen Sympathien zur Verfügung stellen könnten. Möglicherweise gab es auch Leute, die während der Prohibition Alkohol geschmuggelt hatten und jetzt eine neue Erwerbsquelle darin fanden, daß sie Treibstoff für die feindliche U-Boot-Flotte schmuggelten.

Angesichts der verzweifelten Situation, die damals herrschte, beschloß der Distriktabwehroffizier, diese Möglichkeiten unter die Lupe zu nehmen.

Neben Captain MacFall, Commander Haffenden und Leutnant O'Malley gab es zumindest noch zwei andere Männer, einen Leutnant und einen Feldwebelleutnant, die sich schon vor dem Treffen mit Hogan in Theorie und Praxis mit Gegenmaßnahmen befaßt hatten. Leutnant Anthony J. Marzullo (der seinen Namen später auf Marsloe änderte) war Absolvent der juridischen Fakultät der St.-John's-Universität und ein Sizilien-Spezialist, der mehrere sizilianische Dialekte beherrschte; er war unter Dewey Mitglied des Untersuchungsausschusses in der Distriktstaatsanwaltschaft gewesen. Bald nachdem er im Dezember 1941 zum Distriktabwehrbüro gekommen war, erfuhr Marsloe von Haffenden, daß ein bestimmter Plan in

Erwägung gezogen wurde: Man wollte die sogenannte Unterwelt für Gegenspionage einspannen und mit ihrer Hilfe auch Spionage und Sabotage im Dritten Marinedistrikt und den angrenzenden Gewässern verhindern.

»Als Commander Haffenden zum ersten Mal seinen Plan, die Unterwelt einzuspannen, erwähnte«, sagte Marsloe, »war ich einigermaßen skeptisch. Warum sollten solche Leute, die keine guten Mitbürger gewesen waren, jetzt ehrlich den Kriegseinsatz unterstützen?«

Marsloe besprach seine Zweifel mit seinem früheren Chef im Untersuchungsbüro der Distriktstaatsanwaltschaft, John F. O'Connell, einem FBI-Veteranen. O'Connells Meinung war eindeutig. Er sagte: »Da es um das Überleben der Vereinigten Staaten und um unseren Erfolg im Krieg geht, müssen alle Mittel, die den Streitkräften und den Regierungsstellen zur Verfügung stehen, benützt werden.«

Feldwebelleutnant Maurice P. Kelly trat der Untersuchungsabteilung B-3 des Distriktabwehrbüros im April 1941 bei. Er diente bei dieser Abteilung bis zu seinem Ausscheiden aus der Marine im Rang eines Korvettenkapitäns im November 1954. Dieser energische, schlaue, verläßliche Offizier hatte als Verkehrspolizist in New Rochelle angefangen. Seine Karriere wurde durch den Zweiten Weltkrieg unterbrochen, doch nachher avancierte er bis zum Polizeihauptmann von La Rochelle. Kelly machte es besonders große Sorgen, daß Nazi-U-Boote von der amerikanischen Küste aus versorgt wurden. Den Beweis dafür erbrachten die Aussagen von Überlebenden nach U-Boot-Angriffen, die berichteten, amerikanische Produkte an Bord der feindlichen U-Boote gesehen zu haben. »Nun«, sagte er, »wenn die Dinge so liegen, muß jede Möglichkeit geprüft werden. Ich möchte hinzufügen: Auch die Fischereiflotten sind verdächtig.«

Alles schien auf den New Yorker Hafen hinzudeuten, und Kelly fügte eine allgemeine Bemerkung über die Rolle des Hafens im Jahre 1942 hinzu: »Man war sich schon bald darüber im klaren, daß Gewerkschaftsfunktionäre und Personen, die in illegale Geschäfte verwickelt waren, die

Situation im Hafen mindestens ebenso beeinflußten wie das Hafenpersonal selbst, manchmal sogar mehr. Das ist meine ehrliche Einschätzung der Lage. Als sich auch die Marine darüber klar wurde, war es nur natürlich, daß sie sich der Hilfe eines jeden bediente, der helfen konnte.«

Eigentlich mußte es den vereinigten Stabschefs, zu denen auch der Operationschef der amerikanischen Marine gehörte, aus den ultra-geheimen Entschlüsselungen deutscher Code-Nachrichten bekannt sein, was an der Ostküste vorging. Die deutsche Kriegsmarine benützte hochmoderne U-Boote der Type IX-C, deren Reichweite so groß war, daß sie ohne Auftanken von St.-Nazaire und Lorient an der französischen Küste bis ins Karibische Meer und zurück fahren konnten. Nachschub wurde über große Entfernungen mit sogenannten »Melkkuh«-U-Booten transportiert, die bis auf zwei Maschinengewehre unbewaffnet waren. Auch durfte man nicht vergessen, daß amerikanische Produkte vor Amerikas Kriegseintritt in Europa erhältlich gewesen und möglicherweise an die U-Boot-Mannschaften ausgegeben worden waren. Diese Produkte wurden dann von amerikanischen Überlebenden in deutschen U-Booten gesehen. Aber die ultra-geheimen Entschlüsselungen blieben der höchsten Ebene vorbehalten und erreichten niemals das Einsatzpersonal des Dritten Marinedistrikts. Die Führer der Alliierten zogen es manchmal – nicht immer – vor, eine Schlacht zu verlieren, als sie mit Methoden zu gewinnen, die dem Feind gezeigt hätten, daß sein Geheimcode geknackt worden war. Es ist daher möglich, daß die Zusammenarbeit der Marine mit der Unterwelt – zumindest was die illegale Versorgung der deutschen U-Boote anlangt – nie hätte stattfinden müssen, wären die Code-Geheimnisse dem Dritten Marinedistrikt bekannt gewesen.

Am Vorabend ihrer Zusammenkunft mit Hogan zerbrachen sich MacFall und O'Malley den Kopf nicht nur über den Verlust von 71 Schiffen, sondern auch über eine massive, unbeantwortete Frage. Am 9. Februar, es war noch keinen Monat her, war das transatlantische Linienschiff *S. S. Normandie,* das einmal das »Blaue Band des

Atlantiks« gewonnen hatte, am Ankerplatz im Hudson in Brand geraten und gesunken. Das war eine ernste und spektakuläre Niederlage für die Alliierten: Die *Normandie* war in *Lafayette* umbenannt worden und sollte als Marinehilfsschiff in Dienst gestellt werden. Sie war für große Truppentransporte über weite Entfernungen ausgestattet und schneller als alle U-Boote gewesen. Es wurde gemunkelt, Saboteure der Achsenmächte hätten das Feuer gelegt. Oder hatten kriminelle Elemente das Schiff angezündet, um die Verletzlichkeit des New Yorker Hafens und die Notwendigkeit eines Schutzes seitens der Unterweltler zu beweisen? Nach Kriegsende fand man in Aufzeichnungen der Achsenmächte keine Hinweise auf eine solche Sabotageaktion. Aber auch die Alliierten konnten nie einen Beweis dafür erbringen, daß die Unterwelt sabotiert hatte. Der Untergang der *Normandie* war höchstwahrscheinlich ein tragischer Unfall, soweit die verschiedenen Untersuchungen feststellen konnten. Aber damals wußte das niemand so ganz genau.

Distriktstaatsanwalt Hogan war, zum Unterschied von den niedergeschlagenen Marineoffizieren, die ihn aufsuchten, von einer Aura des Ansehens und der Sicherheit umgeben, die noch von seinen Erfolgen in den dreißiger Jahren ausging. Er war ein Mann von großer Würde und unwiderstehlicher Wärme, von angeborener Integrität und schelmischem Humor. Sein Geburtsort war Waterbury, Connecticut, er hatte an der Columbia-Universität Baseball und Fußball gespielt, war dann in ein New Yorker Anwaltsbüro eingetreten und schließlich stellvertretender Staatsanwalt unter Dewey geworden, als dieser gegen das organisierte Verbrechertum kämpfte. Während der Untersuchung gegen Lucky Lucianos Prostitutionskombinat hatte er einen seiner großen Augenblicke. Er erhielt den Spitznamen »Vater Hogan«, weil er in der vertraulichen Manier eines Beichtvaters belastende Zeugenaussagen aus den Bordellmüttern und Prostituierten herausschmeichelte, die damals in ganzen Wagenladungen in die New Yorker Haftanstalt in Greenwich Village gebracht wurden.

1942 jedoch war Hogan zu neu in seiner Position als Distriktstaatsanwalt, um einfach nach dem Gefühl zu handeln. Noch mußte er seinen Ruf wahren. Es war ihm bestimmt, sein Amt dreiunddreißig Jahre lang auszuüben und letztlich unter den Juristen den Ruf des angesehensten Distriktstaatsanwaltes des Staates New York aller Zeiten zu genießen. Am 7. März 1942 konnte er es sich aber kaum leisten, irrige, naive Entscheidungen zu fällen.

Bei dieser Zusammenkunft wurden zuerst die üblichen Höflichkeitsfloskeln ausgetauscht. Dann wurde der stellvertretende Distriktstaatsanwalt Murray I. Gurfein, Leiter des Gangsterdezernats, beigezogen. Hogan eröffnete die Sitzung und lud zur Diskussion ein. MacFall faßte sich kurz. Er sagte, die Marine halte es für möglich, daß »die Weitergabe von Informationen über Geleitzugrouten und die Hilfe bei der Versorgung feindlicher U-Boote mit Treibstoff auf kriminelle Elemente deutschen oder italienischen Ursprungs im Hafen zurückgeführt werden könne«. Die Motive könnten Profitgier oder Sympathie für die Feindmächte sein, auch die Erschließung einer neuen Einkommensquelle für ehemalige Alkoholschmuggler aus der Zeit der Prohibition. MacFall meinte, man sollte allen diesen Möglichkeiten nachgehen.

Hogans Büro war damals mit einer intensiven Untersuchung krimineller Tätigkeiten im New Yorker Hafen befaßt. Man hatte eine Menge Informationen und Material über allerlei Unterweltler gesammelt, und der Grund für den Besuch MacFalls lag auf der Hand. In der eidesstattlichen Erklärung, die Hogan vor der Herlands-Untersuchungskommission abgab, sagte er: »Captain MacFall bat mich, der Marineabwehr alle Informationsquellen zur Verfügung zu stellen, die sich im Verlauf der Hafenuntersuchung ergeben hätten und die dazu beitragen könnten, festzustellen, ob und wie der Feind mit Informationen oder mit Treibstoff versorgt werde.«

Hogan zögerte nicht: »Ich sagte Captain MacFall, daß es in meinem Büro nichts gäbe, was die Marine nicht haben könne, und ich gab Herrn Gurfein den Auftrag, jede in unserem Besitz befindliche Information und Informationsquelle, die für die Sache von Bedeutung sein könnte, jetzt und künftighin verfügbar zu machen.«

MacFall schilderte den zweiten Teil der Sitzung: »Mir wurde mitgeteilt, daß das Gangsterdezernat zahlreiche Kontakte zur Unterwelt habe und daß es seine Kontaktpersonen veranlassen werde, das Distriktabwehrbüro über subversive Handlungen, die ihnen zu Ohren kämen, zu informieren. Diese Kontaktpersonen aus der Unterwelt erfuhren nämlich oft lange vor der Polizei von illegalen Aktivitäten.« Doch obwohl die ganze Idee von der Marineabwehr ausgegangen war, brachte MacFall selbst die Frage nach der Verläßlichkeit solcher Konfidenten aufs Tapet. Man sagte ihm, viele Gangster seien loyale Amerikaner; außerdem habe der Distriktstaatsanwalt Druckmittel, um sie bei der Stange zu halten.

Hogan und Gurfein waren einverstanden, neuerlich mit den Marineabwehrleuten zusammenzutreffen, sobald sie ihre Akten durchgesehen hätten. Inzwischen wurden die Kompetenzen verteilt: Gurfein sollte die Distriktstaatsanwaltschaft vertreten, Commander Haffenden das Distriktabwehrbüro, und Leutnant O'Malley sollte der Verbindungsoffizier sein. MacFall beauftragte Haffenden, das Projekt voranzutreiben, behielt sich aber die Verantwortung selbst vor. In seiner Aussage für den Herlands-Bericht sagte MacFall:

> Die Verwendung von Unterweltkonfidenten und anderen streng geheimen Untersuchungsmethoden wurde dem Chef des Dritten Marinedistrikts oder anderen übergeordneten Dienststellen nicht ausdrücklich zur Kenntnis gebracht, weil es sich um ein kalkuliertes Risiko handelte, das ich als Distriktabwehroffizier auf mich nahm. Es war meine Verantwortung, nach eigenem Ermessen über die besten Mittel und Wege zu entscheiden, um die Informationen zu erhalten, an denen die Marineabwehr interessiert war.

Während der achtzehn Tage bis zur zweiten Zusammenkunft der Marineabwehr mit der New Yorker Distriktstaatsanwaltschaft verschlechterte sich die militärische

Lage an der Ostküste empfindlich. Im blutigen März 1942 wurden insgesamt fünfzig Schiffe von deutschen U-Booten versenkt: zweiundzwanzig amerikanische, acht britische, fünf norwegische, zwei panamesische und elf von anderen Staaten. In nur vier Monaten seit dem Kriegseintritt der Vereinigten Staaten waren insgesamt 121 Schiffe versenkt worden, eine unglaublich große Anzahl. Seit dem Krieg von 1812 hatte keine feindliche Macht es gewagt, vor der amerikanischen Atlantikküste so herausfordernd zu agieren.

Die zweite Zusammenkunft mit Distriktstaatsanwalt Hogan am Nachmittag des 25. März 1942 stand im Zeichen einer neuen Dringlichkeit. Die Delegation der Marineabwehr bestand diesmals aus Commander Haffenden, Leutnant O'Malley und Leutnant Marsloe. Wieder wurde der stellvertretende Distriktstaatsanwalt Gurfein eingeladen, an der Sitzung teilzunehmen. Nach einer kurzen allgemeinen Diskussion machte Haffenden einen neuen Vorschlag. Er regte an, sich nicht auf Konfidenten aus der Unterwelt zu beschränken, sondern die Möglichkeit in Betracht zu ziehen, daß auch die Unterweltbosse selbst zur Mitarbeit bei der Beschaffung von Informationen bereit sein könnten.

Die Sitzung wurde in Gurfeins Büro verlegt, und Haffenden, O'Malley und Marsloe wurden konkret. Haffenden teilte dem Leiter des Gangsterdezernates mit, daß die Marineabwehr besonderes Interesse an einer Zusammenarbeit mit der italo-amerikanischen Unterwelt habe, um sofort ein Netz von Informanten für die Gegenspionage anzulegen. Er meinte, da Italien zu den Achsenmächten gehöre, könnten feindliche Agenten versuchen, Kontakte zur italo-amerikanischen Unterwelt herzustellen, obwohl die meisten Amerikaner italienischer Abstammung den Vereinigten Staaten gegenüber loyal seien. Gurfein machte den Gegenvorschlag, nicht direkt mit den Gangstern, die ihm nicht persönlich bekannt seien, sondern mit ihren Vertrauensanwälten Verbindung aufzunehmen. Haffenden war einverstanden.

An dieser Stelle wurde O'Malley zufolge nur ein Unterweltler namentlich genannt. Es war Joseph »Socks« Lanza, offiziell Geschäftsführer der Fischereiarbeiter-Gewerkschaft, in Wirklichkeit der Gangsterboß der Fultoner Fischmarkt-Enklave im unteren Stadtteil von New York. Tatsächlich stand Lanza eben unter Anklage wegen versuchter Nötigung. Gurfein und Haffenden stimmten überein in der Meinung, daß Lanza bei der geheimen Kontaktnahme mit der Hafenunterwelt nützlich sein könnte. Also sagte Gurfein, er werde sich sofort mit Joseph K. Guerin, dem Anwalt Lanzas in der Erpressungsaffäre, die schon seit Anfang 1941 vor Gericht anhängig war, in Verbindung setzen.

Nach dem Zusammentreffen änderte der Distriktabwehroffizier einiges in der Gruppe, die mit der Unterwelt Beziehungen aufnehmen sollte. Haffenden blieb Chef, aber O'Malley verzichtete wegen seiner administrativen Pflichten in MacFalls Büro auf direkten Kontakt mit der Unterwelt. Die Abwehroffiziere hatten jedoch keinerlei Skrupel. Leutnant Marsloe, der Sizilien-Spezialist, erklärte vor der Herlands-Untersuchungskommission:

> Die Verwendung von Konfidenten, wer immer sie auch sind, ist nicht nur erwünscht, sondern notwendig, wenn das Vaterland um seine Existenz kämpft. Jede verfügbare Informationsquelle, die dazu dienen kann, jene, die in einem Notstand oder bei Feindseligkeiten eine potentielle oder tatsächliche Gefahr darstellen, auszuschalten und dingfest zu machen, ist durch die außerordentlichen Umstände gerechtfertigt.
>
> Abwehr an sich ist keine Polizeiarbeit. Ihre Funktion ist der Schutz. Um zu schützen, braucht man ein System. Das System muß so umfassend sein, daß es auf jede Weise den Feind daran hindert, Hilfe und Unterstützung zu finden. Gleichzeitig muß das System versuchen, jede Information zu beschaffen, die unseren Streitkräften zum Vorteil gereicht. Dazu gehört auch die sogenannte Unterwelt.
>
> Man sollte auch bedenken, daß wir in der ersten Phase des Krieges in der Defensive waren und daß niemand

den Umfang der feindlichen Spionagetätigkeit in unserem Lande genau kannte.

Leutnant Marsloe erhielt jedoch nicht den Auftrag, ein allfälliges Arrangement mit Joe »Socks« Lanza zu treffen. Er sollte später noch viele Aufgaben übernehmen, diese aber war ihm nicht bestimmt. Die dafür maßgebliche Erwägung zeigt, wie revolutionär die neue Strategie war, nicht nur für die Marine, sondern auch für die Staatsanwaltschaft. Eine der letzten Aufgaben Marsloes im Zivilleben war es gewesen, als Mitglied des Untersuchungsbüros der Distriktstaatsanwaltschaft einen der Mitangeklagten im Erpressungsverfahren gegen Lanza zu jagen. Daher schlug Marsloe selbst Haffenden vor, »es wäre vielleicht nützlicher, wenn ein anderer, erfahrener Beamter diese Aufgabe übernehmen könnte«.

Murray Gurfein erstattete, nachdem die drei Marineabwehroffiziere sein Büro am 25. März 1942 verlassen hatten, dem Distriktstaatsanwalt Hogan Bericht und erhielt dessen Zustimmung zu seinem Vorschlag, sich an Joseph K. Guerin zu wenden. Dann rief er Guerin an und sagte ihm nur, er hätte etwas mit ihm zu besprechen. Guerin war 1923 zur Rechtsanwaltspraxis zugelassen worden und unterhielt seit vielen Jahren in der Wallstreet eine Kanzlei. Gurfein bat ihn, in das Büro des Distriktstaatsanwalts zu kommen, und sie vereinbarten, sich am nächsten Tag, dem 26. März, um 10.15 Uhr zu treffen. Hogan berichtete: »Ich beauftragte Mr. Gurfein, mit Guerin und Lanza zum Zweck der Förderung des Marineabwehr-Projekts zusammenzutreffen.«

Gurfein, damals noch unter vierzig, war einer der erfahrensten Ermittlungsbeamten gegen das Gangstertum in den Vereinigten Staaten. Er war der Sohn eines Diamantenimporteurs, hatte erst das Columbia College und dann die juridische Fakultät in Harvard absolviert, wurde Sekretär von Bundesrichter Julian Mack und war später einer der engsten Mitarbeiter Deweys in der Staatsanwaltschaft.

Gurfein, schnurrbärtig und gedrungen, unnachgiebig und sehr vorsichtig, ebenso tüchtig vor Gericht wie als Untersuchungsbeamter, hatte sich bei der Verfolgung der Gangster in der New Yorker Bekleidungsindustrie, die unter der Führung der berüchtigten Banditen Louis Buchalter und Jakob Shapiro standen, ausgezeichnet. Diese beiden waren als »Lepke« und »Gurrah« bekannt.

Am Vormittag des 26. März begrüßte Gurfein den Anwalt von Joe »Socks« Lanza in seinem Büro. Seine Worte müssen Guerin überrascht haben. Er sagte ihm, die Marineabwehr habe sich mit der Distriktstaatsanwaltschaft in Verbindung gesetzt. Die Marine, sagte Gurfein, schließe aus der Versenkung vieler amerikanischer Schiffe an der Atlantikküste, daß die U-Boote nicht in ihre Heimathäfen zurückzukehren brauchten, sondern vor der Küste mit Vorräten und Treibstoff versorgt würden. Verdächtig seien unter anderem Fischerboote. Gurfein machte dann den Vorschlag, daß Lanza, in Anbetracht seiner Beziehungen zum Fultoner Fischmarkt, versuchen sollte, herauszufinden, wie, wo und von wem die U-Boote Vorräte und Treibstoff erhielten. Wäre Lanza bereit, hier mitzuhelfen? Gurfein erklärte, daß sich daraus keine Begünstigung für Lanza im Zusammenhang mit dem gegen ihn anhängigen Verfahren ergeben würde. Man erwarte von ihm einzig und allein einen patriotischen Dienst. Guerin erinnerte sich später der Worte Gurfeins: »Das ist ein Kriegseinsatz und hat nichts mit Anklage oder dergleichen zu tun. Es ist eine ganz andere Sache, und da es sich um einen Kriegseinsatz handelt, könnte Herr Lanza vielleicht bereit sein, mitzuhelfen.«

Guerin sagte, er werde Lanza fragen. Er kehrte in seine Kanzlei zurück, rief seinen Klienten an und bat ihn, vorbeizukommen. Am gleichen Nachmittag erklärte er Lanza die Lage, und Lanza, so berichtete Guerin, war »nur zu gern bereit, den Kriegseinsatz zu unterstützen und den Versenkungen ein Ende zu setzen«. Lanza selbst erinnerte sich an seine erste Reaktion darauf, daß ausgerechnet die Staatsanwaltschaft sich an ihn um Hilfe wandte. »Es war«, so sagte er, »wegen meiner Erfahrungen in der Fischereiindustrie – und weil ich Fischkutterkapitäne, Seeleute und Fischer an der Küste kannte.«

Guerin rief Gurfein an und sagte, Lanza sei bereit, mitzuarbeiten. Gurfein fragte, ob sie alle drei diesen Abend um 11.30 Uhr an der Ecke Broadway–103. Straße West zusammentreffen könnten. Guerin war einverstanden. Warum diese ungewöhnliche Zeit und dieser ungewöhnliche Ort? Damit der Leiter des Gangsterdezernats und der angeklagte Gangsterboß nicht zusammen gesehen und in ihren jeweiligen Kreisen kompromittiert würden. Guerin traf Lanza um neun Uhr abends, lud ihn zum Abendessen ein und fuhr mit ihm im Taxi in die Stadt. Guerin berichtete: „Um 11 Uhr 30 standen Herr Lanza und ich an der Ecke Broadway–103. Straße West. Da hörten wir hupen; wir sahen uns um; ein Taxi mit offener Türe stand dort, und ein Arm winkte uns heran. Wir näherten uns und fanden Herrn Gurfein im Wagen.«

Die drei Männer fuhren zum Riverside Park, verließen das Taxi und setzten sich auf eine Parkbank. Gurfein fragte Lanza, ob er bereit wäre, den Kriegseinsatz zu unterstützen. Lanza zufolge war Gurfein der Meinung, er, Lanza, könnte nützlich sein wegen seiner Beziehungen zu Geschäftsleuten, Seeleuten, Kapitänen, Taklern und Matrosen aller Art, zu Kapitänen von Lastschiffen und von großen Schiffen. »Ich«, so berichtete Lanza, »kannte die Kapitäne von kleinen Booten. Uns waren Burschen bekannt, die eigene Hummerfangboote besaßen und jede Bucht und die ganze Gegend kannten.«

»Ich bin hundert Prozent bereit, mitzumachen«, sagte Lanza zu Gurfein.

Dann betonte Gurfein nochmals, daß Lanza kein Entgegenkommen im Zusammenhang mit dem bevorstehenden Gerichtsverfahren erwarten dürfe. Er würde einzig und allein eine patriotische Pflicht erfüllen. Lanza erklärte sich einverstanden. Der nächste Schritt war ein Termin für eine Zusammenkunft zwischen Lanza und der Marineabwehr. Gurfein würde das vereinbaren. Man trennte sich, und jeder ging seiner Wege in die kühle Nacht.

Bald darauf trafen Lanza und Guerin mit Commander

Haffenden im Mezzanin des Hotels Astor am Broadway, Ecke 44. Straße West, zusammen. Dort unterhielt Haffenden eine Art Geheimbüro, getrennt von den Büros der Marineabwehr. Er begrüßte seine Besucher in voller Marineuniform, komplett mit Orden aus dem Ersten Weltkrieg. Lanza wiederholte sein Angebot, mitzuhelfen. Er sagte, er würde alles tun, um das Versenken der kleinen Fischerboote zu verhindern. »Ich werde herausschnüffeln, was ich kann«, sagte er. »Es gibt eine Fischereiflotte. Es gibt eine italienische Flotte. Jetzt ist Makrelensaison. Die Makrelenboote sind kleine Boote, sie werden alle nur von Italienern und Portugiesen betrieben.«

Haffenden hatte noch einen anderen Vorschlag. Er wollte einige Marineleute in die Fischereiindustrie einschleusen – »von oben in New England und Maine bis hinunter nach Florida. Überall da herum«, erinnerte sich Lanza, »und er wollte wissen, ob ich es geheim und ohne Mitwisser machen könnte. Er schlug vor, ich sollte Mitgliedsbücher von der Gewerkschaft besorgen und die Leute als ordentliche Mitglieder unterbringen. Er legte Wert darauf, seine eigenen Leute als reguläre Mitglieder drinnen zu haben, oder er wollte die Mitgliedsbücher selbst ausstellen, und ich sollte die Leute dann dort unterbringen, wo er sie haben wollte, ohne daß Fragen gestellt würden.«

Das war einfach. »In Ordnung«, sagte Lanza, »Sie lassen mich wissen, wo Sie Verbindungen brauchen, oder was Sie sonst wollen, ich erledige das weitere.« Lanza gab Haffenden seine private Telephonnummer, seine Adresse und seine Büronummer am Fultoner Fischmarkt. Die Zusammenarbeit zwischen Unterwelt und Marineabwehr war angelaufen.

Nach diesem Zusammentreffen hatte Joseph Guerin keine weitere Verbindung mit der Marineabwehr. Was Gurfein anlangt, so versicherte er Hogan und Haffenden noch einmal, daß er Lanza keine Zusagen gemacht habe. Er hoffe, Lanza könne von Nutzen sein, wolle aber aus Sicherheitsgründen nicht mehr von der ganzen Sache wissen.

Nun gingen Charles Radcliffe Haffenden und Joe

»Socks« Lanza auf eigene Faust vor – was ihnen sowieso am besten paßte – und formten aus ihren so verschiedenen Organisationen eines der merkwürdigsten und unwahrscheinlichsten Bündnisse des Krieges. Die Verbindung Marine–Mafia reifte heran. Niemand wußte, was daraus werden würde. Die Wege der Hafenunterwelt waren noch dunkler, noch geheimnisvoller als gewöhnlich: Am 18. April 1942 wurde angeordnet, in den Uferzonen von Brooklyn, Queens und Staten Island in New York alle Lichter, die von der See aus eingesehen werden konnten, auf Kriegsdauer zu löschen.

Das Bündnis Haffenden-Lanza

Commander Charles Radcliffe Haffenden war ein ungewöhnlicher, umstrittener Marineoffizier. Seine Art, die Untersuchungsabteilung des Distriktabwehrbüros zu leiten, erweckte Bewunderung, Faszination und Besorgnis. Sein unmittelbarer Vorgesetzter, Captain MacFall, hielt ihn für eifrig, loyal, energisch und immun gegen plötzliche Anfälle von Indiskretion. Sein unmittelbarer Kontaktmann bei der Marineabwehr in Washington, der Spionagemeister, hielt ihn für einen begabten Offizier, der erstklassige Informationen lieferte, aber Kontrolle brauchte. Seine Abteilungskollegen bewunderten seine Durchschlagskraft, seine Phantasie und seinen Patriotismus, wenn sie auch manchmal sein Büro verwirrt und kopfschüttelnd verließen. Seine zivilen Mitarbeiter in der Abteilung beteten ihn an, weil er die militärischen Förmlichkeiten sein ließ, wenn er es für nötig hielt. »Er kümmerte sich nicht um die Vorschriften, ohne Rücksicht auf mögliche Folgen«, sagte ein Mitarbeiter. »Aber was macht es schon aus, ob man mit einem Strolch oder einem Bankdirektor spricht, wenn man nur die Information bekommt.«

Haffenden, ein bulliger Mensch um die Fünfzig, widmete sich fast mit Leidenschaft seiner Aufgabe. Er war eine Kanone in der Spionage und auch eine Kanone in der Unterwelt. Temperamentvoll und etwas angeberisch, tat er so geheimnisvoll, als müßte er den Krieg ganz allein gewinnen. Er war imstande, auf eigene Faust zu handeln, in einer Art, die für Kriegszeiten, aber nicht für stillere Zeiten passend war. Sicherlich übertrieb er die Bedeutung jeder Aktion, die ihm aufgetragen wurde, und wahrscheinlich führte er sie bestens aus. Aber es mochte auch vorkommen, daß er im Alleingang losstürmte, ohne etwas zu erreichen. Einer der wenigen objektiven Beobachter Haffendens, ein Marineleutnant und ehemaliger Distriktstaatsanwalt von Suffolk County, der mit ihm trotz beruflicher Differenzen Golf spielte, erklärte, Haffenden sei zwar ein Prahlhans, aber zweifellos ein erstklassiger Abwehrmann voll origineller Ideen gewesen.

Haffenden trat im Ersten Weltkrieg als einfacher Seemann in die Marine ein und avancierte zum Offizier. Zwischen den Kriegen arbeitete er als Vertreter für ein Ziegelunternehmen dann in der Werbeabteilung einer Keksfabrik, später machte er sich selbständig und erzeugte bemalte Kartons – diese Tätigkeit dauerte ungefähr achtzehn Monate. Eine Zeitlang war er Vizepräsident und Manager der Fry Gasoline Pump Company in Rochester, Pennsylvania, und zwischen 1937 und 1939 leitete er die Wiley-Moore Corporation, eine Baufirma, die Exponate für Firmen herstellte, welche ihre Erzeugnisse auf der New Yorker Weltausstellung herzeigen wollten.

Haffendens andere Hauptbeschäftigung während der dreißiger Jahre war seine Arbeit als Organisator der »Executives Association of Greater New York«, die ihren Sitz im Hotel Astor hatte. Dieser Verein, im März 1931 bei der Vereinsbehörde des Staates New York eingetragen, beschränkte seine Mitgliederzahl auf 115 und war laut Auskunft des »Better Business Bureau« etwas Ähnliches wie der Rotarierklub. Präsident war Raymond C. Schindler, einer der berühmtesten Privatdetektive des Landes. Die Funktionäre waren durchwegs leitende Angestellte aus dem Geschäftsleben. Haffenden war der einzige Funktionär, der für seine Tätigkeit ein Gehalt bezog.

Haffenden war Reserveoffizier der Marine geblieben. Am 8. Juli 1940, nach kurzem aktivem Dienst, wurde er dem Abwehrbüro des Dritten Marinedistrikts zugeteilt. Unter Captain MacFall und Captain Howe wurde Haffenden zum Leiter der Untersuchungsabteilung bestellt. Damals beschränkte sich die Tätigkeit der Marineabwehr größtenteils auf die routinemäßige Überprüfung von

Bewerbern um eine Anstellung. Haffenden selbst äußerte sich einmal über die Mitglieder seiner Organisation wie folgt:

> Glauben Sie ja nicht, daß die Marineabwehr ein Erholungsaufenthalt ist. Der Dienst ist hart, nur ungefähr 40 Prozent der Bewerber werden genommen, und wir sind sehr bemüht, gute Leute auszuwählen. Es ist also nicht so, daß Johnny Smith zur Marineabwehr kommt, weil sein Schwager ein Vetter des Gouverneurs ist.

Haffendens Abteilung B-3 hatte ihr Hauptquartier beim Dritten Marinedistrikt in Manhattan, Church Street Nr. 90, und übersiedelte in die Church Street Nr. 50, als sich die Marineabwehr vergrößerte und zusätzliche Räumlichkeiten bezog, die aus Sicherheitsgründen von den anderen Marineabteilungen getrennt lagen. Haffenden behielt sein früheres Büro als Organisator der Executives Association im Hotel Astor, und dieser »sichere« Ort wurde das Zentrum seiner neuen Aktion mit Joe »Socks« Lanza.

Im Astor benützte Haffenden die Zimmer 196, 198 und 200 im Mezzanin; jedes dieser Zimmer hatte ein eigenes Bad. Sie waren miteinander verbunden und hatten jedes eine Türe zum Korridor. Zimmer 200 war der Vorraum des Büros der Executive Association, und dort saß den ganzen Tag eine Empfangsdame. In Zimmer 198 leitete Haffendes Sekretärin Elizabeth Schwerin das Büro, während er in der Church Street war. Frau Schwerin arbeitete seit Dezember 1933 bei der Executive Association. Sie erinnerte sich, daß Haffenden auch im Zivilleben seine Stellung als Reserveoffizier sehr ernst genommen hatte. Elizabeth Schwerin war von der Marine überprüft worden, sie hatte schon in Friedenszeiten Berichte über Haffendens Ermittlungen für die Marineabwehr getippt und nach Washington gesandt. Einmal nahm Frau Schwerin sogar im Auftrag Haffendens an einer Versammlung teil, um Notizen über mögliche kommunistisch-subversive Umtriebe zu machen. Sie berichtete Haffenden darüber, und er leitete ihre Wahrnehmungen an das Marineabwehrbüro weiter.

Zimmer 196 war Haffendens Allerheiligstes. Dort hatte

er einen Schrank mit Zivilkleidung. Er pflegte die Uniform auszuziehen, sich hinter seinen Schreibtisch zu klemmen, seine Hornbrillen abzulegen, einige Züge aus seiner Pfeife zu tun und dann in das Mundstück eines uralten Diktiergerätes zu murmeln. Auf dem Tisch hinter seinem Schreibtisch waren Körbe mit eingelaufener und ausgehender Post, Stöße von Papieren, eine Thermosflasche mit Eiswasser und ein Familienbild. Haffenden war glücklich verheiratet, er lebte mit seiner Frau und seinen zwei Kindern in Flushing. In einem Futteral an der Wand hinter seinem Schreibtisch hing ein Revolver.

Nach Auskunft von Frau Schwerin nahm Haffenden, nachdem er im Juli 1940 der Marineabwehr beigetreten war, seine sogenannten »Marineakten« aus dem Safe in ihrem Büro und deponierte sie in seinem eigenen verschlossenen Schreibtisch. Später entfernte er sowohl die »Marineakten« als auch sein schwarzes Notizbuch mit der Liste der Konfidenten aus seinem Büro im Hotel Astor und brachte beides, wie Frau Schwerin annahm, in die Church Street oder zu sich nach Hause. Zu Kriegsende verschwanden diese Dokumente unter mysteriösen Umständen.

Haffenden war in MacFalls Distriktabwehrbüro einer von mehreren Abteilungsleitern. Die Abteilung B-1, Auswertung und Weitergabe, unterstand Leutnant – bald darauf Commander – John A. Murphy, einem äußerst korrekten Offizier, der für das FBI und kurze Zeit auch als Sonderagent der »Association of Casualty and Surety Companies« (Verband der Unfallversicherungsgesellschaften) gearbeitet hatte. Er trat 1936 der Marineabwehr bei und wurde im Oktober 1940 zum aktiven Dienst einberufen. Seine Abteilung war vielleicht die Schlüsseleinheit des Abwehrbüros. Ihre Aufgabe war es, alle hereinkommenden Informationen zu bewerten und dann zu entscheiden, wie und an wen dieses Geheimmaterial weiterzuleiten sei. Innerhalb des Distriktabwehrbüros bestimmte B-1, wer das Material bekommen sollte; nach außen hin konnte es entweder an die Heeresabwehr, G-2, an die Küstenwache, an das FBI oder an verschiedene zivile Exekutiv- und andere Behörden weitergegeben werden.

Nach Auskunft des vertraulichen Stenographen John R. McNaught war es beim Aufarbeiten der Berichte üblich, kleine Notizzettel im Format 3×5 Zoll (ca. 80×140 mm) auf sehr feinem Papier auszufertigen, auf denen die einlaufenden Berichte unter entsprechenden Titeln zusammengefaßt wurden. Diese Zettelchen wurden in der Zentralevidenz des Distriktabwehrbüros aufbewahrt.

Murphy arbeitete sowohl für Captain MacFall als auch für Captain Howe, der seine Vorschläge prüfte und entschied, ob das Material zur Information oder zur Aktion diente. MacFall oder sein Stellvertreter unterzeichneten alle Unterlagen von B-1, die aus dem Distriktabwehrbüro hinausgingen. MacFall war zusätzlich berechtigt, dringende Geheimakten zurückzuhalten. Schließlich kam es auch vor, daß mündliche Berichte an MacFall und Howe gelangten, die überhaupt nicht über B-1 gelaufen waren.

Da nun Haffenden und die Untersuchungsabteilung B-3 – »Schnüfflerriege« genannt – streng vertrauliche Abmachungen mit Joe »Socks« Lanza und vermutlich bald auch mit anderen treffen sollte, wurde beschlossen, dafür mit B-1 ein eigenes System auszuarbeiten. Sollten Informationen von Unterweltkontakten auf den üblichen Zettelchen festgehalten werden? Sollten sie überhaupt aus dem Distriktabwehrbüro hinausgehen? Ferner war es nötig, ein System zu entwerfen, um einerseits die Verläßlichkeit solcher Informationen zu überprüfen und andererseits die Quellen zu verschleiern. Murphy erklärte, wie das System funktionierte:

> Ich erinnere mich genau, daß es üblich war, bei der Verteilung von Nachrichtenmaterial mittels der 3×5-Zettel die Verläßlichkeit des Informanten und die Glaubwürdigkeit seiner Nachricht mit alphabetischen und numerischen Bezeichnungen zu fixieren. Ich glaube, das geschah zu dem Zweck, die Identität des Informanten zu verschleiern, aber auch seine Verläßlichkeit und Glaubwürdigkeit anzuzeigen. Die Karten, die wir zur Nachrichtenverteilung benützten, gingen auch an andere Abteilungen, und da war es wichtig, die Quelle der

Nachricht und die Identität des Informanten zu verbergen. Zum Beispiel bezeichnete A den höchsten Grad an Verläßlichkeit. Die Ziffern 1 bis 4 bezeichneten die Genauigkeit der Informationsquelle des Informanten. A-1 war also ein verläßlicher Informant und eine gute Informationsquelle.

Als die Partnerschaft zwischen Marine und Mafia anlief, bemerkte der Geheimstenograph McNaught, daß B-1 von B-3 Memos erhielt, die auf weißem Kanzleipapier mit dem Vermerk »Unterwelt-Informant« versehen waren und die Unterschrift einzelner B-3-Offiziere und Zivilagenten trugen, manchmal auch den Vermerk: »Zur entsprechenden Behandlung weitergegeben«, gezeichnet von Commander Haffenden. Bald trugen manche Memos aber nur noch die Initialen der Agenten. Diese neuen Memos von »Unterwelt-Informanten« wurden in der Zentralablage unter der Nummer A-8-5 abgelegt. Es gab aber auch eine Art von Farbschlüssel für die 3×5-Zettelchen von B-3. Weiß bezeichnete laufende, gelb halbwegs gefährliche, blau hingegen eindeutig gefährliche und dringende Information. Wenn Murphy im Einverständnis mit seinem Vorgesetzten entschied, Berichte über Untersuchungen an das Marineabwehrbüro in Washington zu senden, dann wurden diese Berichte in einen sogenannten grünen NN-9-119-Aktenumschlag gelegt. Eine Kopie davon, auch in Grün, wurde in der Zentralablage in New York aufbewahrt, so daß Personen, die dazu berechtigt waren, auch in New York feststellen konnten, was in Washington bekannt war.

Leutnant Harold W. MacDowell hatte die allgemeine Aufsicht über die schriftlichen Berichte von B-3 an B-1. Er war ein gescheiter, unkonventioneller Offizier der Marine-Reserve, der früher bei der Executive Association von Newark, New Jersey, gearbeitet hatte und mit Haffenden persönlich befreundet war. In B-3 war es üblich, jeden Konfidenten mit einer Ziffer zu bezeichnen, und MacDowell glaubte nicht, daß eine vollständige Liste dieser Personen in der Zentralevidenz vorlag, weil sowohl die Abteilungsleiter als auch die einzelnen Offiziere ihre eigenen Aufzeichnungen über die ihnen unterstehenden Konfidenten für sich selbst behielten. »Ich weiß nicht, in welchem Ausmaß es so gehandhabt worden ist«, sagte er, »es würde mich aber nicht wundern, zu hören, daß es unter erfahrenen Detektiven in der Marine so üblich war.« Leutnant Marsloe bemerkte: »Es gab da ein Buch, das Commander Haffenden selbst unter Verschluß hielt. Dieses Buch hatte einen schwarzen Einband, und darin waren die verschlüsselten Namen oder die Schlüsselnummern der Konfidenten notiert.«

Haffenden hatte in B-3 wenig mit den verschiedenen anderen Schlüsselabteilungen des Distriktabwehrbüros zu tun, die sich mit der Beschaffung von Geheiminformationen und der Überwachung und Verhinderung subversiver Aktivitäten befaßten. Er sicherte seine Geheimhaltung innerhalb der verzweigten Church-Street-Bürokratie weitgehend ab, reduzierte seine Aufzeichnungen auf ein Minimum und ließ seine Informationen nur MacFall und Howe in New York und dem Spionagemeister in Washington zukommen. Innerhalb seines Personals in seinen eigenen Büroräumen war sein Vertreter, Commander Louis Wade, direkt mit den Unterweltkontakten befaßt, aber mehr von der administrativen Seite. O'Malley war kaum mehr beteiligt. MacDowell wußte noch nicht viel darüber und war es zufrieden, denn er mißbilligte den ganzen Plan einer Zusammenarbeit mit der Unterwelt. Er sagte: »Wer sich mit Hunden ins Bett legt, steht mit Flöhen auf.« Die anderen Mitbenützer von Haffendens Räumlichkeiten waren Lieutenant-Commander J. W. Jamison als Adjutant und Ensign Charles Brude junior, ein Geheimstenograph und Büroleiter, der gar nicht vermeiden konnte, über die Vorgänge in B-3 informiert zu sein.

Niemand anderer im Distriktabwehrbüro wußte Genaueres. Bei den wöchentlichen Besprechungen der Abteilungsleiter, an denen auch die Kommandanten der verschiedenen Zonen des Dritten Marinedistrikts teilnahmen, wurde allgemein angenommen, Haffenden bekäme viele seiner Informationen aus kriminellen Unterweltkreisen. Er erwähnte aber niemals die Namen seiner Informanten. Was seine Beziehung zu anderen Geheimabteilungen anlangt, so sagte Haffenden selbst: »Es liegt mir fern, meinen guten Freunden vom FBI oder meinen Freunden in der Abteilung G-2 des Heeres auf die Hühneraugen zu treten. Und gestatten Sie mir, energisch und eindeutig zu erklären, daß Marineabwehr, G-2 und FBI Schulter an Schulter bemüht sind und bemüht sein werden, einander nicht ins Gehege zu kommen und jeder auf seinem Gebiet zu arbeiten.«

Haffendens »Schnüffler-Riege« wollte allein – und geheim – arbeiten. Haffenden sagte:

> Nun, wahrscheinlich sind Sie manchmal neugierig, warum Sie keine großen Geschichten über diesen oder jenen Erfolg der Marineabwehr hören. Also, da kann ich nur sagen, und das mit bestem Wissen, daß wir da und dort einen Matrosen aufklauben, ihn vollständig abtakeln und dann ins Gebet nehmen. Bei anderen subversiven Gruppen: derselbe Vorgang. Wir schlafen nicht. Unsere Unterlagen werden laufend von allen anderen Regierungsstellen überprüft, aber wir wünschen und brauchen keine Reklame, wir verachten sie. Wir mögen die Presse nicht. Unsere Stärke ist die Geheimhaltung, das ist unsere Politik. Das ist auch die Politik der Marineabwehr überall in den Vereinigten Staaten. In der Presse erwähnt zu werden, ist schlimmer, als den Kommandanten nicht zu grüßen!

Joseph »Socks« Lanza war einundvierzig Jahre alt, also neun Jahre jünger als Haffenden. Eigentlich war er nur ein kleiner Mann innerhalb des Verbrechersyndikates, das den New Yorker Hafen beherrschte und sogar die Stadt New York bedrohte. Ebenso fest, wie die *International Longshoremen's Association* (der Dockarbeiter-Verband) die Hudson-Quais und die ILA-Zweigstellen der Brüder Camarda die Hafenanlagen in Brooklyn kontrollierten, ebenso charmant, wie Joe Adonis über Brooklyn lächelte, genauso brutal, wie Albert Anastasia die Schlägereien inszenierte, und genauso aalglatt, wie Frank Costello sich in der Politik bewegte, war Lanza der anerkannte Schutzherr des Fultoner Fischmarkts. Das war sein Gebiet, und er hatte kein anderes. Aber dort war der rauhe, primitive, kampflustige Lanza in seiner fettfleckigen Fischmarktschürze der Chef, dem man gehorchte und den man verehrte.

Lanza war an der Lower East Side geboren und aufgewachsen, als ältestes von neun Kindern des Ehepaares Salvatore und Carmella Lanza. Seine verwitwete Mutter lebte noch immer in der Nähe, in einer Komfortwohnung mit sechs Zimmern für monatlich 50 Dollar Miete. Seit seinem sechzehnten Jahr hatte Lanza sich mit Fäusten und Klauen in der *United Seafood Workers Union* (Fischergewerkschaft) hinaufgearbeitet. Nun, als ihr Geschäftsführer, entschied er in der ganzen Nachbarschaft über Anstellung und Entlassung. Die Anklage, die über seinem Haupt schwebte, lautete auf Erpressung – er forderte von Arbeitern Provisionszahlungen – und auf Nötigung – er ließ Arbeiter, die nicht zahlen wollten, verprügeln.

Es war nur die letzte von mehreren Strafanzeigen, die gegen ihn erstattet worden waren. Schon als Jugendlicher war er eingelocht worden, und mit siebzehn wurde er verhaftet, weil er zwei Fässer Kupfer im Wert von acht Dollar, Eigentum der Eagle Smelting & Refining Co., gestohlen haben sollte. Er wurde freigesprochen. Mit neunzehn wurde er angeklagt, bei einem Einbruch in der Fulton Street eine Glastür zerbrochen zu haben. Er bekannte sich schuldig, das Urteil wurde aber ausgesetzt. Mit fünfundzwanzig wurde ihm nach einer Schießerei in South Street, bei der es einen Toten gegeben hatte, Totschlag zur Last gelegt. Er wurde verhaftet und nach einer Woche aus der Haft entlassen. Es gab keine Zeugen. Mit sechsundzwanzig wurde er verhaftet und angeklagt, weil er sich ungesetzlicherweise im Besitze einer Pistole befand. Wieder ging er frei. Mit einunddreißig Jahren wurde sein Aufstieg in der United Seafood Workers Union durch seine erste Verhaftung wegen Erpressung und Verschwörung unterbrochen, doch wurde er abermals freigesprochen.

1934 war Lanza bereits groß genug, um die Aufmerksamkeit der Bundeswirtschaftspolizei auf sich zu ziehen. Er wurde zusammen mit mehreren anderen Personen und Firmen angeklagt, eine Monopolstellung im Fischereigeschäft angestrebt zu haben. Er wurde in vier Fällen des Verstoßes gegen die Antitrustgesetze für schuldig befunden und zu zwei Jahren Gefängnis und einer Geldstrafe von 10.000 Dollar verurteilt. Im Januar 1937 wurde seine Berufung gegen dieses Urteil vom Appellationsgericht abgewiesen, und in der Folge saß Lanza zwei Jahre in der Gefängnisfarm Milan, Michigan.

Nach seiner Entlassung im Januar 1939 wurde Lanza bei der Fish Forwarding Company (Fischversandgesellschaft) als Manager mit einem Wochengehalt von fünfundsiebzig Dollar angestellt und trat seine Herrschaft über die Fischergewerkschaft wieder an. Sein Aufstieg war schnell genug, daß er eine andere Verbindung anknüpfen konnte: er erwarb ein Sommerhaus in Long Beach von »Lucky« Lucianos Bruder Charles und lebte dort mit seiner Freundin Rose Sanganata, behielt aber seine Wohnung an der Lower East Side. Dieses Arrangement endete aber kurz vor seinen Zusammenkünften mit Gurfein und Haffenden. Damals heiratete er nämlich eine zweiunddreißigjährige geschiedene Frau namens Ellen Conner, die ihn als idealen Gatten betrachtete. Mit ihr übersiedelte er in eine Dreieinhalbzimmerwohnung in der 65. Straße West in Manhattan und zahlte dafür fünfundachtzig Dollar pro Monat. Später erklärte ein Bewährungshelfer, der ihm offensichtlich gewisse Sympathien entgegenbrachte: »Lanza wurde von seinen Günstlingen als gütiger Schutzpatron betrachtet. Andere, denen seine Zwangsherrschaft weniger zusagte, bezeichneten ihn als rücksichtslosen Gangster.« Wenn die Marineabwehr jedoch im Fischmarktbereich etwas erreichen wollte, war Joe »Socks« Lanza der einzig mögliche Weg.

Am Morgen nach seinem Treffen mit Haffenden im Hotel Astor rief Lanza einen seiner vertrauten Mitarbeiter, Benjamin A. Espy, an. Er bat Espy zu einer Unterredung in sein Quartier in Meyer's Hotel, einem heruntergekommenen, aber nützlichen Lokal beim Fischmarkt, das Lanza jahrelang als Stützpunkt benützte, ähnlich wie Haffenden das Astor. Espy war zuerst mehrmals wegen Raubes und Autodiebstahls eingesperrt gewesen. 1928 wurde er unter dem falschen Namen Ben Metz abermals verhaftet und wegen Verstoßes gegen das Prohibitionsgesetz angeklagt, aber freigesprochen. Später saß er ein Jahr und einen Tag im Bundesgefängnis Lewisburg, und 1938 ging er für drei Monate wegen Verschwörung ins Gefängnis und zahlte eine Strafe von 250 Dollar. Im Augenblick, als Lanza ihn anrief, hatte er das Gefühl, sein Leben sei ziellos geworden, und er hoffte, Lanza würde ihm behilflich sein, Provisionen für die Vermittlung von Aufträgen an New Yorker Transportfirmen zu verdienen.

In Meyer's Hotel sagte Lanza zu Espy, er sei gerade mit seinem Anwalt im Büro der Marineabwehr gewesen, und als hätte das für Espy noch nicht genügt, beklagte er sich auch noch darüber, daß man ihn gefragt habe, ob er ein Patriot sei! Er sei doch äußerst patriotisch, und jeder wisse das. Dann erzählte er Espy, daß er zugesagt hätte, mit der Marineabwehr zusammenzuarbeiten, und bat seinen Freund, mitzumachen.

Espy erklärte: »Ich war ja da unten dauernd mit ihm zusammen. Ich kannte mich mit den Fischerbooten aus, und ich kannte die Örtlichkeiten, und deshalb nahm er an, ich könnte in dieser Angelegenheit helfen.« Espy war als ehemaliger Schnapsschmuggler auch mit der Küste von New Jersey vertraut; er berichtete: »Joe wußte das. Es war ihm bekannt.« Nachher fragte sich Espy wieder und wieder, warum er zugesagt hatte, aber damals sagte er einfach: »Ich will es gern tun.«

Es war Espy, der als erster die Frage einer Entschädigung zur Sprache brachte: nicht hochherzige Gedanken über den Kriegseinsatz, sondern Geld. Würde irgend jemand für die Tätigkeit bei der Marineabwehr bezahlt werden? Lanza sagte: »Absolut niemand.« Espy erinnerte sich nachher mit ungläubigem Staunen: »Über Geld wurde nie gesprochen. Alles geschah freiwillig.«

Am nächsten Tag kamen Lanza und Espy ins Hauptquartier der Marineabwehr in der Church Street. Sie nannten am Eingang ihre Namen, trugen sich ins Besucherbuch ein und gingen hinauf. Als sie Haffendens Büro betraten, war Hilfsdistriktstaatsanwalt Gurfein gerade im Begriff fortzugehen. Haffenden stellte die beiden seinem Vorgesetzten, Captain Howe, vor, und Lanza sagte, Espy sei sein guter Freund, ein persönlicher Freund, der die Situation auf dem Fischmarkt gut kenne und sehr nützlich sein würde. Espy sei freundlich eingeladen, seine Berichte bei der Marineabwehr abzuliefern, sagte Haffenden. Howe schüttelte nur verwirrt den Kopf und sagte: »Gut.«

Haffenden wollte sofort mit der Untersuchung über die mögliche Versorgung von U-Booten vor der Küste beginnen. Espy machte einen Vorschlag: Er und Lanza würden die verschiedenen Lieferanten auf dem Fultoner Fischmarkt aufsuchen, um herauszufinden, ob es dort »ungewöhnliche Aktivitäten« gebe. Haffenden hielt das für eine gute Idee. Er hatte es bereits versucht, aber sobald seine Abwehrleute sich in Zivilkleider warfen und auf dem Markt herumschnüffelten, fanden sie entweder Geschäftsinhaber, die nur italienisch sprachen, oder solche, die zwar Englisch konnten, aber nichts wußten. Lanza versprach, sich darum zu kümmern, und Haffenden teilte ihm einen Zivilagenten zu, »Agent X« (die Namen von Zivilagenten wurden bei der Herlands-Untersuchung geheimgehalten), der als Verbindungsmann fungieren sollte. Agent X würde jederzeit erreichbar sein.

Haffenden bat dann Lanza noch, ihm Gewerkschaftsmitgliedsausweise für Abwehragenten zu besorgen, damit seine eigenen Leute an Bord von Fischerbooten ausfahren und nach feindlichen Unterseebooten und Kontaktnahmen vor der Küste Ausschau halten könnten. Lanza sagte, er werde für die Geheimagenten Mitgliedskarten seiner eigenen Fischergewerkschaft ausstellen: »Und sie werden als ordentliche Mitglieder hineingehen und sich auf mich oder einen von meinen Leuten berufen, und so werden sie Vertrauen gewinnen und alles machen können. Sie können sich an die Schiffskapitäne halten oder an Benny Espy, denn Espy ist auch im Bilde, und ihn habe ich miteinbezogen, ganz einfach, weil auch er viele dieser Leute kennt.«

Gleich nach der Zusammenkunft mit Haffenden marschierten Lanza und Espy zum Fultoner Fischmarkt und begannen Erkundigungen einzuziehen. Hatten Fischerbootkapitäne ungewöhnlich große Mengen von Treibstoff oder Lebensmitteln an Bord genommen? Man hieß die beiden überall willkommen, aber die Auskünfte, die sie erhielten, waren negativ: Niemand habe übermäßige Vorräte an Bord genommen. Lanza und Espy beschlossen, ihr Netz zu erweitern. Sie überredeten Charles Goldberg, einen Teilhaber des Fultoner Lagerhauses an der South Street, sie wissen zu lassen, falls irgendein Fischerbootkapitän vor einer Ausfahrt plötzlich überraschend große Mengen einkaufte. Sie überredeten Philip Mancini, einen Schiffslieferanten, über ungewöhnliche Einkäufe zu berichten. Dann besuchten sie Peter Hoops in Peck's Slip und vereinbarten mit ihm, daß er sie in Meyer's Hotel anrufen sollte, wenn er bemerkte, daß in seinem Hafenabschnitt irgend etwas Verdächtiges verladen wurde. Lanza und Espy hielten ihren Einfluß in diesen Kreisen für so groß, daß selbst dann, wenn bisher etwas an U-Boote geliefert worden wäre, es damit nun bald ein Ende haben würde.

Lanza und Espy unternahmen als nächsten Schritt einen Besuch bei den Docks am unteren Ende der Beekman Street und unterhielten sich dort mit den Mannschaften der Fischerboote. Espy stellte Fragen wie: »Was ist an der Küste los? Gibt es Unterseeboote? Ist euch je eines über den Weg gelaufen? Habt ihr bei euren Ausfahrten welche gesehen?« Lanza verhielt sich den Fischern gegenüber wie einer von ihnen, der eine persönliche Bitte an sie richtete; er verlangte ihre Hilfe bei der Bekämpfung der U-Boote als einen persönlichen Gefallen. Lanza und Espy informierten Hunderte von Italienern und Portugiesen im New Yorker Hafengelände in diesem Sinne. Verdächtige Vorkommnisse sollten telephonisch an Lanzas Büro in Meyer's Hotel gemeldet werden.

Joe »Socks« Lanza spannte die Fischereiindustrie viel schneller und gründlicher für die Marineabwehr ein, als irgend jemand in Uniform es je hätte tun können. Er organisierte seine Fischerwelt ähnlich wie Haffenden seine Abteilung B-3. Und zweifellos fand Lanza, ebenso wie Haffenden, viel Spaß daran. Lanza beschrieb diese Tage in seiner Aussage vor der Herlands-Kommission:

> Also standen wir dort herum, wo die Fischer sich aufhielten. In manchen Fällen ging ich selbst hinunter und nahm einen Schluck mit dem Geheimen, den Haffenden geschickt hatte. Dann stellte ich ihm die Leute vor, »das ist John« oder »Henry« oder wer immer es auch gerade war. Ich machte mir nie Notizen darüber. Manchmal brachten wir einen Agenten bei der Fischverpackung unter. Das war auch meine Gewerkschaft. Ich beschaffte ihm eine Mitgliedskarte. Und manche wurden direkt vom Fultoner Markt auf Booten untergebracht. Manche dieser Boote fuhren nach Long Island; manche wieder kamen von Jersey, andere von North Carolina oder von Virginia. Manche von Atlantic Beach, und alle, alle diese Fischerboote kamen zu unserem Markt. Und wenn der Commander wollte, daß einer seiner Leute an Bord gehen sollte, gingen wir einfach hin und schnappten uns den Kapitän, um ihm zu sagen: »Nimm ihn mit!«, und er konnte mitfahren. Manchmal kam so ein Boot auch nicht zum Fultoner Markt zurück, sondern blieb in der Umgebung von Maine. Dann blieb auch der Mann, den der Commander an Bord geschickt hatte, in Maine.

Lanza und Espy machten sogar einmal selbst eine Fahrt mit:

> Ja, Benny und ich machten so eine Fahrt. Wir wollten herausfinden, ob noch die alten Kontaktleute da waren oder neue Männer. Also fuhren wir hinauf bis nach Maine. Wir kamen nach Boston und nach New Bedford, Nantucket, Block Island, das alles haben wir besucht. Wir haben die Fahrt mehrmals unterbrochen, mindestens zwölfmal, und waren auch so weit im Süden wie North Carolina und Virginia. Dort gab es ein Lagerhaus,

ich glaube, in Virginia Beach, und der Commander hätte dort gern einen Kontaktmann gehabt. Nun, wir brachten ihm die Namen mit und ließen ihn wissen, an wen er sich wenden sollte, ob und wann er einen seiner Leute dort unterbringen wollte.
Gewöhnlich besuchte ich an allen diesen Orten nur den Vertreter der Fischergewerkschaft und sagte: »Ich werde dir einen Burschen herschicken. Wenn er ein Mitgliedsbuch hat, mein Mitgliedsbuch, dann laß ihn hier arbeiten, bring ihn unter. Wenn er dann von dir verlangt, daß du etwas machst, dann mach es. Damit tust du mir einen Gefallen, und ich werde dir bei uns in der Stadt auch gefällig sein.«
Haffenden wollte mir für diese Fahrt Geld geben, aber wir sagten: »Lassen Sie's, wir können uns selbst erhalten.« Er wollte unsere Spesen übernehmen, aber ich meinte: »Himmel Herrgott, es ist nicht der Rede wert, verdammt nochmal!« Ich machte nur, was Haffenden von mir verlangte – und wenn mir eine Information unterkam, daß da einer von der Fünften Kolonne oder sonstwie gegen das Vaterland war, ging ich zu Haffenden und berichtete es ihm.

Lanza besuchte Haffenden ungefähr zwölfmal in der Church Street, und Espy kam etwa ebensooft. Sie trafen sich auch im Astor und in Meyer's Hotel, im Madison, im Pennsylvania, in Moore's Restaurant in der sechsundvierzigsten Straße, Ecke Broadway, in Sweet's Restaurant an der Ecke Fulton Street–South Street und im Railroad Club. Lanza zufolge rief Haffenden gewöhnlich um ein oder zwei Uhr nachmittags an und sagte: »Komm in den Klub, Joe, ich möchte dich dort treffen.« Und Lanza kam. »Ich kam so schnell, daß ich noch meine Arbeitskleider anhatte«, berichtete Lanza. Charles Radcliffe Haffenden und Joe »Socks« Lanza bewegten sich in ihrer Zusammenarbeit auf eine Freundschaft zu, die dem einen Abhör-Alptraum, dem anderen gar nichts einbringen sollte.

Die Grenzen von »Margie-Lou« und »Adelaide T«

Leutnant Joseph Treglia, vormals Schnapsschmuggler, und Leutnant Maurice Kelly, vormals Polizeibeamter in New Rochelle, waren in Haffendens Untersuchungsabteilung B-3 mit Spezialaufgaben betraut. Treglia, der einen Hang zum Machiavellismus hatte, und Kelly, der am liebsten geradewegs aufs Ziel losging, waren beauftragt, die Mitwirkung der Marineabwehr an Joe »Socks« Lanzas Unterweltorganisation in der Fischereiflotte zu koordinieren und zu realisieren. Zusätzlich übernahmen Treglia und Kelly, zuerst gemeinsam mit Lanza und später allein, die Antisabotage-Aufsicht in einigen New Yorker Betrieben, an denen die Marine interessiert war. Sie organisierten auch zu Gegenspionagezwecken Einbrüche in verdächtige Büroräumlichkeiten von In- und Ausländern.

Haffenden arrangierte diese höchst geheimen Operationen bei einer seiner ersten Zusammenkünfte mit Lanza. Er ersuchte Lanza, ihm zu helfen, in bestimmten Gebäuden der Innenstadt nachts Abwehragenten unterzubringen. In einem Fall – es handelte sich um das Büro eines ausländischen Konsuls – verlangte er von Lanza auch, Leute bei Tag einzuschleusen. Lanza arrangierte das. Er schilderte, wie er es tat:

> Nun, da und dort kannte ich den Hausverwalter persönlich. In der Stadt war ich mit allen diesen Hausverwaltern bekannt und bekam durch sie die Leute hinein, und in anderen Fällen ging ich hin und beschaffte Mitgliedsbücher von der Hauspersonalgewerkschaft und gab sie den Agenten. Das war die Ortsgruppe 32-B. Dann war

da eine andere, die Aufzugspersonalgewerkschaft, Liftboys, Fahrstuhlmaschinisten. Damals kannte ich so einen Burschen, na, sagen wir, unter dem Namen George. Nun, so war es mit meinen Bekanntschaften in diesem Gebiet. Und da war auch ein gewisser Carter, richtig, Joe Carter. Er war der Vertreter der *International Brotherhood of Building Trades*, der Bauarbeitergewerkschaft. Dieser Verein organisierte Putzfrauen, Heizer und Portiere, na, Sie wissen schon.

Das war eine wichtige Erweiterung der Zusammenarbeit zwischen Marine und Mafia. Der »George« war George Scalisi, ein Gangster, der den Arbeitsmarkt in der Hand hatte. Auch er ein Unterweltkronprinz, der kaum Aussicht hatte, König zu werden. Lanza kannte viele New Yorker Gangster, die den Vereinigten Staaten helfen wollten, den Krieg zu gewinnen.

Haffenden erweiterte schleunigst das Personal, das Treglia und Kelly für die Operationen in Lanzas Domäne zur Verfügung stand. Für die direkte Verbindung mit Lanza, bei Zusammenkünften und manchmal mindestens zwei- bis dreimal die Woche, in Spitzenzeiten sogar täglich, verwendete Haffenden den Geheimagenten X. Das war ein Italo-Amerikaner, der vorher Privatdetektiv bei dem berühmten Detektiv Ray Schindler, dem Vorsitzenden von Haffendens Executives Association, gewesen war. Agent X placierte Konfidenten in verschiedenen Betrieben, die für die Marine arbeiteten, und an Orten, wo Italo-Amerikaner zusammentrafen, sowohl um Sabotageakte zu unterbinden als auch um Berichte zu sammeln über Schiffsladungen, unüberlegtes Gerede und Durchsickern von Geleitzuginformationen. Agent X und Leutnant Treglia hielten sich als »sicheren« Treffpunkt für diese Konfidenten ein kleines Büro in der Greenwich Street in Manhattan.

Agent Y, ebenfalls ein Italo-Amerikaner, war früher Immobilienverwalter bei einer Hypothekargesellschaft gewesen, hatte aber auch bei der Zollfahndung gearbeitet und verstand sich auf Observierung, Ausforschung und Schlösserknacken. Er kannte Haffenden seit 1921. Erst arbeitete er mit Lanza zusammen bei der Unterwanderung der Fischereiflotte, dann als Röhrenmonteur in der Atlantic Iron Basin-Schiffswerft am Ende der Columbia Street in Brooklyn, wo es Fälle von Sabotage gegeben hatte. Er übergab seine Berichte an Treglia und Haffenden, seine wirkliche Identität blieb auch den Managern und Mitarbeitern in der Werft unbekannt, und er erledigte seine Aufgabe erfolgreich. Als nächstes wurde er als Dreher bei der Norden Bomb Sight Company in der Lafayette Street in Manhattan eingestellt. Auch dort führte er seinen Auftrag erfolgreich aus, wieder auf eine Weise, die der Geheimhaltung unterlag. Nun wurde er Leutnant Kelly zugeteilt, um ihm beim heimlichen Betreten von Räumlichkeiten an die Hand zu gehen.

Leutnant Herbert F. Kemp, seit 1935 Zollinspektor im New Yorker Hafen und ein Freund Haffendens, wurde nun uniformiertes Mitglied der Marineabwehr. Er war ein älterer Mensch, ausgebildeter Marineingenieur; nun wurde er beauftragt, Lanzas Auskünfte über die Fischereiflotte zu überprüfen. Kemp ermittelte aufgrund offizieller Unterlagen die Maschinenleistung, den Treibstoffverbrauch und andere Eigenschaften von Hunderten Schiffen, um herauszufinden, ob irgendwelche Fischerboote imstande wären, aus ihren eigenen Treibstoffbehältern U-Boote aufzutanken. Sobald er sich überzeugt hatte, daß dies nicht der Fall war, erhielt er eine neue Aufgabe. Er bekam von Lanza eine Gewerkschaftsmitgliedskarte und ging in eine Reparaturwerft auf Staten Island arbeiten.

Paul A. Alfieri war ein mutiger, gewissenhafter Zivilagent in der Abteilung B-3. Er war der Sohn eines Majors der italienischen Armee im Ersten Weltkrieg. Im August 1942 erhielt Paul A. Alfieri sein Patent als Reserveoffizier der amerikanischen Marine. Alfieri, ein großes Sprachentalent und ein Mann mit Führungsqualitäten, lernte vom Agenten Y Safeknacken und Schlösser aufbrechen und wurde Kelly als Helfer bei heimlichen Einbrüchen zugeteilt. Während dieser Monate half er Haffenden bei der Entwicklung eines neuen Projekts, das später ein Projekt der Marineabwehr werden sollte. Alfieri beschrieb die ersten Anfänge: Er habe mehrere ausbaufähige Kontakte gehabt, sagte er, und Haffenden habe erwähnt, er sei sehr interessiert an einer Liste der Konfidenten, die ihn über den New Yorker Hafen und möglicherweise auch über Ziele in Übersee informieren könnten.

Der Zivilagent Willis George, der nach dem Kriege auch namentlich genannt wurde, arbeitete für Haffenden unter Verwendung von Gewerkschaftsmitgliedskarten, die für das Eindringen in verdächtige Büros notwendig waren. Die wichtigsten Elemente dieser Arbeit waren: Anbringung von Abhörgeräten, Durchsuchung der Papierkörbe und anderer Abfälle, Überwachung von Besuchern. Wurde dadurch ein erster Verdacht bestärkt, mußte entschieden werden, ob Marineabwehr und Zivilagenten einen Einbruch vornehmen sollten oder nicht. Wurde positiv entschieden, dann wurde der Hausverwalter verständigt, daß eine illegale Aktion bevorstehe. Sollten die Agenten entdeckt werden, würde die Regierung sie in keiner Weise decken, und auch die Verwalter konnten für entstandene Schäden und Verletzung der Privatsphäre verantwortlich gemacht werden. Agent George schilderte als Beispiel einen typischen Fall von »kombiniertem« heimlichen Eindringen. Die Marineleute gingen zum Verwalter, der erklärte: »O. K., ich helfe euch.« Der Marineagent fragte: »Wollen Sie Geld?« Der Verwalter antwortete: »Nein. Ich habe zwei Söhne, die Soldaten sind. Macht es nur so, daß es echt aussieht.« Das Marineteam antwortete: »Es wird echt aussehen.«

Den Marineleuten war das in Aussicht genommene Büro schon vertraut, sagte Agent George, als er seine »kombinierte Aktion« beschrieb. Gegenspionageleute hatten es als Reinigungspersonal oder als Hausvertreter schon besichtigt. Die Marine kannte ziemlich genau die Arbeitsgewohnheiten der dort Beschäftigten und wußte, wie lang sie voraussichtlich wegbleiben würden; das war durch Telephonüberwachung und Beobachtung festgestellt worden. Während nun die Nachtwächter des Hausverwalters wegschauten, brach ein typisches »kombiniertes Team« ein. George zufolge waren das oft bis zu elf Personen: ein

Agent als Leiter, der den Einbruch an Ort und Stelle organisierte, ein Safeknacker, der jedes Safe manipulieren konnte, ein Schlösserfachmann, der jedes Schloß innerhalb von dreißig Minuten aufsperren konnte, ein Photograph mit Miniaturkameraausrüstung, ein Spezialist für Siegel und Klebestreifen, der jedes Siegel und jeden Briefumschlag innerhalb von dreißig Minuten öffnen und wieder verschließen konnte, ein erfahrener Auswerter, der schnell eine Menge von Papieren durchblättern und dabei entscheiden konnte, welche photographiert werden sollten, drei Sicherheitsmänner, um Wache zu stehen, und zwei Funker mit Ausrüstung. Obwohl das Marineteam bewaffnet war – der Leiter und die drei Sicherheitsmänner trugen Revolver und Totschläger, die anderen bleistiftförmige Gaspistolen –, hatte es Befehl, Gewaltanwendung zu vermeiden.

Sogar nach dem Krieg durfte Agent George diese äußerst vertraulichen Unternehmungen nur in allgemeinen Zügen schildern. Doch über die hier geschilderte »kombinierte Aktion«, die für ungefähr fünfzig Einbrüche dieser Art typisch war, berichtete er: »Der Einbruch brachte uns schlüssige Beweise für einen deutschen Spionagering, der in sechs amerikanischen Großstädten ein Dutzend Agenten hatte. Einige der Briefe und Aufzeichnungen aus dem Safe, die wir photographierten, enthielten die Namen und Adressen der meisten von ihnen. Andere Dokumente waren Durchschläge von Anweisungen über die Verwendung von Mikrofilmen, unsichtbarer Tinte, Verkleidungen usw. Innerhalb eines Monats waren alle diese Agenten entlarvt und der Spionagering zerschlagen.«

Zivilagent H war ein älterer Deutschamerikaner, der bei der Alkoholsteuer-Einheit des amerikanischen Schatzamtes gearbeitet hatte. Er wurde in die Abteilung B-3 als besonderer Geheimagent eingeführt und unmittelbar Commander Haffenden unterstellt. Haffenden stellte ihn Leutnant Treglia in seinem unnachahmlichen Stil vor: »Ihr beide werdet euch vertragen«, sagte er, »der eine ein Itaker, der andere spricht gut Deutsch, ihr seid die Richtigen für die Docks.« Agent H wurde – zum Unterschied von den anderen – nie mit einem Scheck der amerikanischen Regierung bezahlt. Zweimal im Monat erhielt er einen auf ihn persönlich ausgestellten Scheck, der von Captain Roscoe MacFall gezeichnet und auf dessen Privatkonto bei einer Bank Ecke Broadway–Liberty Street bezogen war. Agent H mußte immer persönlich erscheinen, um im Büro von MacFall sein Salär in Empfang zu nehmen.

In der ersten Aprilwoche 1942 verständigten die Konfidenten aus Lanzas Agentennetz Commander Haffenden, daß bei Montauk Point, am Ostzipfel von Long Island, ein U-Boot gesichtet worden sei. Haffendens Aufmerksamkeit richtete sich sofort auf die Fischerboote, die in der Nähe lagen. Er rief Lanza an und sagte ihm, er wolle Marineabwehrleute in Häfen im Osten von Long Island bringen. Zusammen entschieden sie, es könnte auch von Nutzen sein, Agenten auf der Lastwagenflotte unterzubringen, die Hiram Chester Swezey aus Eastport, Long Island, gehörte und tagtäglich Fische von Long Island zum Fultoner Fischmarkt transportierte. Lanza und Espy beschafften wieder Mitgliedsbücher der Fischergewerkschaft, und Lanza rief Swezey an. Lanza berichtete über dieses Telephongespräch: »›Hör zu‹, sagte ich, ›auf der Insel ist was los, und ich möchte ein paar Männer auf deinen Lastwagen unterbringen, wirst du sie nehmen?‹ Und er sagte: ›Natürlich, Joe, wenn du willst, daß ich sie nehme, werde ich sie nehmen.‹«

Am 10. April besuchte Treglia, begleitet von den Agenten X und Y, Swezey in seinem Büro in Eastport. Ein Mann namens Duke kam ihnen entgegen und sagte, er sei Swezeys Fahrer. Er führte sie zu Swezey hinein. Die drei Abwehragenten entdeckten, daß Swezey blind war. Treglia erläuterte die geplante Aktion auf Long Island, und Swezey versprach, der Marine »und den USA« alle mögliche Hilfe zu gewähren. Er wollte der ganzen Welt zeigen, daß er ein hundertprozentiger Amerikaner sei. Sein Stammbaum gehe bis zur amerikanischen Revolution zurück, sagte er, und sein einziger Bruder sei im Ersten

Weltkrieg gefallen. Das Dekret über die Auszeichnung seines Bruders mit dem Verdienstkreuz, von Armeegeneral John J. Pershing gezeichnet, zierte eine Wand in Swezeys Büro.

Swezey, der mit sieben Jahren erblindet war, hatte sich vom blinden Zeitungsjungen zum Transportunternehmer mit zwanzig Lastwagen hinaufgearbeitet. Er schilderte die Zusammenkunft:

> Na ja, damals hat man geglaubt, daß da draußen einige Boote den deutschen U-Booten helfen. Die wollten sie aufspüren. Sie wollten Leute kennenlernen, die an der Ostspitze von Long Island zu Hause waren, besonders Seeleute. Aus irgendwelchen Gründen hatte Lanza mich besonders empfohlen. Natürlich kannte er mich, aber von meiner patriotischen Einstellung wußte er, glaube ich, nicht allzuviel, obwohl alle Leute vom Fultoner Fischmarkt sie gekannt haben dürften.

Swezey verlor keine Minute. Er trommelte ungefähr ein Dutzend Fischer zusammen, lud sie in Claudio's Restaurant in Greenport zum Essen ein und sagte ihnen, die drei Besucher seien vom Fultoner Fischmarkt, und er wäre für alles dankbar, was für sie getan werden könnte. Er verriet nicht, daß es sich um Marineagenten handelte. Später richtete er es so ein, daß Agent X als Lastwagenfahrer eingestellt wurde. »Es gab eine kleine Unstimmigkeit deshalb«, sagte Swezey, »weil wir den Job einem anderen Arbeiter wegnahmen und der Betriebsrat darüber etwas verärgert war. Der sagte nämlich: ›Er ist doch nicht in der Gewerkschaft, oder?‹ Aber ich antwortete ihm: ›Doch, er ist ein Mitglied, das die Gewerkschaft direkt vom Zentrum in New York zu uns geschickt hat. Joe Lanza hat die Mitgliedskarte ausgestellt.‹ «

Leutnant Treglia ging am 15. April mit den Agenten X und H und dem Zivilagenten M, einem Griechisch-Amerikaner, abermals zu Swezey. Der nahm sie diesmal nach Montauk mit und machte sie mit Charles L. Bonner bekannt, den Swezey für den bestsituierten Mann in Montauk hielt. Bonner besaß eine Tankstelle an der

Montauk-Autobahn. Er vertrat auch die Ölgesellschaft Tidewater und war Eigentümer des Docks, wo viele Fischerboote auftankten. Bonner wurde eingeweiht, daß die Männer von der Marineabwehr waren, und er erklärte sich zur Mitarbeit bereit. Er hatte schon vorher Erfahrungen mit Militärbehörden gesammelt:

> Hier am Stützpunkt hatte ich schon das Vergnügen mit der Marine und der Armee; ich kenne die Herren; wenn sie etwas wollen, läßt man alles fallen, und wenn sie ein Faß Kerosin verlangen, dann bringst du es ihnen einfach. Und je niedrigeren Rang einer hat, desto weiter reißt er den Mund auf. Zum Beispiel ein kleiner Fähnrich oder ein Unterleutnant, die erwarten, daß man für sie nur so springt. Aber ein Hauptmann oder ein Oberst, die sind da ganz anders. »Wenn es Ihnen recht ist, Charley«, sagen sie. Aber bei einem kleinen Unteroffizier hieß es: »Eins, zwei, dringend, kann nicht warten!« So ist das.

Bonner versorgte nicht nur die Schiffskapitäne in Montauk mit Treibstoff, er half ihnen auch bei der Finanzierung dieser und anderer Käufe. Er wußte genau Bescheid über die finanziellen Verhältnisse der Fischer, und eine plötzlich auftretende Wohlhabenheit bei einem von ihnen wäre ihm sofort aufgefallen. Bonner erklärte dem Agenten X rundweg, er glaube nicht, daß einer der Montauk-Fischer die Vereinigten Staaten verraten würde. Agent X pflichtete ihm bei, bat aber Bonner, die Marine sofort zu verständigen, wenn deutsche Agenten auftauchen und Treibstoff für U-Boote aufzutreiben versuchen sollten. Bonner ging noch weiter: er schlug vor, in einem solchen Fall das deutsche Angebot anzunehmen, die Marine zu verständigen und den U-Booten eine Falle zu stellen. Er meinte, mit dem Beginn der Schwertfischsaison sei besondere Wachsamkeit an der Küste geboten, denn dann führen die Schiffe viel weiter in die offene See hinaus und seien oft zwei bis drei Tage draußen.

Bonner bat einen der Kapitäne, William DeWaal, den Agenten H auf einen Tag zum Fischen im Ozean mitzunehmen. Er sagte DeWaal aber nicht, daß dieser Mann zur

Marineabwehr gehörte. »Ich sagte ihm, das ist ein Freund von mir«, sagte Bonner. »›Nimm ihn einen Tag zum Fischen mit, das wird ihm guttun‹. Und Bill fragte: ›Wird er seekrank?‹ Ich antwortete: ›Nein, er hat einen freien Tag. Er ist mein Freund. Nimm ihn mit.‹ Letzten Endes sind die Burschen doch draufgekommen, weil sie Fragen stellten und es sich dann sozusagen herumgesprochen hat, aber sie hielten dicht.«

DeWaal, seit mehr als vierzig Jahren Fischer und Besitzer der *Margie-Lou,* war nicht der Mann, einen jeden mitzunehmen, nicht einmal auf Bonners Bitte hin. »Es ist Krieg«, sagte er, »und ich mag keine Passagiere mitnehmen.« Aber Bonner überredete ihn, und DeWaal erklärte sich einverstanden, H am nächsten Morgen um vier Uhr am Dock zu treffen. Es fiel ihm aber auf, daß Bonner seinen »Freund« nicht vorstellte, und da fragte er den Agenten H, ob er einen Küstenpaß habe. Merkwürdigerweise hatte Agent H einen, aber der kam nicht von Joe Lanza.

Am 17. April 1942, um vier Uhr morgens, traf sich DeWaal mit dem Agenten H, und es fiel DeWaal nicht besonders auf, daß sein Passagier mit deutschem Akzent sprach. Kurz vor Kriegsbeginn hatte er eine Gruppe Japaner mitgenommen, weil sie die Küste besichtigen wollten, und er war nervös. Als sie südsüdwestlich von Montauk kreuzten, entdeckte DeWaal, daß H mit Vornamen Charlie hieß. Es war keine Vergnügungsfahrt, also teilte DeWaal Charlie zur Arbeit ein. »Ich habe wirklich schwer geschuftet«, berichtete Agent H. »Er hatte zu wenige Leute. An diesem Tag habe ich mich geschunden.« Agent H hatte den Auftrag, nach verdächtigen Dingen Ausschau zu halten. Er sah nichts dergleichen, und als sie um vier Uhr nachmittags zum Dock zurückkehrten und Agent H von Bord gegangen war, erfuhr DeWaal, daß sein Passagier von der Marineabwehr war. »Oh, ich kann das verstehen«, sagte DeWaal. Er sah diesen Agenten erst wieder, nachdem ganz in der Nähe, bei Amagansett, zwei deutsche Saboteure gelandet waren.

Am 18. April, einen Tag nach Hs Fahrt auf der *Margie-Lou,* arrangierte Bonner für den Agenten M eine

Ausfahrt auf der *Adelaide T.* Dieses Fischerboot gehörte Ellis Tuthill, und der Maat war Clement LeVesconte, Besitzer des Gasthauses Blue Marlin in Montauk. Agent M, der Griechisch-Amerikaner, war einer jener unangenehmen Geheimdienstleute, die den anderen auf die Nerven gehen. Er kreuzte im Wirtshaus Blue Marlin um vier Uhr früh auf und fragte nach Tuthill. Als er hörte, Tuthill sei nicht da, begann er Krach zu schlagen, und LeVesconte beschwichtigte ihn: »Die Leute schlafen noch.« Tuthill kam zehn Minuten später, und alle drei gingen hinaus zur *Adelaide T.* Zwei weitere Besatzungsmitglieder erschienen, sie hießen Salanc und Creaser. Tuthill wußte, daß M von der Marineabwehr war, aber die anderen auf dem Schiff wußten es nicht. LeVesconte sagte: »Agent M blieb die meiste Zeit in seiner Koje. Ich glaube nicht, daß er den ganzen Tag lang ein einziges Mal lächelte. Er war kein sehr angenehmer Mensch. Er hat an diesem Tag ein gutes, warmes Essen bekommen, aber er hat wenig gegessen, sehr wenig. Er hat es auch nicht gelobt oder so. Und als wir wieder zurückkamen, sagte er nichts. Er hat sich auch gar nicht bei uns für irgend etwas bedankt.« Irgendwie wurde dann bekannt, daß Agent M nicht gerade einer der sympathischsten war, und so wurde er später mit der langweiligen Aufgabe betraut, in einer Fabrik in Bayonne, New Jersey, nach Saboteuren zu suchen.

Ein paar Tage nach diesen improvisierten Bootsfahrten kam Bonner nach New York, wo ihn Treglia und die Agenten X und H in ein italienisches Restaurant in der Beaver Street zum Essen einluden. Agent H, der Deutschamerikaner, bemerkte, daß Treglia Bonner in Haffendens Büro führte. Auf die Frage, warum, sagte Agent H: »Ich weiß nicht. Es war von Treglia arrangiert, und ich nehme an, daß er sich vor Haffenden wichtig machen und ihm zeigen wollte, daß er in Point Montauk einen Kontaktmann gefunden hatte.«

Dank diesen Zusammenkünften erreichte Bonner es tatsächlich, daß alle Fischerbootkapitäne im Gebiet von Montauk ihm verdächtige Wahrnehmungen mitteilten und auch über verdächtige Gegenstände berichteten, die sie im

Ozean auffischten. Dabei fanden sie: Reste von Zielen, welche die Armee für ihre Schießübungen draußen auf dem Meer verwendete, mehrere Tragflächen abgestürzter Flugzeuge, einen menschlichen Totenschädel, der später anhand der Zähne als der eines Fliegers identifiziert werden konnte, und ein Unterseeboot der amerikanischen Marine. Das Unterseeboot lag auf dem Meeresgrund auf Horchposten, als es von einem der Netze eines Fischdampfers eingefangen wurde. »Das war ein Spaß«, erinnerte sich Bonner, »denn das U-Boot tauchte auf, und das war so komisch, denn das Fischerboot hatte das Schleppnetz ausgeworfen und fuhr mit Volldampf voraus, dann fing sich das U-Boot, und auf einmal ging es zurück.«

In dieser frühen Phase des Krieges war Haffenden eifrig bemüht, das Prestige und die Verbindungen dessen, was er als »Marineinteressen« bezeichnete, überall im Dritten Marinedistrikt zu vergrößern. Er war ein unverblümter und beliebter Versammlungsredner. Sein Lieblingsthema war immer die Marineabwehr: »Die Marineabwehr ist wahrscheinlich die älteste Aufklärungsorganisation in unserem Lande. Weder nach dem letzten Krieg noch nach irgendeinem früheren haben wir damit aufgehört. Die Marineabwehr hat seit ihrer Entstehung ohne Unterbrechung gearbeitet, und die Entstehung läßt sich bis 1794 zurückverfolgen, als die erste Flotte eingesetzt wurde. Nicht Pearl Harbor hat die Marineabwehr aktiviert. Die Marineabwehr war schon lang vor Pearl Harbor aktiv.«

Nun, da der Hafen von New York und die Häfen von Long Island auf Kriegsdauer durchorganisiert schienen, begann Haffenden seinen Einfluß ins Landesinnere auszubreiten. Hier stützte er sich aber nicht auf die Geheimagenten und Unterweltkonfidenten, die er rund um die Häfen verwendete, sondern auf höhere Polizeibeamte. Unter seinen Freunden und Bekannten befanden sich Polizeioffiziere und Politiker von New York bis Buffalo. Seiner Ansicht nach konnte die Marineabwehr ohne sie nicht auskommen.

Haffenden, ein Mitglied der Demokratischen Partei,

stellte Verbindungen zu einflußreichen Demokraten in seinem Wahlbezirk Queens her, vor allem zu seinem Nachbarn, dem demokratischen Parteifunktionär und Abgeordneten James A. Roe. Haffenden schien sich für eine politische Laufbahn in New York City nach dem Krieg zu interessieren. 1942 jedoch identifizierte er sich völlig mit den »Marineinteressen« und setzte sich leidenschaftlich für die Marine ein. Welche selbstsüchtigen Motive man ihm später auch vorwerfen mochte, damals war Haffenden in Hochform.

Joe »Socks« Lanza hingegen begann sich den Grenzen seiner Möglichkeiten zu nähern. Eines Abends speisten Lanza und Espy mit dem Agenten X in Shine's Restaurant in der Siebenten Avenue und berichteten über einige Details ihrer jüngsten gemeinsamen Unternehmungen. Sie versuchten gerade Kontakt herzustellen mit James Piccarelli von der *National Union of Stevedores* (Gewerkschaft des Schiffsladepersonals), mit Tommy Green, einem ehemaligen kommunistischen Seemann, der nun im Brooklyner Matrosenasyl lebte, mit »Scotty, einem alten englischen Seebären, der alles wußte, und mit einigen Radiomechanikern, die auch sehr viel wußten«. Dann hatte Lanza plötzlich eine Inspiration und sagte dem Agenten X, er könne ihm den Mann liefern, der »in der gesamten Unterwelt die Peitsche schwingt« und alle dazu bringen würde, den Vereinigten Staaten im Krieg zu helfen. Er würde es gern sehen, daß dieser Mann mit Haffenden zusammenkäme, dieser Mann würde aber die Sicherheit fordern, nicht hineingelegt zu werden.

»Dieser Mann« war Charles »Lucky« Luciano. Agent X war ein wenig verwirrt. Er fragte, wie Luciano, der im Gefängnis saß, denn behilflich sein könnte? Lanza meinte, man könnte es arrangieren, daß jemand Luciano besuche und sein Einverständnis erhalte. Damit, sagte Lanza, »könnte ich alles auf den Kopf stellen!« Agent X fragte, ob denn Luciano noch immer so mächtig sei wie früher. Lanza bejahte und fügte hinzu, wenn Luciano der ganzen Unterwelt versicherte, es sei in Ordnung, Informationen an die Marineabwehr weiterzugeben, dann würde die Unterwelt kooperieren. Agent X berichtete Haffenden unverzüglich von diesem Gespräch.

Noch im April sagte Lanza schließlich auch zu Haffenden selbst, er sei nun faktisch am Ende. Zwar leistete er nützliche Arbeit in der Fischereiindustrie, an den Kais und in Betrieben in der Stadt, sonst aber kam er nicht weiter. Lanza galt nicht viel bei der *International Longshoremen's Association* (Hafenarbeitergewerkschaft) von Joseph Ryan und Johnny »Cockeye« Dunn am Hudson, bei den Molen, wo die großen Schiffe der Nordatlantikgeleitzüge anlegten, und auch nicht bei Camardas, Adonis oder Costello. Mit Luciano wäre das eine andere Geschichte. Lanza sagte zu Haffenden, wie dieser sich später erinnerte: »Nun, die Schwierigkeit war, daß ich nicht die volle Unterstützung bekam, und ich dachte, wenn nur Charlie ins Bild käme, würde ich schon die nötige Unterstützung bekommen, die ich von verschiedenen Leuten in New York brauchte. Wenn er zum Beispiel Leuten wie Joe Adonis oder Frank Costello, seinem Freund, oder Mikey Lascari in New Jersey ein Wort sagen würde.«

Lanza sagte zum Agenten X und wiederholte es zu Haffenden, er stehe auch vor einem persönlichen Problem. Abgesehen von seinen eigenen Leuten an den Molen, die ihm vertrauten, gab es andere, die nicht kooperieren wollten, weil sie seine Motive anzweifelten. Gab Lanza vielleicht die Informationen nicht der Marine, sondern verkaufte sie der Staatsanwaltschaft, um für sich bei dem bevorstehenden Verfahren eine Begünstigung einzuhandeln? Lanza sagte dem Agenten X, das O. K. müsse bald kommen, und zwar von einem Großen der Unterwelt.

Schließlich erzählte Lanza Haffenden auch, daß er sogar in ethnischer Hinsicht Schwierigkeiten bekomme. Zwar würden die Italo-Amerikaner im Hafen, zumindest in seinem Abschnitt, mit ihm zusammenarbeiten, aber die noch drüben geborenen Italiener, die aus Italien oder Sizilien als Flüchtlinge vor Mussolinis Kerkern und Folterungen in die Vereinigten Staaten gekommen waren, die halfen ihm nicht. Lanza fügte hinzu, es seien »nicht unbedingt nur Italiener, sondern auch viele Amerikaner, die Charlie in der Hand hat. Sie haben großen Respekt vor Charlie, und auch viele Leute in der Gewerkschaft sind Charlies Freunde, und ein Wort von ihm würde mir alle Türen öffnen.«

Der beliebte Joe »Socks« Lanza wurde nicht beiseite geschoben, er wurde nur auf seinen Platz verwiesen. Ben Espy wurde gefragt, ob Lanza glaube, es gebe gewisse Leute, an die er sich ohne Lucianos Einwilligung gar nicht wenden könne. Espy erklärte: »Oh, er könnte sich an sie wenden, aber ein Wort von Charlie würde ihm wohl die Türen öffnen.«

Die Marineabwehr, die nun ihre Agenten schon in Lanzas Netz verwickelt hatte, erkannte, daß Lanza kaum noch weiterkommen konnte. Leutnant Kelly faßte es in zwei Sätzen zusammen: »Lanza war äußerst wertvoll bei der Herstellung verschiedener Kontakte an den einzelnen Kais. Aber dann wurde es nötig, das Ding zu erweitern – wir waren für den ganzen Hafen verantwortlich, und wir entdeckten Orte, wo ›Socks‹ Lanza keine direkte Verbindung mehr hatte.«

Nun war in der Tat die Zeit gekommen, »das Ding zu erweitern«, wie Kelly sagte. Im April 1942 wurden neunundvierzig Handelsschiffe der Alliierten versenkt, im Mai weitere 102. Das ergab die wahrhaft erschreckende Summe von 272 Handelsschiffen, die seit dem Eintritt der Vereinigten Staaten in den Krieg an der Ostküste versenkt worden waren! Tausende Männer waren in der eisigen, dunkelgrauen See ertrunken. Aus menschlichen wie auch aus logischen Gründen war es sicherlich vernünftig, in dieser Notsituation herauszufinden, ob und wie Lucky Luciano helfen konnte und wollte.

Zweiter Teil

1942:
Luciano

Laut brüllend durch das Leukoplast, mit dem sein Mund zugeklebt war, während ihm Blut, gemischt mit Hautfetzen, aus dem zerfleischten Kinn und der zerschnittenen Kehle strömte, so hing Charles Luciano an einen Balken gefesselt in einem verlassenen Lagerhaus auf Staten Island in der kalten Nacht des 16. Oktober 1929. Sein zerstochener und verprügelter Körper krümmte und wand sich, bis seine Daumen sich ruckweise aus den Stricken rissen. Seine Folterer hatten ihn hängen lassen, weil sie ihn für tot hielten, aber er fiel zu Boden und lebte noch. Irgendwie gelang es ihm, bis zum Highland Boulevard zu kriechen, wo man ihn fand. »Weiß nicht, wer es war«, sagte er bei der Polizei über die Bande rivalisierender Rauschgifthändler, die mit ihm Schlitten gefahren waren. »Ich werd' mich darum selbst kümmern.« Sein Überleben war solch ein Wunder, daß er den Spitznamen »Lucky« (der Glückliche) erhielt, aber Luciano witzelte bescheiden, der Spitzname komme von einem Hufeisen, das auf seinem Arm eintätowiert sei.

Luciano war damals einunddreißig Jahre alt und demonstrierte den Führern der Verbrechersyndikate Tugenden wie Mut und Ausdauer, das traditionelle Schweigen der Polizei gegenüber (»omertà«) und die mörderische Absicht, seine Angelegenheiten selbst zu erledigen – das alles mit einem Gleichmut und einem stillen Humor, wie es nur ein zum Befehlen geborener Führer kann. Bald sollte er zum Star des größten Verbrecherreiches werden, das es je in Amerika gegeben hat.

Lucky Luciano wurde am 11. November 1897 als

Salvatore Lucania in Lercara auf Sizilien, nicht weit von Palermo, geboren. Er war der dritte Sohn (neben zwei jüngeren Töchtern) von Anthony Lucania, einem Dampfkesselmechaniker, der 1904 in die Vereinigten Staaten auswanderte. Anthony fand einen Posten in einer Messingbettenfabrik in Brooklyn, ließ seine Frau Rosa und seine fünf Kinder im Jahre 1905 nachkommen und suchte sich eine Wohnung an der Lower East Side von Manhattan. Er verstieß in seinem ganzen Leben gegen kein Gesetz und wurde im Jahre 1929 amerikanischer Staatsbürger, Einbürgerungsurkunde Nr. 2,050.994. Der Sohn Charles wurde nie eingebürgert, und schon vor jener Nacht auf Staten Island hatte er nicht weniger als siebzehn Haftstrafen hinter sich. Er verließ die Volksschule Nr. 40 in Manhattan in der fünften Klasse und wurde vom Stadtschulrat auf vier Monate in die Brooklyner Sonderschule für Schwererziehbare eingewiesen. Dann begann er in einer Hutfabrik zu arbeiten und verdiente fünf Dollar die Woche. Nach zwei Jahren auf diesem Posten, er verdiente damals sieben Dollar, kündigte er. »Bevor ich ein Niemand bleibe«, sagte er, »wäre ich lieber tot.« Nie mehr nahm er einen normalen Posten an.

Wie Lucianos Schwester, Frau Fanny Galasso, berichtete, war ihr Vater ein sehr fleißiger Mann, die Mutter eine kräftige, gesunde Frau; sie hatten ein gutes Heim; Charles ging eines Tages einfach allein in die Welt hinaus und schickte seinen Eltern oft Geld. Frau Galasso bezeichnete Charles als »guten Jungen«, und es schmerzte sie, daß ihr Bruder kriminell geworden war. Lucianos Mutter, die italienische Staatsbürgerin geblieben war, starb 1935 an Herzversagen infolge hohen Blutdrucks. Sein Vater, der seine letzten Jahre bei Frau Galasso in deren Haus in East White Plains verbracht hatte, erlag dem gleichen Leiden, kurz vor der Kriegserklärung Italiens an die Vereinigten Staaten im Jahre 1941. Charles war das einzige der fünf Geschwister, das je für irgend etwas verhaftet wurde.

Die erste Verhaftung fand am 17. Juni 1916 statt; der achtzehnjährige Luciano wurde wegen unrechtmäßigen Rauschgiftbesitzes angeklagt – man hatte bei ihm eine

Phiole mit einem Gramm Heroin gefunden. Er wurde verurteilt und saß sechs Monate einer zeitlich nicht begrenzten Strafe im New Yorker Stadtgefängnis auf Blackwell's Island ab. Am 15. Dezember 1921 wurde er von der Polizei von Jersey City festgenommen und beschuldigt, unerlaubterweise einen geladenen Revolver getragen zu haben. Die Anklage wurde fallengelassen. Seine nächste Verhaftung erfolgte am 5. Juni 1923, wieder wegen Heroin. Er wurde freigelassen, nachdem er Leute der Suchtgiftabteilung zu einem Koffer geführt hatte, der gefüllt mit Heroin und anderen Drogen in einem Keller lagerte. Am 27. Juli 1926, nach zahlreichen Verhaftungen wegen kleinerer Delikte, wurde er angezeigt, weil er in seinem Auto ein Gewehr, zwei Pistolen und 45 Schuß Munition gehabt hatte. Das Verfahren wurde eingestellt, als Luciano einen Waffenpaß vorlegte. Nach drei weiteren Verhaftungen – Raubversuch, Besitz einer Feuerwaffe, und ungebührliches Verhalten – und drei weiteren Freisprüchen mangels an Beweisen wurde Luciano wegen Mitwisserschaft festgenommen, als sein Partner bei einer Alkoholschmuggelaktion verhaftet wurde. Sein Partner war John Manfredo, er war angeklagt, eine Lastwagenladung Alkohol, die der Industrial Alcohol Company von Brooklyn gehörte, entführt zu haben. Wieder wurde Luciano freigelassen.

Dann wurde Luciano am 17. November 1928 verhaftet und wegen Raubversuches und bewaffneten Raubes beim Überfall auf einen Geldboten, der 8374 Dollar bei sich getragen hatte, angeklagt. Mysteriöserweise verstummte das Opfer und erwies sich als völlig außerstande, Luciano zu identifizieren. Am 16. Oktober 1929, nach seiner qualvollen Flucht aus den Krallen des Todes auf Staten Island, wurde Luciano von der Polizei verhaftet, die ihn gerettet hatte. Lucianos Unfähigkeit, seine Peiniger zu identifizieren, frustrierte sie dermaßen, daß sie ihn beschuldigten, in den Diebstahl des Wagens, in dem er entführt worden war, verwickelt gewesen zu sein. Das war dem Untersuchungsrichter des Guten zuviel, und er wies die Anzeige ab, sobald er sie gehört hatte.

Während der Jahre 1930 und 1931 stieg Lucky Luciano

– mit entstellenden Narben an Kinn und Kehle und herabhängendem rechten Augenlid – wie eine Rakete empor in der Organisation, in der er einst nur ein Drogenverteiler und Schläger gewesen war. Giuseppe Masseria (»Joe the Boss«) unterstellte ihm die italo-amerikanischen Banden an der Lower East Side, die damals frei als Mafia bezeichnet wurden, und lud Luciano ein, sich nicht nur am Drogenhandel, sondern auch am Lottogeschäft zu beteiligen. So rückte er auf in die vorderste Reihe der jungen Banditen der amerikanisierten Erstgeneration, denen der italienische Akzent und die gespreizte Maniriertheit Masserias genauso zuwider waren, wie ihnen ihre eigenen Lebensbedingungen auf die Nerven gingen.

Luciano organisierte den entscheidenden Schachzug gegen die eingewanderten Führer. Am 15. April 1931 speiste Joe the Boss Masseria mit Luciano und fünf anderen Spaghetti im Restaurant »Nuova Villa Tamaro« auf Coney Island. Einige Unbekannte marschierten herein und knallten Masseria nieder. Es gelang ihnen, keinen anderen am Tisch zu verletzen. Die anderen fünf Gäste verschwanden mit den Banditen, Lucky Luciano aber, mit der natürlichen Begabung eines Anführers, wartete auf die Polizei. Er sagte, er sei auf der Toilette gewesen und habe sich die Hände gewaschen, als die Banditen Masseria umbrachten. Er habe nichts gesehen und keinen der anderen Männer im Restaurant gekannt. Es gab keine Zeugen, die Luciano der Lüge überführten.

Masserias Nachfolger war Salvatore Maranzaro. Er hatte in der alten Heimat Theologie studiert und war eine Art Spezialist für Julius Cäsar. Maranzaro berief eine Führerversammlung ein, um die Hierarchie der Mafia in den Vereinigten Staaten zu straffen. Ab nun, sagte er, würde er der *Capo di tutti capi* – Boß über alle Bosse – sein, und alle anderen würden Familien bilden, jede Familie mit eigenem Boß, Leutnants und Soldaten und mit eigenem Revier und eigener Geschäftsbranche. Maranzaro formulierte einige der Grundregeln: Gehorsamsverweigerung, Geheimnisverrat und Ehrlosigkeit würden mit dem Tode bestraft. Und er setzte noch eine neue Regel fest, die Generationen künftiger Filmemacher faszinieren sollte: Kein Mitglied durfte im Zorn an ein anderes Mitglied Hand anlegen!

Maranzaros neuer Stil gefiel Luciano, der einer der fünf Bosse von Familien in New York wurde, und die jungen Italo-Amerikaner schienen bereit, sogar einen eingewanderten Führer zu dulden, wenigstens zeitweilig. Aber Maranzaros Machtpläne entglitten seiner Hand. Er redete wild herum, er würde Luciano, Vito Genovese und einige von den anderen eliminieren. Er drohte mit neuen Bandenkriegen gegen die Deutsch-Amerikaner und die jüdischen Amerikaner, gegen rivalisierende Verbrecherreiche aus der Zeit der Prohibition oder nach der Prohibition in Chicago und New York. Maranzaros Einstellung galt bald als altmodisch und überholt. Seine Zeit war vorüber. Am 10. September 1931 betraten vier Männer, die sich als Polizisten ausgaben, sein Büro im Grand Central Building an der Ecke Park Avenue–46. Straße und töteten ihn mit sechs Schüssen. Niemand weiß, wie viele andere Führer der alten Mafia am selben Tag im ganzen Land erschossen wurden, aber Thomas E. Dewey, der gerade als Hilfsstaatsanwalt für den Süddistrikt von New York seine Anti-Gangster-Kampagne begann, schätzte die Zahl auf »ungefähr vierzig«.

Lucky Luciano, der inzwischen vier weitere Festnahmen seit Staten Island überstanden hatte, wurde nun der anerkannte Mafiaführer in New York. Er legte ein tolles Tempo vor und errang Deweys Respekt als »besonnener und entschlossener Führer«. Erstens bekräftigte Luciano die von Maranzaro getroffene Einteilung in Einflußsphären und ließ sich diese auch von den jüngeren Männern bestätigen. Zweitens sagte er, es würde keine mörderischen Auseinandersetzungen zwischen den Familien mehr geben, wobei zu viele gute Leute ums Leben kämen. Die Familien sollten innerhalb ihrer eigenen Reviere jede auf ihre Weise zu Wohlstand kommen. Drittens sagte Luciano, es dürfe keine wilden Schießereien mit der Polizei mehr geben, wie sie für die zwanziger Jahre so charakteristisch gewesen waren. Diese Schießereien versetzten nur die Öffentlichkeit in Wut und führten zu lästigen Feldzügen gegen das

Verbrechertum. Viertens sagte er, wichtige Persönlichkeiten dürften nicht behelligt werden, und er konnte seine Mitarbeiter überzeugen, daß es gefahrloser sei, den Zahlenlotto-Boß Dutch Schultz umzubringen, als Schultz seinen verrückten Plan, den Sonderstaatsanwalt Thomas E. Dewey zu ermorden, ausführen zu lassen. Die Tat wurde begangen im Restaurant »Palace Chophouse« in Newark, New Jersey, von Lucianos Schläger, angeblich »Charlie the Bug« Workman, der Schultz und zwei seiner Mitarbeiter, Abraham »Misfit« Landau und Otto »Abadaba« Berman, erschoß. Der Leibwächter und der Fahrer von Schultz wurden ebenfalls erschossen.

Lucky Luciano stürzte sich nun auf Manhattan, als ob das einzige Geschäft der Mafia der Kommerz wäre. Der Drogenhandel wurde organisiert. Das Zahlenlotto und andere Glücksspiele wurden organisiert. Die Prostitution wurde organisiert. Der Hafen wurde organisiert. Und zweifellos fiel damals auch die Entscheidung, daß ein harter Bursche namens Joe »Socks« Lanza auch ein Stückchen – aber nur ein kleines Stückchen – vom großen Kuchen bekommen sollte. Wie Dewey erklärte: »Es war mir mit Sicherheit bekannt, daß Lucianos Geschäfte weitverzweigt waren und enorme Einnahmen erbrachten. Sie wurden auf weit, weit mehr als zwölf Millionen Dollar im Jahr geschätzt.«

Als nächstes führte Luciano die Mafia in eine revolutionäre neue Richtung, wieder mit einer betont amerikanischen Note. Die Zeit sei gekommen, sagte er, sich mit den verschiedenen ethnischen Gruppen in der Verbrecherwelt zu verbünden – es müsse einer nicht Italiener sein, um Charlie Lucky zum Freund zu haben. Luciano begann, den Deutschamerikanern und den jüdischen Amerikanern übertrieben den Hof zu machen, er bewirtete sie und telephonierte mit ihnen bei Tag und bei Nacht, um solchen wahren Staatschefs wie »Lepke« und »Gurrah« (Buchalter und Shapiro), Benjamin »Bugsy« Siegel und Abner »Longie« Zwillman zu zeigen, daß er stets an sie dachte. Luciano beeindruckte diese Männer mit seiner Vernunft: Warum sollte man nicht sich organisieren, zusammenarbeiten,

Frieden halten? Warum keine Freundschaft zwischen den italienischen Branchen und den Branchen der anderen, wie Bekleidung, Lebensmittel, Transport? Luciano arbeitete auf diese größere Zusammenarbeit hin, unterstützt von seinem langjährigen persönlichen Freund, vielleicht dem hellsten Kopf unter den anderen ethnischen Führern, Meyer »Little Man« Lansky, einem sehr weitherzigen, ja sogar gemeinsinnigen Bürger, der für solche Konzepte wie die Schaffung einer Friedensstruktur der Unterwelt Verständnis hatte. Inzwischen hatten Lucianos eigene Leute Erfolg: Joe Adonis regierte in Brooklyn als eine Art Einmannkonzern mit einem unwiderstehlichen Lächeln, während Frank Costello, ein Spielautomatenspezialist, sich als schlau und tüchtig erwies, indem er mit Exekutive, Legislative und Jurisdiktion, den drei gleichwertigen und gleich bestechlichen Staatsgewalten, ein annehmbares Maß gegenseitiger Nichteinmischung aushandelte.

Drei Jahre, nachdem Lucky Luciano blutüberströmt auf den Highland Boulevard auf Staten Island gekrochen war, übersiedelte er unter dem Namen Charles Ross ins Waldorf-Astoria. Wo immer er hinging, genoß er sein Leben in vollen Zügen. Er wettete am Rennplatz, sonnte sich im Glanz goldener Mädchen, die ihn anscheinend um seiner selbst willen liebten, und machte sich Sorgen über die aufziehende Gewitterwolke Tom Dewey – aber nicht allzu viele. Er distanzierte sich von den Greueln – so schien es zumindest –, die sich an den Grenzen seiner neugebildeten Koalition abspielten. Er war siebenmal an Tripper und einmal an Syphillis erkrankt, fand das Zuhälterdasein erniedrigend und äußerte deshalb besondere Zweifel in bezug auf sein Prostitutionsgeschäft. Eines Abends speiste er mit seinen Prostitutionsmitarbeitern James Frederico und »Little Davie« Betillo sowie einer seiner Bordellmütter, Cokey Flo, in Chinatown, da platzte es aus ihm heraus: »Ich mag dieses schmutzige Geschäft nicht. Was zum Teufel! Es ist nicht genug Zaster drin für das Risiko, das wir auf uns nehmen.« Er befahl: »Lassen wir es noch ein, zwei Monate weiterlaufen. Wir werden sehen, was geschieht. Aber ihr habt es nicht fest genug in der Hand, damit es sich lohnt. Wir wollen folgendes tun: Wir werden allen Bordellmüttern ein Gehalt zahlen. Mit der 50-Prozent-Beteiligung hören wir auf. Wir gliedern jedes Puff in New York ins Syndikat ein. Wir führen die Häuser wie Kettenläden. Wir . . .« Cokey Flo sagte zu einem chinesischen Kellner, der gerade kam: »Bienchen à la carte, Söhnchen, ein ganzer Schwarm.«

Die Puffmütter, die nicht mitspielten, endeten im Spital, und eines der Mädchen erzählte: »Die ließen uns sechs Tage in der Woche arbeiten, die vom Syndikat. Wir wurden wie Hunde geschunden und dann hinausgeschmissen.« Als Sonderstaatsanwalt Dewey und sein Team von zwanzig Gangsterjägern gegen das Prostitutionssyndikat vorgingen, führten sie eine schlagartige Razzia in ungefähr achtzig Bordellen durch. In vierzig Fällen waren sie erfolgreich. Fast einhundert Bordellmütter und Mädchen wurden beim Hintereingang von Deweys Hauptquartier eingebracht. Keine von ihnen wollte aussagen. In den folgenden zwei Wochen wurden sie im New Yorker Frauengefängnis von Deweys Leuten verhört. Nach und nach begannen sie ihre erstaunliche Geschichte auszuplaudern.

Was begann eigentlich für Lucky Luciano und seine Spießgesellen schiefzugehen? Das Problem war Erpressung. Die von Luciano und seinen Mitarbeitern empfohlenen, ganze Wirtschaftszweige umfassenden Organisationen waren ex definitione gezwungen, innerhalb von Unternehmerverbänden und Gewerkschaften zu agieren. Manchmal einigte man sich gütlich über Zahlungen an die Unterwelt, aber das Syndikat war unersättlich. Immer mehr Geschäftsleute wurden mit der Drohung, man werde sie zur Geschäftsaufgabe zwingen, zur Zahlung exorbitanter Beträge aufgefordert. Viele wollten weder zahlen noch das Geschäft aufgeben, sondern gingen entweder zu Dewey oder zur Polizei. Auch eine wachsende Anzahl von Gewerkschaftsführern und -mitgliedern begann sich gegen die unverschämten Forderungen zu wehren.

Bald breitete sich das Problem für Luciano weiter aus. In

jenen Tagen des New Deal erhob Dewey die Forderung nach einer gesetzestreuen Gesellschaft mit einem gerechteren Anteil für jedermann, ungestört durch Tributzahlungen an den Untergrund. Dewey wandte sich über das Radio an Stadt und Land und bat die Allgemeinheit, ihm zu helfen. »Ich bin sicher, daß wir mit Ihrer Hilfe das Gangsterunwesen in New York ausrotten können. Wir können diese Stadt für das organisierte Verbrechertum zu gefährlich machen. Wenn Sie irgendwelche Beweise über organisiertes Verbrechertum haben, große oder kleine, bringen Sie sie uns. Den Rest besorgen wir. Wir werden unser Bestes tun.«

Dann ermannte sich William Greene, der Präsident des Gewerkschaftsverbandes *American Federation of Labor* zu einer energischen Stellungnahme, die von den Gewerkschaftsführern nicht ignoriert werden konnte. Er sagte: »Ich werde jeden Versuch, das Gangsterunwesen in den uns unterstehenden Gewerkschaften auszuschalten, unterstützen, ganz gleich, wo die Gangster auch zuschlagen mögen.«

Sodann erwischte es Luciano, und das war eine erstaunliche Geschichte. Luciano hatte sich am meisten über sein Prostitutionsgeschäft Sorgen gemacht, und das mit gutem Grund. Unter Deweys Bombardement begann es auseinanderzubrechen. Die Prostituierten plauderten. Die Bordellmütter plauderten. Bald plauderten auch die Herren Gäste. Dann begannen die Manager zu plaudern. Dewey, der sich anfänglich gar nicht mit der Prostitution – einem sozialen Problem – hatte einlassen wollen, erkannte plötzlich, daß er gerade hier einen unanfechtbaren Fall gegen den Mafiaführer hatte! Gegen Luciano wurde Haftbefehl erlassen, und in Hot Springs, Arkansas, wurde er gefaßt. Bei der Gerichtsverhandlung waren Deweys Zeugen entscheidend. Sie erhärteten mit Leichtigkeit den Tatbestand, daß Luciano, wenn schon nichts anderes, so doch ein verbotenes Lasterkombinat betrieben hatte. Lucianos Haltung während des Prozesses war mehr oder weniger: »Und wenn schon?« Er bestritt einerseits die Anschuldigungen und bezweifelte andererseits, daß irgend jemand die Prostitution besonders ernst nähme. Selbst wenn er verurteilt werden sollte, glaubte Luciano nicht, sich wegen der Strafe große Sorgen machen zu müssen. Er meinte, das Leben würde nachher reibungslos wie vorher weiterlaufen.

Aber Dewey machte – in einem meisterhaften Plädoyer vor den Geschworenen – aus seinem Beweismaterial eine geballte Ladung gegen Luciano. Dewey charakterisierte Luciano als »den Boß«. »Verurteilen Sie diesen Mann«, sagte Dewey zu den Geschworenen, »oder sagen Sie der Welt und der Öffentlichkeit, daß Gangsterbosse freigehen können!« Die Geschworenen sprachen den »Boß« und seine Mitangeklagten in zweiundsechzig einzelnen Anklagepunkten schuldig. Richter Phillip J. McCook verhängte über den achtunddreißigjährigen Luciano das niederschmetternde Urteil von dreißig bis fünfzig Jahren Gefängnis.

Innerhalb weniger Stunden mußte der Mafiaführer sein Imperium seinen Kompagnons überlassen; wie alle anderen gedemütigten Neuankömmlinge wurde er von Dr. L. E. Kienholz, dem psychiatrischen Assistenten in der Klassifikationsambulanz des Gefängnisses Sing Sing, getestet. Kienholz stellte bei Luciano eine »Intelligenz im unteren Grenzbereich« fest. Luciano sagte, er sei Herrenfriseur und wolle im Gefängnis diese Art von Arbeit machen. Gleichzeitig gab er zu, nicht Haare schneiden zu können. Kienholz hielt Lucianos Aussichten für »schwach«. »Er sollte die Schule besuchen und ein Handwerk lernen, während er hier ist«, empfahl Kienholz in seiner Diagnose. »Er ist ein gefährliches Individuum und sollte nicht zuviel Freiheit haben. Wegen seiner Drogensüchtigkeit sollte er ins Gefängnis Dannemora überstellt werden.«

So hatte Luciano, bisher »Lucky« (der Glückliche) genannt, nun kein Glück mehr: er wurde von Sing Sing ins Staatsgefängnis Clinton in Dannemora, nahe dem Dorf Malone im Staate New York, überstellt. Dieses Gefängnis war berüchtigt als das Sibirien der amerikanischen Strafanstalten. Dort wurde Luciano, Gefangener Nr. 92168, nach einer neuerlichen psychiatrischen Untersuchung als »normaler krimineller Typ« eingestuft und in die Wäscherei zur Arbeit gesteckt. Damals tastete sich das Strafanstaltensystem des Staates New York gerade von der üblichen Haftbrutalität auf Reformmaßnahmen zu. Aber Dannemora, die drittälteste Strafanstalt mit höchstem Sicherheitsstandard im Staate, war keine solche Prügelhölle wie andere amerikanische Gefängnisse in den dreißiger Jahren. Das Typische war dort eher, daß Männer wie Lucky Luciano in kalter, vernachlässigter, gefühlloser, unmenschlicher Isolation gehalten wurden, um völlig abgeschieden von der Gesellschaft über ihre Sünden nachzudenken und sie zu bereuen. Er war vierzehn bis sechzehn Stunden im Tag in seiner Zelle, und das Tag für Tag, Woche für Woche, Monat für Monat, vom 2. Juli 1936 bis zum milden Kriegsfrühling von 1942. Aus den Augen, aus dem Sinn. Das glaubte man wenigstens.

Aber Luciano und seine Mafia-Freunde in New York waren einflußreich genug, um vom Oberaufseher in Dannemora, Thomas H. Murphy, eine wichtige Vergünstigung zu erbitten. Im Laufe mehrerer Monate, von Ende 1938 bis Frühling 1939, als gerade der neue Strafvollzugskommissar, John A. Lyons, seine Stelle in Albany antrat, gestattete man Luciano sechs oder sieben außerordentliche Besuche von immer denselben drei oder vier Männern. Die Besucher flogen stets am Nachmittag von New York nach Plattsburg, nahmen ein Taxi für die sechzehn Meilen bis zum Haus von Aufseher Murphy, und um genau sieben Uhr abends wurden sie ins Gefängnis geleitet, zum Büro von Frank Murphy, der Hauptschreiber des Gefängnisses und der Bruder des Aufsehers Thomas Murphy war. Sie brauchten sich nicht ins Besucherbuch einzutragen. Die Prozedur war immer die gleiche. Hauptschreiber Murphy rief Sergeant Wilfred Bourey an, der holte Luciano aus seiner einsamen Zelle im Block B, damit er im Büro des Wärters mit seinen Besuchern konferieren könne. Um acht Uhr abends, wenn in Dannemora Schichtwechsel war, verständigte Sergeant Bourey seinen Ersatzmann, den Nachtaufseher John Harding, daß Luciano unter der Aufsicht von Frank Murphy einen Privatbesuch habe und nicht gestört werden solle. Zwischen 9 Uhr 15 und 9 Uhr 30 abends telephonierte Murphy mit Harding und bat ihn,

Luciano zu holen und zum Block B zurückzubringen. Harding sah die Besucher, konnte sich aber nicht erinnern, wie sie aussahen. Er wußte nur, sie sahen nicht italienisch aus, waren gut gekleidet und schienen Geschäftsleute zu sein. Sie hatten weder Taschen noch Aktenmappen.

Luciano hatte außer seinen getreuen Brüdern, Schwestern, Neffen und Nichten noch zwei Besuche, nachdem Strafvollzugskommissar Lyons 1939 sein Amt übernommen hatte. Ein Besuch waren zwei Beamte vom Rauschgiftdezernat, die gekommen waren, weil sie meinten, Luciano würde jetzt endlich bereit sein, auszupacken. Er wurde vom Block B geholt, aber sobald er die beiden Beamten erblickte, sagte er: »Führen Sie mich weg, ich will mit diesen Leuten nicht reden.« Der zweite Besuch kam am 24. August 1939 und war kein Geringerer als der Richter, der Luciano verurteilt hatte, Phillip J. McCook. In einem angeblichen Interview mit Luciano, dessen Echtheit aber angezweifelt wird, in dem Buch *Das letzte Testament von Lucky Luciano* von Martin A. Gosch und Richard Hammer, soll Luciano erzählt haben, Richter McCook sei vor ihm in die Knie gesunken, habe ihn um Verzeihung gebeten und ihn angefleht, einen sizilianischen Fluch von ihm zu nehmen, der sein Leben zerstöre. Keiner, der den rauhen, keine Umstände machenden Oberrichter kannte, glaubte das. Tatsächlich besuchte McCook Luciano, um ein Gerücht zu überprüfen, wonach Luciano von der Unterwelt bedroht worden sei. Das Gerücht erwies sich als unbegründet.

Am 1. September 1939 schlug Hitler in Europa los, und am 7. Dezember 1941 griff Yamamoto Pearl Harbor an, beides Tausende Meilen von Dannemora entfernt. Die Welt befand sich im Krieg, und Luciano war im Frühling 1942 sicherlich bereit, fast auf jeden neuen Vorschlag einzugehen, um nur aus Dannemora herauszukommen. Wie es damals stand, war er erst am 24. April 1956 für ein Ansuchen um vorzeitige Entlassung fällig.

In den beiden letzten Aprilwochen reifte die Idee, Luciano aufzufordern, er möge an dem Marineabwehrprojekt mitwirken, zu einem konkreten Vorschlag heran. Lanza konnte ohne ihn nichts mehr ausrichten, und Haffenden schlug dem Zivilagenten X vor, Luciano beizuziehen, mit X als Verbindungsmann. Aber X erklärte, er kenne Luciano nur flüchtig: »Nur per ›Guten Tag, wie geht's‹, keine geschäftlichen Dinge oder ähnliches.« Er lehnte den Auftrag ab und empfahl, ihn Lanza zu übertragen.

Haffendens nächster Schachzug war es nun, einen der höheren Polizeioffiziere, die er sich warmgehalten hatte, zum Essen in den Railroad Club einzuladen. Es war Distriktinspektor Howard W. Nugent von der Polizei des Staates New York, dem der K-Distrikt unterstand und dessen Hauptquartier in Hawthorne, Westchester County, lag. Haffenden erklärte die Lage, aber Nugent konnte ihm nicht helfen. Er sagte Haffenden, der zuständige Mann, an den er sich wenden müsse, sei Strafvollzugskommissar John A. Lyons.

Haffenden erneuerte dann seine Verbindung mit dem stellvertretenden Distriktstaatsanwalt Gurfein, den er seit den ersten Zusammenkünften nicht mehr getroffen hatte. Er sagte Gurfein, Lanza laufe nun gegen eine Mauer. Er brauche Luciano. Wenn Lanza Luciano im Gefängnis besuchen und seine Hilfe gewinnen könnte, wäre dem Projekt geholfen. Haffenden und Gurfein trafen einander in Haffendens Büro im Hotel Astor, und Lanza kam auch dazu. Sie kamen überein, daß der nächste Schritt ein Versuch sein müsse, Lanza einen Besuch bei Luciano zu ermöglichen.

Aber Gurfein brauchte eine Genehmigung für diesen Vorschlag und suchte Distriktstaatsanwalt Frank Hogan auf, mit der Bitte um eine prinzipielle Entscheidung – ja oder nein. Hogan sagte ja: »Ich war ebenfalls der Meinung, daß es nützlich sein könnte, und beauftragte Herrn Gurfein, mit Herrn Moses Polakoff, einem Anwalt, der Luciano vertreten hatte, zusammenzutreffen, um den Besuch zu arrangieren.«

Bis zu diesem Punkt war der Vorschlag verhältnismäßig einfach: Lanza sollte die Erlaubnis erhalten, Luciano im Gefängnis zu besuchen, und ihn um seine Zustimmung bitten, wichtige Kontakte im ganzen Hafengebiet herzustellen. Es gab jedoch keinerlei Hinweis, wie Luciano wohl darauf reagieren würde. Er hatte seine italienische Staatsbürgerschaft behalten, und obwohl es ihm in den Vereinigten Staaten sehr gut gegangen war, hatte er zum Unterschied von den anderen Unterweltführern nie patriotische Gesinnung geäußert. Es war nicht bekannt, welchen Preis er für seinen Beitrag zum alliierten Kriegseinsatz verlangen würde, nicht einmal, ob er überhaupt kooperationsbereit war. Es wurde gar nicht ernstlich in Erwägung gezogen, ihm als Gegenleistung Unterstützung im Bemühen um vorzeitige Haftentlassung anzubieten. Aber während der nächsten Verhandlungsphase erfuhr der Vorschlag, der Luciano unterbreitet werden sollte, eine Anzahl von Modifikationen, die zu wesentlichen Änderungen im Konzept, in der Lokalität und in den Personen führte. Alle diese Änderungen fielen zugunsten Lucianos aus.

Gurfeins vorsichtige Taktik, die Verbindung nicht direkt mit dem Verbrecher, sondern über dessen Anwalt herzustellen, bedeutete in diesem Fall eine Verschiebung des Brennpunktes der Verhandlungen auf einen wahrhaft formidablen Kunden. Rechtsanwalt Moses Polakoff war nicht nur ein fähiger Vertreter der Interessen seines Klienten, er war auch ein hochangesehenes Mitglied der New Yorker Juristengemeinde. Polakoff, Mitglied des New Yorker Staatsgerichtes seit 1920, hatte von Juni 1921 bis März 1925 als Hilfsstaatsanwalt für den südlichen Distrikt von New York und als Chef der Kriminalabteilung unter der Führung von Oberst William Hayward gearbeitet. Von 1928 bis 1932 war er ein Mitglied der Oberstaatsanwaltschaft des Staates New York und befaßte sich mit der Aufdeckung und Verfolgung von Wahlschwindel. Außerdem hatte er im Ersten Weltkrieg in der Marine als Matrose 2. Klasse gedient und war aktiv und vernehmlich an Veteranenproblemen interessiert. Während er 1936 Luciano in der Bordellkombinatsaffäre verteidigte – wofür er, wie man hörte, 100.000 Dollar Honorar erhielt –, war Moses Polakoff mit George Levy assoziiert. In der darauffolgenden erfolglosen Berufung Lucianos war er in Verbindung mit dem früheren Staatsanwalt Martin Conboy und mit Francis W. H. Adams, einem anderen prominenten Juristen, der später Polizeichef von New York werden sollte.

Rechtsanwalt Polakoff war einer von den offiziellen, eingetragenen Besuchern Lucianos in Dannemora am 28. August 1936, am 19. August 1937 und am 17. August 1939 gewesen. Danach hatte Polakoff seinen Klienten weder gesehen, noch hätte er die Möglichkeit gehabt, mit ihm in Verbindung zu treten, ohne daß die Zensur von Dannemora davon gewußt hätte. Als Gurfein Ende April 1942 Polakoff anrief und sagte, er würde gern mit ihm über Luciano sprechen, antwortete Polakoff, er sei nicht interessiert. »Was mich anlangte, war der Fall abgeschlossen. Ich legte keinen Wert darauf, den Fall weiter zu besprechen.« Gurfein ließ nicht locker: »Es ist ziemlich wichtig, und ich hoffe, Sie werden mich aufsuchen.« »Gut«, antwortete Polakoff. »Wenn Sie es so formulieren, werde ich zu Ihnen kommen.«

Gurfein und Polakoff trafen einander noch am selben oder am nächsten Tag, und Gurfein erklärte, warum die Marineabwehr die Hilfe Lucianos benötige. Soweit Gurfein sich an diese Zusammenkunft erinnern konnte, sagte Polakoff, daß er persönlich, als patriotischer Bürger, alles tun würde, um der Marineabwehr zu helfen; er hoffe, auch Luciano würde mittun. Er könne das aber ohne Lucianos ausdrückliche Zustimmung nicht sicher sagen.

Vor der Herlands-Kommission machte Polakoff folgende Aussage:

> [Gurfein] sagte mir, der Geheimdienst glaube, das deutsche Element ganz gut unter Kontrolle zu haben, doch der zahlreichen italienischen Minderheit in New York und den benachbarten Städten sei man sich nicht sicher; sollte es zu Sabotageakten kommen, so wäre es möglich, daß Deutsche die Leitung innehätten, die Durchführung aber von Italienern besorgt würde.

Er teilte mir mit, daß er mich für die geeignetste Person hielt, um mit Luciano darüber zu sprechen, weil ich sein Verteidiger war. Und falls Luciano sich ehrlich bemühen sollte, behilflich zu sein, würde man ihm das nicht vergessen.

Ich sagte, er brauche Luciano keine Hilfe zu versprechen. Bei einer solchen Gelegenheit würde ich gern der Marine einen Dienst erweisen, wenn es mir möglich sei. Luciano sei mir nicht so gut bekannt, als daß ich dieses Thema selbst anschneiden wollte, aber ich wüßte einen Menschen, dem er vertraute, und dessen Patriotismus oder Vaterlandsliebe – unabhängig von seinem sonstigen Ruf – außer Zweifel stünden, und mit diesem Menschen wollte ich die Sache besprechen, bevor ich mich festlegte. Ich sagte ihm, ich würde ihn anrufen, sobald ich mit dieser Person gesprochen hätte.

»Dieser Mensch« war, wie sich herausstellte, niemand anderer als Meyer »Little Man« Lansky, einer der engsten Mitarbeiter Lucianos im Gangsterimperium der dreißiger Jahre, der nunmehr mit Erzeugung, Verkauf, Verteilung und Betreuung von Musikautomaten ein blühendes Geschäft betrieb. Nachdem die anderen Häupter der nichtitalienischen Gangsterringe wie Louis Buchalter (»Lepke«) und Jakob Shapiro (»Gurrah«) verhaftet worden waren, blieben Lansky und Benjamin »Bugsy« Siegel sowie Mickey Cohen draußen in Kalifornien als führende Gangster des Zweiten Weltkrieges übrig. Und im April 1942 war der schlaue, flinke Lansky frei wie ein Vogel. An dem Vormittag ihres Zusammentreffens, berichtete Gurfein, hatte er mit Polakoff eine Begegnung auf dem Weg in die Stadt vereinbart. Er holte ihn mit einem Taxi beim Central Park West ab, und sie gingen in ein Longchamps-Restaurant. Polakoff zufolge wußte Gurfein, daß er Lansky treffen würde. »Ich glaube, es war am gleichen Nachmittag (nach dem Treffen in Gurfeins Büro)«, sagte Polakoff. »Ich rief Gurfein zurück und sagte ihm, ich hätte mit Herrn Lansky gesprochen, der mit Luciano besser bekannt sei als ich und sich bereit erklärt habe, alles zu unternehmen, um das angestrebte Ziel zu erreichen. Soweit ich mich erinnere, vereinbarten wir ein gemeinsames Frühstück am nächsten Vormittag, und wir drei trafen uns im Longchamps-Restaurant an der 58. Straße West, zwischen der Fünften und der Sechsten Avenue.«

Gurfein erinnert sich ziemlich genau, daß ihm nicht gesagt worden sei, die dritte Person, die von Polakoff als Mittelsmann erwähnt worden war, würde bei diesem Frühstück anwesend sein. Aber da saß nun ein kleines, dunkelhaariges Individuum, das Gurfein noch nie gesehen hatte, und wartete auf Polakoff. Polakoff stellte ihn als Meyer Lansky vor.

Polakoff hatte den richtigen Mann für den Job gewählt. Lansky war beides: Unterweltfürst und Patriot. Er verabscheute Hitler als Judenverfolger fast so sehr, wie er die Vereinigten Staaten, die ihn gut behandelt hatten, liebte. Und er besaß eine Autorität, der Luciano Beachtung schenken würde. Lansky war in der Lage, Luciano zu überzeugen, daß er, ganz abgesehen von seiner persönlichen Ansicht über den Krieg, mit der Marineabwehr zusammenarbeiten sollte. Lansky war fraglos auch so gerissen, daß er Methoden der Zusammenarbeit entwickeln konnte, die Luciano irgendwie indirekt wieder in engere Fühlung mit den Dingen in der Metropole bringen würden. Das könnte ein zusätzlicher Anreiz sein, mit dem man Luciano zur Mitarbeit gewinnen könnte.

Polakoff hatte Lansky schon gesagt, worum es ging, und Lansky war gern bereit, mitzuarbeiten. Aber, so berichtete Polakoff: »Herr Lansky empfahl, sehr vorsichtig zu sein, bevor wir etwas unternahmen, denn damals schien Mussolini bei manchen Italienern in New York sehr beliebt zu sein.« Polakoff hatte auch persönliche Bedenken: »Ich sagte Herrn Gurfein, daß ich nicht gern nach Dannemora reisen würde, um Luciano zu besuchen. Der Ort sei schwer erreichbar, Fremde würden sofort auffallen. Also schlug ich vor, Luciano nach Sing Sing zu überstellen. Herr Gurfein sagte, er würde sehen, was sich machen ließe.«

Auch Lansky erinnerte sich vor der Herlands-Kommission an das Frühstück bei Longchamps. Die Marine, sagte er, brauchte einige »prominente Italiener, die sich darum kümmern sollten, Sabotage zu verhindern und gleichzeitig den Patriotismus zu stärken. Und deshalb tauchte der Name Charlie Luciano auf«. Gurfein wollte wissen, ob man Luciano »vertrauen« könne, und Lansky sagte: »Ich glaubte, wir könnten ihm vertrauen. Ja, das glaubte ich. Seine gesamte Familie war hier, sein Vater und zwei Geschwister, mit Kindern, und ich sagte: ›Natürlich möchte ich gern hinfahren, ihn sehen und ihn fragen.‹ Ich hatte das Gefühl, er würde zustimmen.« Polakoff schob zwar die Verantwortung auf Lansky ab, doch auch dieser weigerte sich, den weiten Weg nach Dannemora zu fahren. Polakoff meinte: »Dort oben waren die Straßen noch verschneit und die Anreise zu beschwerlich.«

Es gab noch einen letzten Punkt bei dem Frühstück, den weder Gurfein noch Polakoff in ihren Aussagen besonders erwähnten, wohl aber Lansky. Er sagte: »Ich erinnere mich, daß Murray Gurfein erklärte, er könnte Charlie Luciano keine Gegenleistung anbieten, es handle sich um einen Dienst am Vaterland, und wir haben das genau verstanden.«

Gleich nach dem Frühstück gingen Gurfein, Polakoff und Lansky ins Hotel Astor, Zimmer 196, wo sie Haffenden, in Zivil, freundlich empfing. Er erklärte, dies sei sein inoffizielles Büro, und obwohl sein Hauptbüro für Abwehrangelegenheiten in der Church Street sei, treffe er sich mit ihnen lieber im Astor. Weder Polakoff noch Lansky konnten sich nachher erinnern, was dort gesprochen wurde, außer daß man sich kurz miteinander bekannt machte. Anders Gurfein: er hatte nach den beiden Zusammenkünften an jenem Vormittag eine völlig andere Vorstellung davon, wer mit Luciano Verbindung aufnehmen sollte. Im Astor war zwischen Polakoff und Haffenden davon die Rede, erinnerte sich Gurfein, daß Joe »Socks« Lanza Luciano aufsuchen sollte, aber man sprach nur von einem Besuch bei Luciano, nicht von dessen Überstellung in ein leichter erreichbares Gefängnis. Gurfein wußte nicht, welche Rolle Meyer Lansky spielen sollte.

Folglich berichtete Gurfein Distriktstaatsanwalt Hogan

über einen Vorschlag, Lanza, nicht Lansky, sollte Luciano besuchen. Also war es wieder Hogan, der wie immer die Entscheidungen zu treffen hatte und die neuen Vorgänge ins Rollen brachte. Hogan erinnerte sich in seiner eidestattlichen Erklärung für die Herlands-Untersuchung:

> Herr Gurfein traf sich wirklich mit Herrn Polakoff. In der Folge wurde beschlossen, Strafvollzugskommissar John A. Lyons zu ersuchen, mit unserem Büro und den Marinebehörden zusammenzuarbeiten und insbesondere Lanza zu gestatten, Luciano im Gefängnis zu besuchen. Ich erteilte Herrn Gurfein die Erlaubnis nach Albany zu fahren und bei Kommissar Lyons zu diesem Zweck vorzusprechen
>
> Unseren amtlichen Aufzeichnungen zufolge fand diese Besprechung mit Herrn Gurfein am 29. April 1942 statt.

Es war also Lanza, der letztlich Luciano bitten sollte, mit der Marineabwehr bei der Sicherung des New Yorker Hafens zusammenzuarbeiten. Dort sollten bald Geleitzüge für die Invasion Nordafrikas zusammengestellt werden. Würde Luciano, in seiner gelassenen und entschlossenen Art, es für vernünftig halten, dem Kriegseinsatz einen Schub zu geben? Zwar bot man ihm keine Gegenleistung in Form einer vorzeitigen Entlassung an, trotzdem aber hatte Luciano »der Glückliche« wieder einmal Glück. Zwei Wochen nach Gurfeins Zusammenkunft mit Kommissar Lyons wurde Luciano aus Dannemora ins Gefängnis Great Meadow in Comstock, nicht weit von Albany, überstellt. Und eine Woche später konferierte er erstmals mit Moses Polakoff und – zu Gurfeins Überraschung – mit Meyer Lansky.

Gipfeltreffen im Gefängnis Great Meadow

Strafvollzugskommissar John A. Lyons hatte 1933 als New Yorker Polizeiinspektor mitgeholfen, in einem der ersten Feldzüge gegen das Wirtschaftsgangstertum die Macht des Bierbarons Waxey Gordon zu brechen. Unter Deweys Führung leitete er eine getarnte Abteilung städtischer Polizisten, ganz ähnlich wie der Fernsehheld Elliott Ness in der Serie »The Untouchables« (Die Unberührbaren), in Zusammenarbeit mit der Staatsanwaltschaft, dem FBI und einem Team tüchtiger Buchprüfer, die fähig waren, »Geschäftsbücher zum Reden zu bringen, wenn Männer nicht reden wollten«. Lyons und seine Mitarbeiter fanden heraus, daß Waxey Gordon, ein vierschrötiger, einsilbiger ehemaliger Taschendieb, der sich während der Prohibition zum Führer eines millionenschweren illegalen Bier-Imperiums emporgekämpft hatte, Steuerhinterziehung begangen hatte. Tatsächlich hatte Gordon für das Jahr 1930 ein Nettoeinkommen von 8.100 Dollar angegeben und dafür 10,76 Dollar Steuer bezahlt, während sein wirkliches Einkommen ungefähr 1,338.000 Dollar betragen hatte. Er wurde zu zehn Jahren Haft im Bundesgefängnis von Atlanta verurteilt.

Nach diesem Sieg war Chefinspektor Lyons Liebkind bei Bürgermeister Fiorello La Guardia, bis dieser eines Tages Dewey gegenüber zu großzügig wurde. Als nämlich Dewey Sonderstaatsanwalt wurde, bat er um Überlassung eines erstklassigen Erhebungsbeamten. La Guardia sagte: »Du kannst haben, wen du willst.« Dewey wählte Lyons und formte eine neue Einsatzgruppe von »Superuntouchables«, die auf Oberbanditen wie »Lepke«, »Gurrah« und Luciano

Jagd machen sollten. Diese Gruppe wurde in der ganzen Stadt bald als »Lyons Men« (Wortspiel: die »Löwenmänner«) bekannt.

Lyons wurde von Gouverneur Herbert H. Lehman am 28. Februar 1939 zum Strafvollzugskommissar bestellt. Wie immer, war Lyons auch diesmal entschlossen, sein Schifflein ohne allzuviel Einmischung von Bürokraten und Politikern zu lenken. Er war einer der wenigen Staatsbeamten, die die Gangster aus eigener Erfahrung kannten. Zugleich war er ein glühender Patriot. Kurz gesagt, Lyons war erfahren, unabhängig und patriotisch genug, um den Vorschlag in bezug auf Luciano, den Gurfein ihm überbrachte, entweder zu akzeptieren oder ihn entrüstet von sich zu weisen; er konnte aber auch selbst einen vernünftigen Plan ausarbeiten, der einerseits seinem Vaterland nützen und andererseits die Unabhängigkeit und Korrektheit des Strafsystems wahren würde.

Bei der Zusammenkunft mit Gurfein in Albany am 29. April hörte Lyons wahrscheinlich das erste Mal, was auf dem New Yorker Hafengelände los war. Er berichtete darüber dem Vorsitzenden der Bewährungskommission, Frederic A. Moran, der darüber folgendes schrieb:

> Kommissar Lyons teilte mir mit, daß ihn Herr Gurfein mit Einwilligung von Distriktsstaatsanwalt Hogan bezüglich der Möglichkeit, Luciano nach Sing Sing zu überstellen, befragt habe, weil der Häftling dort dem Kriegseinsatz nützlich sein könnte. Als dieses Ansuchen gestellt wurde, nahm man an, daß sich im New Yorker Hafen U-Boote befänden, und Herr Gurfein meinte, Luciano könnte möglicherweise von Nutzen sein wegen der zahlreichen Italiener, die bei den Docks beschäftigt waren. Kommissar Lyons stellte Herrn Gurfein gegenüber fest, daß der Häftling nicht ohne Zustimmung Herrn Bonesteels [des Verwaltungsassistenten Harry L. Bonesteel] und des Gefängnisvorstehers überstellt werden würde, die beide über den Grund der Verlegung zu informieren wären. Herr Gurfein war damit einverstanden.

Es wurde ferner vereinbart, daß die Personen, die ins Gefängnis gebracht werden sollten, um Luciano zu befragen, sich in Begleitung von Herrn Polakoff befinden würden, der Kommissar Lyons im vorhinein über die abzuhaltenden Gespräche verständigen sollte. Der Vorsteher führte eine Liste der Personen, die den Häftling besuchten.

Als nächstes erhielt Kommissar Lyons einen vertraulichen Besuch von Leutnant Lawrence Cowen, dem leitenden Offizier der Marineabwehr in Albany und Umgebung, genannt Zone 5. Er war in Begleitung von Fähnrich Harold V. Lamberson. Dieser Besuch war offensichtlich von Haffenden inspiriert, mit dem typischen Anstrich von Geheimdienst-Hokuspokus. Cowen zeigte Lyons das Original eines offiziellen, einseitigen Briefes auf dem Kopfpapier des Kommandanten des Dritten Marinedistrikts, von Haffenden selbst unterzeichnet. Der Brief sollte Lyons persönlich übergeben, von ihm gelesen und dann von Cowen vernichtet werden. Er enthielt das Ersuchen, Luciano in ein leichter erreichbares Gefängnis zu überstellen, um es Marineabwehroffizieren zu ermöglichen, mit ihm zu reden. Lyons las den Brief und gab ihn Cowen kommentarlos zurück. Die beiden Offiziere fuhren zum Hauptquartier zurück, und Cowen vernichtete den Brief in Lambersons Gegenwart.

Am 6. Mai rief Kommissar Lyons seinen Verwaltungsassistenten Harry L. Bonesteel, einen tüchtigen Beamten, der schon seit 1906 im Strafvollzug tätig war, in sein Büro. Dort war noch ein dritter Mann, doch stellte Lyons ihn nicht vor. Lyons sagte zu Bonesteel, er wolle Luciano von Dannemora nicht nach Sing Sing überstellen, sondern nach Great Meadow, ungefähr 60 Meilen von Albany entfernt. Great Meadow wurde, vielleicht weil es erst 1911 erbaut worden war, manchmal als das »Erholungsheim« unter den antiquierten Staatsgefängnissen betitelt, war aber eine maximal ausbruchsichere Anstalt gemäß den *Regeln und Vorschriften für das Strafvollzugspersonal des Staates New York* und dem *Handbuch der Strafvollzugsnormen*.

Lyons sagte zu Bonesteel, die Überstellung Lucianos liege im Interesse der Vereinigten Staaten und sei streng vertraulich zu behandeln. Als Bonesteel hörte, daß man ihn für jedes Durchsickern der Gründe dieser Überstellung verantwortlich machen würde, hatte er eine blendende Idee: Er schlug vor, nicht nur Lucky Luciano, sondern auch mehrere andere Gefangene am gleichen Tag zu überstellen. Bonesteel bat um Erlaubnis, einige Häftlinge auszuwählen, die von Dannemora nach Great Meadow gebracht, während zugleich einige andere von Great Meadow nach Dannemora verlegt werden sollten. Würde nämlich nur Luciano überstellt, meinte er, dann würden die anderen Häftlinge darüber reden, es würde auch außerhalb des Gefängnisses bekannt werden, und daraus könnte ein großes Gerede entstehen. Lyons war einverstanden und beauftragte Bonesteel, die zur Überstellung bestimmten Häftlinge auszuwählen. Bonesteel setzte sich in Trab, um die Anweisungen auszuführen.

Schließlich, nachdem der unbekannte dritte Mann das Büro verlassen hatte, rief Lyons Bonesteel wieder herein. Er sagte, der Mann sei von der Marineabwehr gewesen und habe neuerlich gebeten, Luciano nach Sing Sing zu überstellen, damit die Marineabwehr ihn gelegentlich aufsuchen könne. Aber er hatte auch verlangt – zum ersten Mal –, daß Luciano auch Besuche von anderen Personen erhalten dürfe, deren Namen nicht genannt worden waren. Lyons äußerte sich nicht zu der vorgeschlagenen Lockerung der Besuchsvorschriften für Luciano, die seiner Abmachung mit Gurfein zuwiderlief. Aber er sagte Bonesteel, daß er einer Überstellung des Gefangenen nach Sing Sing nicht zustimmen würde. Er sei für das Projekt der Marineabwehr und werde Luciano jede mögliche Gelegenheit geben, dem Geheimdienst zu helfen. »Ich werde es tun, und wenn dadurch auch nur ein einziger amerikanischer Soldat auf einem einzigen amerikanischen Schiff gerettet wird«, sagte Lyons. Aber er wolle Luciano nur nach Great Meadow überstellen.

Nicht lang danach erhielt Lucianos Anwalt, Moses Polakoff, einen Anruf von Gurfein. Er erfuhr, daß Kommissar Lyons eine Überstellung nach Great Meadow vorziehe, weil Lucianos Verlegung nach Sing Sing – in Gurfeins Worten – »Argwohn, Tratsch und Ärger« hervorrufen könnte. Polakoff meinte, Great Meadow sei nicht zu weit weg von Albany, und stimmte zu.

Kaum zurück in Albany, knapp vor dem 12. Mai, ließ Lyons den Oberaufseher des Gefängnisses Great Meadow, Vernon A. Morhous, in sein Büro kommen. Auch Morhous war ein Veteran der Strafvollzugsverwaltung, seit 1915 im Dienst, bis vor kurzem Vizedirektor des Gefängnisses Auburn und erst seit 1. März 1942 Leiter von Great Meadow. Lyons erklärte ihm, daß und warum er einen neuen Insassen bekommen würde. Luciano werde von Zeit zu Zeit von Moses Polakoff in Begleitung anderer Personen besucht werden, und Lyons sagte, er werde Morhous im voraus von allen Besuchen verständigen. Aber zum Unterschied von der üblichen Vorgangsweise könne auf die Abnahme von Fingerabdrücken der Besucher verzichtet werden; und er fügte hinzu, die Besucher sollten die Erlaubnis erhalten, mit dem Häftling unter vier Augen zu sprechen. Schließlich beauftragte Lyons Morhous noch, die Besucher Lucianos nicht in der üblichen Weise zu registrieren, ihn aber über den Abschluß jedes Besuchs zu informieren.

Am 12. Mai 1942 wurde Luciano mit acht anderen Insassen von Dannemora nach Great Meadow überstellt, während neun Häftlinge in die umgekehrte Richtung geschickt wurden. Ihnen allen wurde gesagt, die Überstellung erfolge aus administrativen Gründen.

Am 15. Mai 1942 schrieb Lyons an Morhous mit dem Vermerk *»persönlich und vertraulich«* einen Brief, der eine weitere wichtige Entscheidung enthielt:

> Lieber Vorsteher Morhous!
> Ich teile Ihnen mit, daß ich Herrn Meyer Lansky die Erlaubnis erteilt habe, den Häftling Charles Luciano in Ihrer Haftanstalt zu besuchen und mit ihm zu sprechen, wenn er von Herrn Polakoff, dem Anwalt des Häftlings, begleitet wird. Wie Sie wissen, wird diese Erlaubnis im

Zusammenhang mit einer vertraulichen Regierungsuntersuchung erteilt, über die wir kürzlich im Büro in Albany gesprochen haben. Daher sind Sie ermächtigt, auf die sonst übliche Abnahme von Fingerabdrücken zu verzichten und die Herren Polakoff und Lansky außerdem ohne Zeugen mit dem Häftling sprechen zu lassen.

Warum hatte Lyons sich dafür entschieden, den Reigen der Unterweltsbesucher bei Luciano mit Lansky zu eröffnen und nicht mit Joe »Socks« Lanza, wie Hogan und Gurfein angenommen hatten? Wollte der Kommissar einen Rollentausch anbieten als Entschädigung dafür, daß Luciano nicht in Sing Sing, sondern in Great Meadow gelandet war? Oder hatte er auf eigene Verantwortung, mit all seiner Kenntnis der Rangordnung in der Unterwelt, der Tatsache Rechnung getragen, daß nur ein älterer Gangsterboß wie eben Lansky imstande sein würde, Lucianos Vertrauen zu gewinnen, während ein jüngerer Enthusiast wie Lanza die ganze Sache zum Scheitern bringen könnte? Wer war der dritte Mann in seinem Büro gewesen, der Mann, den er Bonesteel gegenüber als Mann von der Marineabwehr bezeichnet hatte? Alle diese Fragen blieben offen, und da Lyons 1951 starb, werden sie wohl immer offen bleiben. Ebensowenig ist bekannt, inwieweit Lyons diese Entscheidungen in eigener Verantwortung fällte. Viel später erklärte Gouverneur Herbert Lehman öffentlich, er habe niemals von Lucianos Besuchern in Great Meadow gewußt. Jedenfalls hat er nichts gegen die Besuche unternommen.

Vorsteher Morhous seinerseits hielt sich an die Abmachung. In seiner eidesstattlichen Erklärung für die Herlands-Untersuchung schrieb er:

> Von da an rief mich der Kommissar an, wenn ein Besuch von Herrn Polakoff in Begleitung anderer Personen bevorstand. Nach Beendigung des Besuchs sandte ich dem Kommissar Lyons einen Brief, in dem ich ihm Zeitpunkt und Länge des Besuches mitteilte. Herr Polakoff gab mir stets eine Liste seiner Begleiter für meine Aufzeichnungen. Insgesamt schickte ich dem

Direktor neunzehn Mitteilungen über diese Besuche, die am 4. Juni 1942 begannen. Die Richtlinien für die Durchführung dieser Besuche bei Luciano wurden im Mai 1942 festgelegt und danach ohne Änderung beibehalten. Niemals wurden dem Häftling besondere Vergünstigungen gewährt, und bei den Besuchen wurden keine Ausnahmen von den Regeln gemacht außer den erwähnten.

Die Marineabwehr nahm das kalkulierte Risiko auf sich, und Männer wie Lyons, gar nicht zu reden von Distriktstaatsanwalt Hogan, setzten dem ganzen Plan vernünftige Grenzen. Unter diesen Bedingungen war es viel wahrscheinlicher, daß Luciano sich zu seinem besonderen Kriegsbeitrag bereit finden würde. Aber das Gesetz der Unterwelt – und das Gesetz der Geheimdienste – verlangt für jede Leistung eine Gegenleistung. Was würde der Preis für Lucianos Mitarbeit sein?

Luciano kam im Gefängnis Great Meadow in Comstock am 12. Mai knapp vor Dienstschluß an. Mit ihm kamen die acht anderen Häftlinge, die sich wohl fragten, welcher Glücksfall ihnen dazu verholfen haben mochte, aus Dannemora verlegt zu werden. Die neun Mann, die von Great Meadow nordwärts reisten, verfluchten wahrscheinlich ihren Unstern, ohne zu ahnen, daß Harry Bonesteel dafür verantwortlich zeichnete. Der Oberarzt von Great Meadow, Dr. Leo A. Thume, untersuchte Luciano und bezeichnete ihn in seinem Befund als gutentwickelt, wohlgenährt, weiß, 44 Jahre alt, zur Zeit ohne Beschwerden, anscheinend von der Syphilis geheilt, da der Wassermanntest seit 1940 negativ war. Dr. Thume bemerkte allerdings ein leichtes Herzgeräusch und empfahl, Luciano keine schweren Arbeiten zuzuteilen wie die Arbeit in der Wäscherei, die er in Dannemora fünfeinhalb Jahre lang verrichtet hatte. Der Oberschließer (das war in jenen Tagen der Titel des leitenden Strafvollzugsbeamten), William A. Cointot, bestimmte Luciano zum Aufräumen der Gefängniskorridore.

Der Kaplan, Hochwürden Thomas Lenahan, und der Erziehungsaufseher, E. D. Murray, versicherten Luciano und den anderen Neuankömmlingen, daß Kapelle und Schule ihnen zur Verfügung stünden. Der Kaplan stellte fest, daß Luciano getauft und gefirmt war und seine erste Kommunion noch als Kind in Italien erhalten hatte. Beigelegt zu Lucianos Papieren, die nun im Gefängnis archiviert wurden, war auch der Deportationsbefehl, den man ihm nach seiner Verurteilung im Jahre 1936 überreicht hatte. Da Luciano erst 1956 für eine vorzeitige Entlassung auf Bewährung in Frage kam, kümmerte sich niemand besonders um die Ausweisung. Wenigen Leuten kam es zu Bewußtsein, daß Luciano gar kein Amerikaner war, sondern italienischer Staatsbürger.

Einige Tage nach seiner Ankunft in Great Meadow – noch mußte er den größten Teil des Tages in seiner Zelle verbringen, war jedoch menschlicher untergebracht als in Dannemora – wurde Luciano verständigt, daß er Besuch habe. Weder hatte er eine Ahnung, wer sein Besuch war, noch was man von ihm wollte. Seine häufigsten Besucher in Dannemora waren seine ihm ergebene Schwester Fanny Galasso und sein Bruder Bert gewesen, die in Brooklyn arbeiteten und wohnten und nie etwas mit Gangstern zu tun gehabt hatten. Noch dazu war dieser Tag gar kein normaler Besuchstag.

Luciano machte sich sauber, wurde aus dem Zellenblock geführt, durchsucht und zum Büro von Vorsteher Morhous geleitet. Dann führte man ihn in einen Raum zwischen dem Büro des Vorstehers und dem des Verwalters, ungefähr zwanzig mal fünfzehn Fuß, mit einem Tisch und einigen Stühlen. Dieser Raum diente gewöhnlich für vertrauliche Gespräche zwischen Kriminalbeamten und Häftlingen, die sich entschlossen hatten, ihr Schweigen über ihre Komplizen zu brechen, und er lag ziemlich abseits. Während solcher Besprechungen wurden Wachen vor der Türe postiert. (Unverständlicherweise wurde dieses wichtige Zimmer anscheinend nicht abgehört – in den Akten der Herlands-Untersuchung gibt es jedenfalls keinen Hinweis darauf.) Luciano betrat das Zimmer, und da war sein alter

Freund Meyer Lansky, und dahinter, etwas seitlich, sein Anwalt, Moses Polakoff. Sonst war niemand im Raum.

Lansky beschrieb die Zusammenkunft: »Wir fuhren mit dem Zug nach Albany, und dort nahmen wir einen Wagen zum Gefängnis. Dann sahen wir Luciano, und Charlie war höchst überrascht, uns zu sehen. Nun, er breitete die Arme aus und rief: ›Was macht ihr hier? Ich hätte nie erwartet, euch Burschen hier zu sehen!‹ Und dann sagten wir ihm, wozu wir gekommen waren. Er hatte keine Ahnung, daß wir die Überstellung arrangiert hatten, ich meine, daß Herr Polakoff und Herr Gurfein die Überstellung arrangiert hatten, um es Herrn Polakoff zu erleichtern, Luciano zu besuchen.«

Eine halbe Stunde lang versuchten Lansky und Polakoff Luciano zu überreden, im Kriegseinsatz der Vereinigten Staaten zu kooperieren. Sie hatten ihm nichts zu bieten, keine Gegenleistung, nicht einmal einen Vorschlag hinsichtlich einer vorzeitigen Entlassung. Sie boten ihm nur die Aussicht auf häufige, vertrauliche Besuche seiner wichtigsten Freunde, wobei Abwehrangelegenheiten unmöglich die ganze Gesprächszeit in Anspruch nehmen könnten. Als man Lansky später fragte, ob es schwierig gewesen sei, Luciano zu überzeugen, sagte er: »Ja, es war schwierig.«

Für Luciano war es offenbar keine Frage des Patriotismus. Ihm ging es um etwas anderes. Der Marine war sehr daran gelegen, die Verbindung mit Luciano geheimzuhalten, und ihm desgleichen. Er sagte, er glaube schon, die richtigen Leute im Hafen zu kennen, die auf sein Verlangen hin helfen würden. Er sei bereit, mitzuarbeiten, aber unter einer Bedingung: seine Kooperation müsse geheimbleiben, denn, wie Lansky berichtete: »Bei seinen Personalpapieren lag der Deportationsbefehl . . . er wollte nicht, daß seine Zusammenarbeit mit der amerikanischen Regierung bekannt würde, denn er fürchtete, nach seiner Abschiebung in Italien gelyncht zu werden. Er hatte Angst vor körperlichem Schmerz. Wir sagten ihm, wir würden für Geheimhaltung sorgen, so daß er nichts zu befürchten habe.«

Polakoff erinnerte sich, daß Luciano einmal sagte: »Passen Sie auf: Ich werde deportiert werden. Wenn ich herauskomme – es weiß ja niemand, wie dieser Krieg ausgehen wird – was immer ich auch jetzt tue, ich möchte, daß darüber geschwiegen wird, daß es Privatsache bleibt. Wenn ich nach Italien zurückkehre, will ich kein Gezeichneter sein.«

Polakoff und Lansky erklärten Luciano dann, daß Joe »Socks« Lanza derjenige war, der ursprünglich in das Projekt der Marineabwehr einbezogen worden war, und daß er jetzt Hilfe benötigte. Luciano schlug vor, Lansky und Polakoff sollten bei ihrem nächsten Besuch in Great Meadow auch Lanza mitbringen. Er würde Lanza sagen, was er tun und wen er aufsuchen sollte. Aber es würde vor allem Meyer Lanskys Aufgabe sein, als Verbindungsmann zwischen Luciano und den Leuten, deren Hilfe man gewinnen wollte, zu fungieren. Polakoff erinnerte sich an den Grund dafür: »Diese Leute wußten, wenn Lansky sagte, er handle im Auftrag Lucianos, dann stimmte es auch.«

Nach dieser ersten Zusammenkunft wurde Luciano wieder abgeführt, durchsucht und in seine Zelle zurückgebracht. Es wurden weder italienische Delikatessen serviert, noch fanden Wiedersehensfeiern statt, wie die Legende später besagte. Lansky und Polakoff ließen sich die sechzig Meilen bis Albany zurückfahren, erreichten rechtzeitig den Nachmittagszug und waren zum Abendessen in New York. Polakoff legte Wert darauf, immer mit seiner Familie zu essen.

Vorsteher Morhous verständigte Kommissar Lyons auftragsgemäß, daß die Zusammenkunft stattgefunden hatte und vorüber war. Hogan und Gurfein wußten nun, daß das Marineabwehrprojekt in seine zweite Phase eintrat. Haffenden ließ über die Gerüchtebörse im Hafengebiet verlauten, was geschehen war; dort rief schon die bloße Andeutung, man werde sich an Luciano wenden, eine freundlichere Stimmung hervor, und das nicht nur in Lanzas Domäne.

An diesem Punkt schied Distriktstaatsanwalt Gurfein

aus dem Projekt aus. Der Leiter des Gangsterdezernats verbrachte noch ungefähr zwei Wochen im Mai im Amt des Informationen-Koordinators, dem Vorläufer des *Office of Strategic Services* (OSS, Strategischer Geheimdienst). Dann trat Gurfein dem OSS bei, verließ die Distriktstaatsanwaltschaft für immer und begann eine glänzende militärische Laufbahn.

Am 4. Juni hatte Joe »Socks« Lanza endlich eine Audienz bei Lucky Luciano in Great Meadow, und zur allgemeinen Überraschung erwies sich dies als ein außerordentlich wichtiges Ereignis. Am Tage vor der Zusammenkunft wurde Lanza in Polakoffs Büro in der Fifth Avenue geladen. Das war der erste persönliche Kontakt zwischen den beiden. Lanza schilderte seine bisherige Tätigkeit und erklärte, was er sich von Lucianos Unterstützung erhoffte. Dann trafen die beiden Meyer Lansky, und alle drei fuhren mit dem Abendzug nach Albany. Sie übernachteten dort und standen früh auf, um rechtzeitig in Great Meadow zu sein, wo sie um zehn Uhr vormittags mit Luciano zusammenkommen sollten.

Luciano begrüßte Lanza herzlich, und nach einigen Scherzen erhielt Lanza das Wort. Er erinnerte sich: »Ich erklärte Charlie, womit ich mich befaßte, und ich sagte, daß ich da auf gewisse Schwierigkeiten gestoßen war, daß ich aber wußte, wenn er verlauten ließ, daß auch er an dieser Sache interessiert war, dann wäre es für mich bei diesen Leuten in den Gewerkschaftsortsgruppen viel leichter, man würde mich respektieren und zu mir aufschauen; und da sagte er: ›Joe, mach du nur weiter, ich werde Weisung geben, und dann wird alles glatter laufen.‹ «

Luciano, Lansky und Lanza kamen dann zum Kern der Sache, zu den Namen. Polakoff, der nur in seiner Eigenschaft als Anwalt da war, nahm an der Diskussion nicht teil. Er setzte sich am anderen Ende des Raumes an einen Tisch und las die Morgenzeitung. Der erste Name, der erwähnt wurde, war der von Johnny »Cockeye« Dunn, einem Frächter, der sehr eng mit Joseph Ryan von der Hafenarbeitergewerkschaft ILA befreundet war. Dunn war einer der härtesten und gemeinsten Bosse an den Hudsonkais.

Dann sprach man über die Brüder Camarda und andere Führer der Gewerkschaftszweigstellen in Brooklyn, über Albert Anastasia, Jack Parisi und Anthony Romeo. »Geh hin und beruf dich auf mich«, sagte Luciano zu Lanza, »inzwischen werde ich Weisung ausgeben, und du wirst keine Schwierigkeiten haben.«

Dann kam man auf Joe Adonis in Brooklyn zu sprechen. Luciano sagte, es wäre in Ordnung, zu Adonis zu gehen. Als nächster war Frank Costello an der Reihe. Luciano sagte: »Geh zu Frank und laß dir von ihm helfen. Es ist für eine gute Sache.« Lanza machte sich erbötig, wieder nach Great Meadow zu kommen und Luciano zu berichten, wie sich die Dinge entwickelten. Es muß für ihn ein großer Augenblick gewesen sein, als Luciano sagte: »Sehr gut, komm nur!«

Das »Gipfeltreffen« war ein Erfolg. Lucky Luciano brachte seine Organisation auf Draht. Meyer Lansky sollte der Kopf sein, Generalstabschef und Verbindungsoffizier. Adonis und Costello sollten sich einschalten, wenn ein Eingreifen von oben notwendig war. Dunn, die Camardas und die ILA sollten im Hafen die Arbeit machen, die die Marine getan haben wollte. Lanza sollte wie bisher mit der Marine in der Fischereiindustrie zusammenarbeiten, aber mehr als bisher die Kontakte pflegen. Der New Yorker Hafen würde endlich im vollen Einsatz für die Alliierten stehen.

Luciano hatte seit dem ersten Besuch reichlich Zeit gehabt, sich die ganze Sache durch den Kopf gehen zu lassen. Hätte er die Aktion abblasen oder Zusagen in bezug auf seine Entlassung fordern wollen, dann hätte er es bei der zweiten Zusammenkunft gesagt. Er tat es aber nicht. Im Gegenteil, er erteilte genaue Anweisungen, um das Marineabwehrprojekt in Schwung zu bringen. Die Bedingungen dieses Teufelspaktes blieben unausgesprochen: Um die Basis der Geleitzüge nach Europa zu sichern, gab die Marine ihre stillschweigende Zustimmung zur Unterweltherrschaft im Hafen.

Die Mafia im Osten der Vereinigten Staaten zog nun in den Krieg, zwar getrennt von der sizilianischen Mafia, aber im Geiste vereint mit ihr, die schon seit Jahren gegen Mussolini war. Die Mafia gedachte aber auch ihre eigenen Geschäfte zu verbessern – und das nicht nur im Hafen, wie das zweite Zusammentreffen mit Luciano eindeutig zeigte. Diese Zusammenkunft begann um punkt zehn Uhr vormittags, und der Gedankenaustausch, den Lanza nachher schilderte, kann nicht länger als höchstens eine halbe Stunde gedauert haben. Es gab weder Debatten noch Diskussionen über das Marineabwehrprojekt. Die Anweisungen Lucianos nahmen wahrscheinlich kaum mehr als zehn Minuten in Anspruch. Und doch dauerte dieses Treffen mehr als dreieinhalb Stunden! Luciano, Lansky und Lanza hatten Zeit und Gelegenheit, unkontrolliert über alles zu reden, was ihnen am Herzen lag. Die Mafia muß Pläne geschmiedet haben.

Nach der Zusammenkunft kehrte Luciano in seine Zelle zurück, und Lansky, Polakoff und Lanza fuhren zurück nach Albany, um den üblichen Nachmittagszug zu nehmen. Gefängnisvorsteher Morhous, der infolge der getroffenen Besuchsanordnung nur außerhalb des Besprechungszimmers Wache halten konnte, sandte seinen vertraulichen Bericht an Kommissar Lyons:

> Lieber Kommissar Lyons!
> Ich teile Ihnen mit, daß der Besuch, den Sie mit mir besprochen haben, um 10 Uhr vormittags eintraf und um ungefähr 13.30 Uhr nachmittags abreiste. Der Anwalt und Lansky, die den ersten Besuch gemacht hatten, waren anwesend, ebenso ein Herr Lanza. In ihrer Begleitung befand sich auch ein Herr Truckner aus Albany, der den Häftling aber nicht besuchte. Seine Fahrzeugnummer: 1A-108. Aus Truckners Äußerungen konnte ich entnehmen, daß es sich um seinen eigenen Wagen handelte.

Während der folgenden Wochen hatte Meyer Lansky zahlreiche Konferenzen mit Haffenden im »sicheren« Büro im Hotel Astor und ein- oder zweimal auch in der Church

Street. Er wurde häufig von Polakoff begleitet, und beide wurden dem Distriktabwehroffizier, Captain MacFall, und dem Vollzugsoffizier, Captain Howe, vorgestellt. Lansky erhielt eine Geheimnummer als Kontaktmann der Marineabwehr. »Anfangs«, sagte Polakoff, »bestand die Arbeit meistens aus Information über das Laden und Entladen von Schiffen an den Molen, der Vermeidung von Arbeitskonflikten und der Einholung von Informationen, die zur Verhinderung von Sabotageakten an den Molen führen konnten.«

Neben seiner Arbeit für die Marineabwehr war Meyer »Little Man« Lansky, auch bekannt als »Meyer the Bug« (Meyer die Wanze), damit beschäftigt, sein Musikautomatenimperium in eine legale Form zu bringen: Er gründete die Emby Distributing Corporation, mit einem eingetragenen Stammkapital von 20.000 Dollar. Das Geschäft der Firma bestand offiziell darin, Wurlitzer-Musikautomaten in New York, New Jersey, Connecticut und Pennsylvania zu vertreiben, und Lansky war Vizepräsident und Sekretär der Firma. Sein Strafregister war sauberer als das der meisten seiner Freunde und Mitarbeiter. Zwar hatte er nicht weniger als sechs Festnahmen hinter sich, davon eine wegen Totschlags und drei wegen Körperverletzung, aber dank einer Schar tüchtiger Anwälte war der schlaue Lansky nur einmal im Leben verurteilt worden – am 14. November 1918 wegen ungestümen Betragens. Er mußte dafür zwei Dollar Strafe zahlen.

Lanskys wichtigster Vorstoß für die Marineabwehr war sein Versuch, die Hafenarbeitergewerkschaft ILA für den Kriegseinsatz zu mobilisieren. Er folgte Lucianos Anordnungen und setzte sich mit Johnny »Cockeye« (Schielauge) Dunn, dem Boß der Docks an der Westseite, in Verbindung und brachte ihn ins Astor, um ihn Haffenden vorzustellen. Dunn, der keine offizielle Gewerkschaftsfunktion innehatte, war neunmal in Haft gewesen und – abgesehen von kürzeren Aufenthalten in einer Besserungsanstalt für Jugendliche – wegen Raubes zwei Jahre in Sing Sing gesessen. Zuletzt war er wegen Nötigung von Hafenarbeitern vor Gericht gestanden und hatte dafür am

16. Januar 1942 eine zeitlich unbegrenzte Gefängnisstrafe erhalten. Am 4. Februar wurde er jedoch gegen Kaution bis zur Berufungsverhandlung auf freien Fuß gesetzt und stand daher nun dem Kriegseinsatz zur Verfügung. Er war einunddreißig Jahre alt, und seine kalten Schielaugen schienen schon jetzt das Opfer eines Mordes zu suchen, der ihn auf den elektrischen Stuhl bringen könnte. Auch er erhielt als Konfident der Marineabwehr eine Nummer.

Ein weiterer wichtiger Kontaktmann Lanskys bei der Hafenarbeitergewerkschaft war Jeremiah »Jerry« Sullivan, auch John McCue genannt; er war am 13. Januar 1918 wegen Mordes verurteilt worden. Zehn Jahre später wurde er gegen Gelöbnis vorzeitig aus Sing Sing entlassen, danach aber wieder fünfmal verhaftet, allerdings nur einmal wieder verurteilt, wegen Verletzung der Meldepflicht. Sullivan, nun vierundvierzig Jahre alt, war eine Zeitlang als Vertreter bei der Mineralwasserfirma Munkacsy, hauptsächlich als illegaler Organisator für seinen guten Freund, den ILA-Präsidenten Josef Ryan, tätig gewesen. Als Sullivan 1939 seinen Bewährungshelfer fragte, ob er eine reguläre Anstellung als Organisator bei der ILA annehmen könne, wurde ihm die Erlaubnis verweigert. Nach seinen Beziehungen zu dem Gewerkschaftsführer befragt, sagte er: »Ich habe mich an Joe Ryan angeschlossen, weil ich meine Beziehungen zu bekannten Gangstern aufgegeben habe und die Gesellschaft anständiger Menschen suche.« Sullivan wurde ein begeisterter Rekrut der Marineabwehr.

Lansky löste das Problem der Marine im Hafen, indem er unverhüllt einige der rücksichtslosesten Gangster der ganzen Stadt einsetzte. In bewährtem Luciano-Stil sollte möglichst wenig, vielleicht auch gar nicht gekillt werden, Gewaltakte waren nach Möglichkeit einzuschränken. Es wurde erwartet, daß schon das Auftauchen dieser Männer an den Docks als Abschreckungsmittel genügen würde, als Warnung, den Kriegseinsatz der Vereinigten Staaten zu unterstützen oder sich die Folgen selber zuzuschreiben.

Lansky beschrieb die Rolle Cockeye Dunns:

Dunns Aufgabe war es, an den Docks den Wachhund zu

spielen, vertrauenswürdige Leute unter den Verladern zu haben, sich mit den Mannschaften anzufreunden, um zu erfahren, ob schlechte Männer sich herumtrieben, Männer, die sich für Sabotage oder Weitergabe von Informationen hergeben würden. Auch hatte er Freunde in den Bars im Hafen. War ein Matrose betrunken und redete etwas, das man als zersetzend verstehen konnte, so berichtete man es ihm oder jemandem, den er sich als Helfer ausgesucht hatte.

Wie Lansky berichtete, führte Dunn seine Arbeit bald so verläßlich und gewissenhaft aus, daß er ihm gestattete, direkt und persönlich mit Haffenden zusammenzukommen. Zusammen mit seinem Schwager, E. J. »Eddie« McGrath, beschaffte Dunn Gewerkschaftsausweise für Haffendens Agenten und schleuste sie in Gewerkschaftsgruppen am Hudson ein. Einmal nahm Dunn sich sogar so wichtig, daß er in Polakoffs Kanzlei ging und sich über die stümperhafte Beladung der Schiffe beschwerte, die im Geleitzug den gefährlichen Nordatlantik überqueren sollten. Lansky faßte Dunns Kriegsbeitrag folgendermaßen zusammen: »Ich kann keine konkreten Ergebnisse aufzählen, aber ich weiß nicht, was alles vermieden worden ist – wie viele Sabotageakte verhindert wurden, aber ich habe das Gefühl, es waren reichlich viele. Ich denke, es war eine großartige Schutzmaßnahme.« Lansky fügte hinzu: »Ich weiß, er hat dafür gesorgt.«

Dunns Arbeit wurde von Haffenden so hoch geschätzt, daß er ihm sogar selbständige »Feuerwehr«-Aufgaben zuwies. Lansky erinnerte sich an eine solche:

> Nun, eines Tages waren wir mit Haffenden zusammen, und da besprach er mit uns, wo er ein paar Leute haben wollte, weil sich dort vielleicht Saboteure aufhalten könnten, wie zum Beispiel im Great Northern Hotel. Er wollte vertrauenswürdige Kellner im Gewerkschaftsbüro haben, die aushorchen konnten, was die Kellner miteinander redeten und worüber Matrosen oder Soldaten miteinander sprachen. Er meinte auch, vielleicht sollten

wir selbst Kellner aufnehmen und in bestimmten Restaurants und Hotelsalons unterbringen. Er erwähnte zum Beispiel das Hotel Pierre. Er sprach mit mir auch über ein Hotel in Brooklyn, das war so ein Klub für Matrosen, aber diese Aktion wurde nie zu Ende geführt, weil die Zeitungen vorher Wind davon bekamen. Verdammt, Johnny Dunn, das war der Hafen, und er übernahm die Sache von da an. Er war sicher, Leute im Great Northern unterbringen zu können.

Es lief wirklich alles glatt für Joe »Socks« Lanza nach seiner Begegnung mit Luciano am 4. Juni:

Ja, von da an wurde ich freundlicher aufgenommen, wenn ich kam, viel freundlicher als vorher. Die Brüder Camarda, Johnny Dunn, mit denen wäre ich sonst nie ins Gespräch gekommen! Ich weiß genau, wenn ich zu Joe Ryan und zu Jerry Sullivan sagen konnte: »Charlie ist da sehr dafür«, gingen sie glatt mit. Dunn war eine große Hilfe an der Westseite, wo alle die Schiffe anlegten. Ich hab' ihm gesagt, er soll die Augen offenhalten, und er blieb in Kontakt mit Joe Adonis. Ja, und dann konnte er Joe Adonis sagen, was los war, und er konnte es Meyer sagen, und die konnten wieder darüber berichten.

Inzwischen schien Haffenden im Astor seine Rolle als Gastgeber und Vertrauter der berühmtesten Verbrecher zu genießen. Seine Sekretärin, Elisabeth Schwerin, erinnert sich an eines der vielen Treffen mit Lansky, Dunn, Lanza und anderen Unterweltgrößen:

Also, er rief mich über das Haustelephon an und bat mich, Getränke zu bestellen. Seine Türe war verschlossen und versperrt, soviel ich weiß; als der Kellner kam, mußte er den Eingang von Zimmer Nr. 200 benützen, wo er die Getränke hinstellte. Dann rief ich Herrn Haffenden und sagte ihm, die Getränke seien gekommen. Er sagte: »Bitte, bringen Sie sie herein«, und das tat ich. Er nahm meine Gegenwart zur Kenntnis, dann ging ich wieder, schloß die Türe und kehrte zurück in mein eigenes Büro. Kurz darauf, nachdem die Männer

gegangen waren, kam er in mein Büro und schien sehr begeistert über die Leute oder über die Abmachungen, die er getroffen hatte. Er deutete an, daß es Helfershelfer oder Freunde Lucianos waren. Und er fragte mich über einen Mann: »Wissen Sie, wer das war?« Ich sagte: »Nein«, und er nannte einen Namen. Welcher Name es war, ist mir entfallen, aber er meinte, das sei einer der wichtigsten Unterweltler, eine bedeutende Figur in dem Milieu, seinen Namen könne man in der Zeitung finden.
Und Haffenden war ganz begeistert, weil dieser Mensch oder die anderen rückhaltlose Kooperation versprochen hatten. Und einmal stellte er fest: Ohne diese Kooperation hätte er für Marine, Regierung und Vaterland so manches nicht tun können, ob es nun darum ging, etwas zu verhindern oder Hilfe und Information zu bekommen, was er gerade brauchte.
Ja, und er sagte auch, es sei wunderbar, was immer er rund um die Docks brauche, das bekomme er.

Am 17. Juli 1942 wurde im Gefängnis Great Meadow ein weiteres uneingeschränktes Gespräch geführt, das fünf Stunden dauerte. Der dritte Besuch der Gangster bei Charles »Lucky« Luciano begann um neun Uhr morgens. Lanza beschrieb dieses Treffen: »Ich sagte ihm, was der Commander [Haffenden] brauchte, und erzählte ihm, was wir jetzt schon taten, und er sagte, macht nur so weiter, tut alles für ihn, was ihr könnt, und laßt ihn ja nicht hängen!«

Nachdem dieser Punkt der Tagesordnung abgeschlossen war, dauerte die Konferenz allerdings noch bis ein Uhr nachmittags.

Anwesend war das bekannte Trio: Lansky, Lanza und Polakoff, aber diesmal in Begleitung von Michael Lascari, einem Jugendfreund Lucianos. Der neue Besucher war ein Machtfaktor in New Jersey; er bestritt nicht, während der Prohibition Bier verkauft zu haben. Er war mit allen wichtigen Leuten bekannt und stand sogar mit Frank Costello auf Grußfuß. Mickey Lascari besaß eine Werkstatt, die für Western Electric, General Motors, Curtis Wright und Firestone arbeitete, wie er sagte, und er war Luciano so sympathisch, daß er von ihm eingeladen worden war, eine Zeitlang bei der Familie Luciano zu wohnen – das war in den Jahren vor dem Tod von Lucianos Vater im Jahre 1941. Lascari sollte Luciano insgesamt neunmal besuchen, öfter als sonst jemand, mit Ausnahme von Lansky und Polakoff, und sein Erscheinen versetzte Luciano immer sogleich in fröhliche, muntere Stimmung. Offensichtlich sollte Lascari mit Verbindungsaufgaben betraut werden, die für Lansky zu geringfügig waren, er war also eine Art Ordonnanz.

Ein solcher Sonderauftrag wurde bald darauf aktuell, als der Name eines »Senator Walsh« in Verbindung mit der Überwachung eines Bordells auf Long Island, am Ufer des East River, auftauchte. Handelte es sich um Senator David I. Walsh, ein prominentes Mitglied der Demokratischen Partei und des Marineausschusses, einen Mann, der bei den jährlichen Budgetzuweisungen für die Marine ein Wort mitzureden hatte? Haffenden erfuhr von dieser möglichen Peinlichkeit, bat seine Unterweltler, sich zu erkundigen, und war froh, zu erfahren, daß die bewußte Person jemand anderer war, nicht Walsh und nicht einmal ein Senator. Er wußte nur nicht, daß das nur ein Teil der Geschichte war.

Der vierte Besuch bei Luciano fand am 25. August statt und dauerte bis zwei Uhr nachmittags. Aus Saratoga, dem nahen Rennbahn- und Kurort, geleitete Polakoff eine Abordnung von nicht weniger als sieben Besuchern zum Gefängnis Great Meadow, darunter als besondere Attraktion den Mafia-Superstar Frank Costello.

Bis 1942 hatte Costello, ein ehemaliger Spielautomatenbaron, sich eine einflußreiche Position in Tammany Hall, dem politischen Zentrum der demokratischen Parteimaschinerie, geschaffen. Er unterhielt berufliche und persönliche Freundschaften mit den führenden Leuten von zehn der sechzehn Distrikte Manhattans. Auch kannte er Luciano und Lansky seit langem, Adonis seit den zwanziger Jahren, und mit Willie Moretti war er so eng befreundet, daß er der Pate von Morettis erstem Kind wurde. Er stammte nicht aus Sizilien, sondern aus Kalabrien und hatte mit Luciano und den anderen am gewaltsamen Sturz der alten Garde der Mafia Anfang der dreißiger Jahre mitgewirkt. Gleich Luciano legte er großen Wert auf Legalität und zog daraus großen Nutzen. Lanza hatte sich ursprünglich wegen des Marineabwehrprojekts an Costello gewendet, und dieser hatte gesagt: »Das ist eine gute Sache, mach nur weiter damit.« Er setzte selbst einen Verbindungsmann ein, James O'Connell, und berichtete darüber: »Costello half mir insofern, als auch er mir grünes Licht gab, Leute aufzusuchen, die mir von Charlie genannt worden waren.«

Dieser vierte Besuch war zuviel für Vorsteher Morhous. Er entschied, daß die Delegation zu groß sei, und bestand darauf, daß Polakoff die Truppe in zwei Gruppen teile, eine aus vier und die andere aus drei Personen; jede der beiden sollte die halbe Besuchszeit bei Luciano verbringen. Polakoff war einverstanden. Die erste Gruppe marschierte wie üblich in den Raum zwischen dem Büro des Vorstehers und dem des Verwalters, und Luciano wurde hingebracht, um sie zu begrüßen. Wieder einmal konnte der Posten draußen überschwengliche Begrüßungen vernehmen, und Polakoff nahm wie gewöhnlich am anderen Ende des Besuchszimmers Platz und las seine Zeitung. Polakoff erinnert sich: »Es gab einige Gespräche, zum Teil italienisch, zum Teil englisch.« Aber worüber sprachen Costello und Luciano? Polakoff sagte: »Ich habe nicht gelauscht, und überhaupt haben sie auf italienisch diskutiert. Ich glaube, Costello war nur deshalb dort, weil Luciano verlangt hatte, daß wir ihn mitbringen. Was dann geschah, weiß ich nicht, er kam nur einmal mit.« Was immer auch der Grund für Costellos Besuch gewesen sein mochte, er war fast drei Stunden bei Luciano.

Zwei Monate vergingen zwischen der vierten und der fünften Visite. Während dieser Zeit war Luciano im Gefängnisspital wegen einer Entzündung am rechten Auge, dessen Lid schon seit dem Überfall von Staten Island im Jahre 1929 herabhing. Er genas und war bald so weit wiederhergestellt, daß er Arbeiten im Zementschuppen des

Gefängnishofes verrichten konnte. Er nahm nicht am Gottesdienst teil und machte keine Kurse mit, aber er verletzte keine einzige Gefängnisvorschrift und wurde als überdurchschnittlicher Insasse angesehen.

Lucianos offizielle, eingetragene Besucher fanden es viel leichter, ihn in Great Meadow zu besuchen als in Dannemora. Aber sein inoffizieller Besucher, Moses Polakoff, wurde der fortwährenden Fahrten müde. Am Vorabend der fünften Visite, am 21. Oktober, rief er Kommissar Lyons an, um zu fragen, ob Lucianos Besucher nicht allein, ohne seine, Polakoffs, Begleitung nach Great Meadow kommen könnten. Er sagte, er sei sicher, sie würden nichts Unrechtes tun, es würde keine Verletzung von Gefängnisvorschriften geben. Lyons sagte, auch er sei sicher, sie würden nichts Unrechtes tun, schon weil Luciano sie nichts Unrechtes tun lassen würde, aber ihm wäre es trotzdem lieber, wenn Polakoff mitkäme. Polakoff sagte zu und führte beim fünften Besuch eine bescheidene Delegation von nur drei Personen zu Luciano. Ihre Namen wurden nicht einmal inoffiziell festgehalten. Diesmal dauerte der Besuch von 11 Uhr 15 bis fünf nach zwei, also etwas weniger als drei Stunden.

Der sechste Besuch fand am 29. Dezember statt. Mit Polakoff kamen Meyer Lansky, Mike Lascari und ein Neuer, Michael Miranda, dem das Restaurant Progresso zwischen Broadway und Eighth Avenue gehörte. Miranda war Geschäftspartner von Abner »Longie« Zwillmann, und man flüsterte, er hätte auch Verbindung zu Thomas »Three Finger Brown« Lucchese und vielleicht sogar zu Vito Genovese, dem früheren Boß des italo-amerikanischen Lottorings, der eine Art Haßliebe – mehr Haß als Liebe – zu Luciano empfand. Genovese war in Italien und sollte später als Dolmetsch der alliierten Militärregierung auftauchen. Dieser Besuch jedenfalls begann um 10 Uhr und endete um 13 Uhr 45, dauerte also wieder ziemlich lang. In welchem Zusammenhang mochte Miranda mit dem Marineabwehrprojekt stehen? Polakoff wußte nur: »Er hatte großen Einfluß bei den Italienern. Das ist mir in Erinnerung geblieben.«

Meyer Lansky, der über die Dauer der Besuche und den Umfang der Gästeliste befragt wurde, gab eine Antwort, die eines Renaissancefürsten würdig gewesen wäre: Die Besuche und die Besucher hätten nur dazu gedient, daß »Luciano ihnen sagen konnte, er sei an dieser Organisation interessiert, und daher sei es auch ihre Pflicht, alles zu tun, um der Sache zu helfen«. Haben die Besucher, die keine ersichtliche Verbindung mit der Marineabwehr hatten, nachher das Projekt unterstützt? Lansky sagte: »Gewiß, durch diese Leute kam ich mit einigen Italienern in Verbindung, die ich dann ins Astor brachte, und ein- oder zweimal auch in die Church Street, wo sie Commander Haffenden vorgestellt wurden. Natürlich, in der Church Street schien es auch größere Leute zu geben als Commander Haffenden.«

Der »Größere« in der Church Street war Distriktabwehroffizier MacFall, der das ganze Projekt eingeleitet und dann an Haffenden übergeben hatte. Aber vielleicht waren Haffenden und seine Schnüfflerriege, vom Projekt ganz zu schweigen, im Begriff, sich der Kontrolle MacFalls zu entziehen? Meyer Lansky, Joe »Socks« Lanza und Haffendens Sekretärin, Elisabeth Schwerin, betonten, MacFall sei immer wieder aufgetaucht, und Haffenden habe ihm gewissenhaft Bericht erstattet. Leutnant Kelly, der fast täglich MacFall Bericht erstattete, meinte, tatsächlich hätten MacFall und die Marineabwehr damals so viele verschiedene Projekte gleichzeitig laufen gehabt, daß keines dominierte. MacFall, der ein guter Organisator war und Aufgaben zu delegieren verstand, war sich bewußt, daß er viele Fachleute von der Distriktstaatsanwaltschaft, dem FBI und der Polizei an Bord hatte, und er vertraute ihnen, daß sie ihre Geheimaufträge ohne allzuviel Einmischung seinerseits ausführen würden.

Wie dem auch sei, Distriktstaatsanwalt Frank Hogan, der am 7. März die grundlegende positive Entscheidung für das Marineabwehrprojekt getroffen hatte, unternahm nun eine sorgfältige Gegenprobe. Er wollte sich nicht in das Projekt einmischen, aber er begann es zu überprüfen. Davon verständigte er weder die Marine noch den Strafvollzugskommissar oder die Gefängnisleitung von Great Meadow. Am 23. November, gerade zwischen dem fünften und dem sechsten Besuch bei Luciano, streckte er einen eigenen Fühler aus. Aufgrund einer von Richter John A. Mullen unterzeichneten Ermächtigung in Verbindung mit einem Verfahren bei der Distriktstaatsanwaltschaft ließ er Abhörgeräte an die Telephonanschlüsse WOrth 2-7624 und WOrth 2-7625 montieren. Diese Apparate befanden sich in Meyer's Hotel in der South Street 117 im Herzen des Fultoner Fischmarktes, im »sicheren« Hotel von Joe »Socks« Lanza, einem der zentralen Kommandoposten des Marineabwehrprojekts auf der Unterweltseite. Die Abhöranlagen wurden angebracht und mit Detektiven bemannt, die allein Frank Hogan Bericht erstatteten.

Sieg an den Docks

In der zweiten Hälfte des Jahres 1942 unternahm die Marineabwehr des Dritten Distrikts verschiedene Einsätze, die von den Docks ins Landesinnere ausstrahlten. Sie arbeitete dabei häufig mit dem FBI und anderen zivilen Exekutivorganen zusammen. Im Dezember jenes Jahres erreichte Haffendens Abteilung B-3 einen Stand von fünfzig Offizieren und einundachtzig Mannschaften und Geheimagenten, jedenfalls eine beträchtliche Stärke für geheime Aufgaben. Es gab acht unabhängige Einsatzgruppen, eine Versorgungsgruppe, eine Elitetruppe für besonders heikle Ermittlungen und drei Gruppen, die sich mit der laufenden Überprüfung von Stellensuchenden im Dritten Distrikt befaßten. Es war jedoch Haffenden, der Regie führte – oft zum Ärger seiner Kollegen in der Marineabwehr.

Am 13. Juni 1942 wurden vier in Deutschland ausgebildete Saboteure von einem U-Boot auf Long Island, in der Nähe von Amagansett, an Land gesetzt, und am 17. Juni vier weitere bei Ponte Vedra, südlich von Jacksonville in Florida. Diese acht Saboteure waren ausgestattet mit Sprengstoff, mehr als 170.000 Dollar in bar sowie mit Landkarten und Plänen für eine zweijährige Serie von Anschlägen auf Rüstungsfabriken, Eisenbahnen, Wasserwerke und Brücken in den Staaten des Ostens und des Mittelwestens. Die vier Saboteure, die in Amagansett gelandet waren, strebten sogleich ins Landesinnere. Das war zweifellos ein »unbefugtes Betreten« des Dritten Marinedistrikts und für Haffenden eine einmalige Gelegenheit.

Sobald ihm diese Landung berichtet worden war, eilte Haffenden zum Napaque-Hundezwinger in Easthampton auf Long Island, der dem Marineleutnant Philip Dater gehörte. Dort traf Haffenden Leutnant Treglia und die Zivilagenten X, Y und H – das war das Team, das zu Jahresbeginn dem Fischerbooteinsatz in Montauk Point zugeteilt gewesen war. Haffenden nahm sich nicht die Zeit, sich bei Leutnant Lindsay R. Henry, dem Kommandanten der Zone 9, zu melden, er setzte sich über das Protokoll hinweg und leitete in Zusammenarbeit mit dem FBI sofort eine informelle Untersuchung ein. Zuerst wurde dem Agenten H, der Deutsch sprach, die Aufgabe zugewiesen, mit vier FBI-Leuten das Gebiet von Montauk Point durchzukämmen. Dann schickte er den Agenten Y als Tankwart zu Charles Bonners Tankstelle an der Straße nach Montauk und kommandierte den Agenten X als Fischtransportfahrer zu dem blinden Hiram Chester Swezey. Agent H erhielt den Auftrag, das Haus eines Deutschamerikaners zu inspizieren, der in Montauk wohnte und möglicherweise den Saboteuren Unterschlupf gewährt hatte. Er fand zwar keine Saboteure, wohl aber eine nützliche Auskunft vom Stationsvorstand in Amagansett, der drei Männern Fahrkarten nach New York City verkauft hatte. Es stellte sich heraus, daß es die Saboteure waren. Agent H berichtete: »Er hielt sie für Fischer.«

Haffenden selbst wohnte im Napaque-Zwinger dem Verhör eines Mannes von der Küstenwache bei, der am Strand patrouilliert, mit den Saboteuren gesprochen und sie – ohne Verdacht zu schöpfen – hatte passieren lassen. Haffenden und Treglia untersuchten zusammen mit anderen zivilen und militärischen Abwehroffizieren ein Gummiboot und Ruder, die angeblich von den deutschen Saboteuren verwendet worden waren. Als Haffendens Sekretärin, Elisabeth Schwerin, am nächsten Morgen zur Arbeit kam, erzählte er ihr, er sei praktisch die ganze Nacht hinter den Saboteuren hergewesen. Er zeigte ihr auch einen Knopf deutscher Provenienz vom Mantel eines der Saboteure.

Obwohl die Saboteure offensichtlich ins Landesinnere gelangt waren, ließ Haffenden die vermeintlichen ersten

Kontaktpersonen noch einige Tage überwachen. Leutnant Treglia fuhr in die Stadt zurück und wurde von Zivilagent Alfieri und Leutnant Marsloe abgelöst. Ein kleines Landhaus diente als »sicheres« Hauptquartier für Kontaktleute und Konfidenten. Vier Tage später war Haffenden wieder auf Long Island, wo er Swezey und Gattin in Millie's Inn in Montauk ausführte. Die Swezeys feierten Hochzeitstag. Haffenden setzte sich auch weiterhin über die Dienstordnung hinweg, laut Leutnant Henry von Zone 9: »Er ist da herausgekommen und hat die Untersuchung einfach an sich gerissen. Meine offizielle Verbindung damit hat er völlig ignoriert. Ich erzähle das nicht aus Unfreundlichkeit, sondern weil es ganz einfach so war. Ich wurde überhaupt nicht gefragt.«

Am 27. Juni verlautbarte J. Edgar Hoover, der Chef des FBI, daß zwischen dem 20. und dem 27. Juni, teils in New York, teils in Chicago, alle acht Saboteure verhaftet worden waren.

Inzwischen stützte sich Haffendens Vorgesetzter, Captain McFall, auf die positiven Ergebnisse von Lanzas Aktion mit der Fischereiflotte zu Jahresbeginn, um einen neuen Abwehrplan zu entwickeln. Bisher hatten die Kapitäne der Fischerboote nach U-Booten in Küstennähe Ausschau gehalten. Nun aber operierten die U-Boote, angesichts der verbesserten alliierten U-Boot-Bekämpfung aus der Luft und zu Wasser, hauptsächlich in der Mitte des Atlantischen Ozeans, außerhalb der vermeintlichen Reichweite der Küstenluftflotte. Um sicherzustellen, daß die U-Boote auch wirklich der Küste fernblieben, wollte man nun Fischerboote mit größerer Reichweite zur Beobachtung von U-Booten einsetzen. Mit dieser Aufgabe wurde jedoch nicht Haffendens Abteilung B-3 betraut, sondern ein gefeierter Marineoffizier, Commander Vincent Astor.

Innerhalb weniger Tage brachten MacFall und Astor, in Zusammenarbeit mit Leutnant Henry von Zone 9, die neue Aktion in Gang. Captain MacFall erinnert sich: »Einige der größeren Fischereiflotten hatten Telephonverbindungen zwischen den Schiffen und zum Ufer und verwendeten Codes, um andere Schiffe ihrer Flotte an Plätze zu dirigieren, wo der Fang gut war. Die Marineabwehr bediente sich nun dieser Schiffe und ihrer Ausrüstung sowie anderer Fischerboote, die eigens mit solchen Einrichtungen ausgestattet wurden, und vereinbarte mit ihnen eine geheime Zusammenarbeit und einen Code als Teil des U-Boot-Warnsystems.« Unter den Fischerbooten, die für die Installierung dieses modernen Systems ausgewählt wurden, befand sich die *Margie-Lou,* auf der Agent H im vergangenen April in See gestochen war. Die *Adelaide T,* die den mürrischen Agenten M an Bord gehabt hatte, verwendete Ellis Tuthills privates Radiotelephon bis Kriegsende.

Leutnant Henry und sein Assistent, Leutnant Charles F. Robertson, fuhren nach Montauk hinaus, um mit einem prominenten Bürger des Ortes, einem Politiker und Fischereibesitzer, zusammenzutreffen und ihn um seine Mitarbeit zu ersuchen. Es war Perry B. Durea, der nachmalige Senator und Naturschutzbeauftragte, Vater des republikanischen Fraktionsobmannes im Abgeordnetenhaus des Staates New York. Durea war sofort einverstanden, auf jede mögliche Weise mitzuwirken, und seine Schiffe wurden mobilisiert und für die U-Boot-Wache auf große Entfernung ausgestattet. Währenddessen schoß Commander Astor mit einem Enthusiasmus, um den ihn sogar Haffenden hätte beneiden können, zwischen den Docks und den Fischerbootmolen hin und her und flößte den Besatzungen Energie und Mut ein. Er hatte das ganze Projekt viel schneller unter Dach, als Captain McFall es für möglich gehalten hatte.

Wenn es aber um Verbindungen mit der Unterwelt ging, war Haffenden unersetzlich. Das FBI wurde beauftragt, den sehr auffälligen *Deutsch-Amerikanischen Bund* in Yorkville, wo der sogenannte amerikanische »Führer«, Fritz Kuhn, sich vor dem Krieg einen gewissen Anhang geschaffen hatte, zu beschatten. Die Marineabwehr war bereit, zu helfen, sie wollte einige zusätzliche Konfidenten zur Verfügung stellen. Zuerst wurde geplant, ein paar Marineleute in Zivil in die Kneipen von Yorkville zu schicken, wo sie verdächtige Gespräche belauschen sollten. Einem der Zivilagenten kam zu Ohren, daß einige Matrosen in einer deutschen Musikkapelle in Yorkville spielten, und das wurde untersuchenswert befunden. Ein anderer Zivilagent entdeckte einen Deutschamerikaner, der ein Delikatessengeschäft führte und die Gewohnheit hatte, Matrosen in seine Wohnung einzuladen und sie über alles mögliche auszufragen. Die Information über diesen Verdächtigen wurde an das FBI weitergeleitet.

Bald aber schien es viel aussichtsreicher zu sein, verläßliche Schankwirte in Yorkville zur Beobachtung subversiver Elemente einzuspannen. Dann steuerte die Marine eine weitere Neuerung aus der Unterwelt bei: Joe »Socks« Lanza hatte die Idee, von den Betreuern und Inkassanten der Verkaufsautomaten zu verlangen, sie sollten verdächtige Personen und subversive Gespräche melden. Wie konnte das bewerkstelligt werden? Mit Hilfe von William »Tough Willie« McCabe, einem siebenundvierzigjährigen Weißen, der in Harlem eine Truppe von Lotterielosverkäufern beschäftigte, schlechtbezahlte, aber unentbehrliche Burschen, welche die Erträge des Nummernlottos an die lokalen und regionalen Büros des Lottosyndikats ablieferten. Lanza und Agent X konnten McCabe dadurch gewinnen, daß sie sich auf Luciano beriefen. McCabe sagte: »Wenn der Chef es wünscht, machen wir für ihn alles!« Die Verkaufsautomatenleute waren bereit, zu helfen, und wie Agent X bemerkte: »Kann man sich bessere Informanten vorstellen als diese Männer, die tagein, tagaus diese Geräte in den verschiedenen Lokalen betreuen?«

Dank seinen Beziehungen zur Unterwelt war Haffenden auch in der Lage, Gegenspionageagenten beiderlei Geschlechts im Hotel Commodore, in einem beliebten Harlemer Kabarett und im Restaurant Roger's Corner am Broadway, Ecke 49. Straße West, unterzubringen. Haffenden setzte sich in Verbindung mit Lanza und dieser mit Tough Willie McCabe, und eine Zusammenkunft wurde vereinbart; man wollte sich zum Abendessen im Roger's Corner mit einem Mann namens Ben Jacobs treffen, dem Sekretär und Schatzmeister in der Garderobepersonalgewerkschaft, Ortsgruppe Nr. 135; diese Gewerkschaft war dem Verband der Hauswarte angeschlossen. Haffenden,

Lanza, Espy, McCabe und Jacobs aßen also in dem Restaurant, das demnächst unter Überwachung gestellt werden sollte.

Ben Jacobs war einer jener einflußreichen Männer in der City, die über die Posten des Garderobepersonals, von Zigaretten- und Blumenverkäuferinnen, Photographinnen und ihren Dunkelkammerassistenten sowie Toilettenfrauen in Restaurants, Nachtclubs und Hotels entschieden. Haffenden übernahm bei Tisch den Vorsitz, während Lanza erklärte, die Marine wolle für den Kriegseinsatz eigene Leute auf solche Posten setzen. Wäre Jacobs bereit, Mitgliedsbücher für Marineagenten auszustellen, wo und wann es gewünscht werde? Wenn ja, wie viele? Vorläufig würde man zehn bis zwölf brauchen. Jacobs war bereit. Wäre er auch bereit, Posten zu verschaffen, zum Beispiel gleich hier, im Roger's Corner? Jacobs sagte, das ließe sich wahrscheinlich bewerkstelligen. In Anbetracht des Krieges, der Einberufungen und des Personalmangels wäre auch das kein Problem.

Am folgenden Tag empfing Jacobs Tough Willie McCabe im Gewerkschaftsbüro und übergab ihm die ersten vier Mitgliedsbücher, für die er pro Stück fünfzehn Dollar Aufnahmegebühr kassierte, insgesamt also sechzig Dollar. Eigentümer des Roger's Corner war Abe Ellis, ein alter Freund von Jacobs. Der Manager, auch ein guter Freund, hieß Paul Schlosser. Ben Jacobs bat Schlosser, die neuen Angestellten irgendwo unterzubringen, weil sie »sehr gute Freunde« von ihm seien. Schlosser war nur zu froh, dem Gewerkschaftsführer gefällig zu sein; er stellte keine Fragen. Die Manager des Hotels Commodore und des Kabaretts in Harlem waren genauso entgegenkommend.

Nach Kriegsende fanden sich keine Aufzeichnungen mehr darüber, was die Schnüfflerriege gesucht und ob sie etwas gefunden hatte. Aber die Leute, die im Commodore die Toilette aufsuchten, im Roger's Corner ein Rendezvous hatten oder in Harlem zechten, ahnten nicht, daß das Auge der Marine über ihnen wachte.

Die ersten Niederschriften der auf richterlichen Befehl abgehörten Telephongespräche Joe »Socks« Lanzas in Meyer's Hotel begannen anfangs Dezember dem Büro des Distriktstaatsanwalts Hogan zuzugehen*. Sie bestätigten seine Vermutung: Lucianos Kumpane waren überaus aktiv im Auftrag der Marine in ganz New York tätig. Die Niederschriften bewiesen, daß die Mafia ihre Seite des ungeschriebenen, unausgesprochenen Vertrages einhielt: sie kooperierte. Dafür aber preßte Luciano zweifellos jede erdenkliche Konzession in bezug auf Besuche und unkontrollierte Konferenzen heraus, wobei die Mafiageschäfte fast in gewohnter Manier abgewickelt werden konnten.

Es gab in diesen Niederschriften häufige Hinweise auf die Unternehmungen der New Yorker Mafiaführer. Ihre Namen wurden in einer Art von Kürzeln ausgedrückt, die den Eindruck erweckten, als wären die Sprecher gewöhnt, abgehört zu werden, hielten aber Konspiration für nicht eben dringend. So wurde beispielsweise Frank Costello als Frank Casino, Frank C. oder einfach als Frank bezeichnet. Joe Adonis war Joe A. oder »der große Kerl aus Brooklyn«. Mickey Lascari war Mike, und mit »Vincent« wurde ein Italo-Amerikaner bezeichnet, der Vincenzo Mangano hieß und eben in ein brandneues, außerordentlich heikles Projekt einbezogen werden sollte, mit dem der Dritte Marinedistrikt die Aufklärungstätigkeit auf den Mittelmeer-Kriegsschauplatz auszudehnen plante.

In den Niederschriften wird sehr häufig der »Commander« erwähnt, nämlich Haffenden, der viel mit Lanza telephonierte. Einmal zollte Haffenden seiner Truppe hohes Lob: »Ich möchte, daß dieser Bursche zu mir kommt. Seine Arbeit war glänzend. Er sitzt dort an einem günstigen Platz. Er hat mir ein paar erstklassige Informationen besorgt und kann mir sicher noch mehr davon bringen.« Die Gangster führten untereinander auch

* Ein späterer Gerichtsbeschluß ermöglichte 1954 die Aushändigung der Niederschriften an die Herlands-Kommission. Sie wurden jenen noch lebenden Zeugen gezeigt, deren Gespräche aufgezeichnet worden waren, und dann den Herlands-Akten beigeschlossen.

Gespräche, die, wären sie den höheren Stellen der Marine zur Kenntnis gelangt, Haffenden sicherlich in Teufels Küche gebracht hätten. Auch Hogan hätte damit keine Freude gehabt. Die Niederschriften zeigen, daß Haffenden mindestens bei zwei Anlässen sogar kleine Geschenke von seinem guten Freund Joe »Socks« Lanza annahm. Der Commander erhielt Päckchen vom Fultoner Fischmarkt – Hummer und Krabben, die seine Frau zum Frühstück zubereitete, wie er Lanza berichtete. Auch Tough Willie McCabe wurde mit Gaben bedacht, er bekam Austern.

Einmal vernahmen Hogans Abhörleute ein internes Marinegespräch auf Lanzas Telephonleitung, als nämlich ein Leutnant Kaitz von dort aus Haffenden anrief und ihn kurz über ein Treffen mit Lanza in Meyer's Hotel informierte. Leutnant Joseph Kaitz war im Oktober 1942 als wichtige Verstärkung in die Untersuchungsabteilung B-3 gekommen. Er hatte seit 1935 als Ermittlungsbeamter im Büro von Sonderstaatsanwalt Dewey gearbeitet, danach in der Distriktstaatsanwaltschaft unter Dewey und kurz unter Hogan. Nach acht Wochen Ausbildung in der Offiziersschule Dartmouth und sechs Wochen in der Marineabwehrschule in Washington kam der aufrechte, stählerne, geachtete Joe Kaitz in die Church Street Nr. 50 und meldete sich zum Dienst.

Kaitz beschrieb später seine Einweihung in das Unterweltprogramm:

> Eines Tages ließ mich Commander Haffenden in sein Büro kommen und teilte mir mit, daß ich von nun an einem besonderen Projekt zugeteilt sei. Ich sollte mit gewissen Unterwelttypen Verbindung aufnehmen, die mir wahrscheinlich aus meiner Arbeit in der Distriktstaatsanwaltschaft bekannt sein würden. Als ersten sollte ich Joe Adonis kontaktieren und durch diesen einen Mann, der unter dem Namen William McCabe bekannt war, den ich aber unter seinem Spitznamen »Tough Willie« oder »Killer McCabe« gekannt hatte. Haffenden sprach dann allerdings auch ausführlich über Charlie Luciano, auch bekannt als »Lucky« Luciano, den er als

den Kopf des sogenannten Projekts bezeichnete. Er gab mir zu verstehen, daß Luciano in das Projekt eingeweiht war und die Leute, die ich treffen sollte, angewiesen hatte, alles ihnen Mögliche zu tun, um den Kriegseinsatz in Verbindung mit den Aufgaben des Abwehrbüros zu fördern.

Kaitz traf McCabe eines Abends an einer Straßenecke in Harlem und danach noch viele Male. Kaitz erinnerte sich, daß er McCabe wochenlang im Zusammenhang mit einer Bandenaffäre gesucht hatte, ohne ihn je greifen zu können. »Nun sollte ich ihn treffen – auf Verabredung! Für einen alten Polizeihasen schien das einfach unglaublich. Aber es war Krieg, und da war alles möglich.« Kaitz war aber noch erstaunter, als er an der nächsten Ecke, nur ein paar Schritte hinter McCabe, keinen Geringeren als Joe Adonis erblickte. »Da traf ich also einen der größten Gangster von Amerika. Es war wirklich nicht zu glauben, das kann ich Ihnen sagen.« Von Adonis wurde er anderen Gangstern vorgestellt, und im Zuge seiner Aufgaben als Abwehroffizier besuchte er eine Vielzahl anrüchiger Lokale. Kaitz sagte: »Meine Erfahrungen aus der Staatsanwaltschaft ließen mich nicht annehmen, daß Adonis in diesen Lokalen Geistliche, Opernsänger oder Bankdirektoren traf, sondern eher Unterweltelemente.«

Es schien außer Frage zu stehen, daß die Mafia eifrig für die Marineabwehr arbeitete. Eine naheliegende Frage zu jenem Zeitpunkt: Was war bisher erreicht worden, oder war bisher etwas erreicht worden? Und wie war es erreicht worden? Würden die Docks auf Kriegsdauer befriedet sein? Auch hier bestätigten die ersten Abhörniederschriften nicht nur die Aktionen selbst und die Teilnehmer, sondern gewährten auch endlich einmal Einblicke, die einzigen, die je durch das dichte Abschirmnetz der Unterwelt drangen, in die rauhen Sitten im New Yorker Hafen. Am 7. Dezember 1942 zum Beispiel gab es folgendes Gespräch zwischen Lanza und McCabe:

Lanza: Erinnerst du dich an den Mexikaner, den wir einmal ausgeführt haben?

McCabe: Ja.
Lanza: Also, das ist der Kerl. Wir wollen ihm die Faust zeigen. Setz dich mit ihm in Verbindung und sag ihm, er soll zum Großen in Brooklyn gehen, und der wird den anderen Burschen holen und die Angelegenheit in Ordnung bringen.

In einem ähnlichen Gespräch wurde Ben Espy belauscht, wie er Lanza den Rat gab, einem anderen Burschen aus den Docks »die Faust zu zeigen«.

Espy: Da gibt es einen Kerl drüben in der Brooklyner Marinewerft, der erzählt, daß er dich sehr gut kennt und dich um den Finger wickeln kann. Der Mann ist ein Irrer. Es wäre sehr ratsam, ihn in den Hintern zu treten.

Mochte es auch innerhalb der Mafia Spannungen in bezug auf das Marineabwehrprojekt geben oder auch nur Verwunderung über die Zusammenarbeit mit der Obrigkeit, in den Niederschriften, die Distriktstaatsanwalt Hogan bekam, war keine Spur davon zu finden. Da gab es gerade nur das folgende abgehörte Gespräch zwischen Tough Willie McCabe und Ben Espy:

McCabe: Ich will den ganzen Mist loswerden. Marty hat mich angerufen, aber die kriegen das von woanders.
Espy: Sie sind durcheinander. Sie wissen nicht, um was zum Teufel es geht. Sag ihnen nicht zuviel. Versuch, sie zu begeistern! Sei aber etwas zurückhaltend über die ganze Sache.

Die Niederschriften enthüllten aber eine neue Bedrohung der New Yorker Docks – nicht durch einen Spion, auch nicht durch einen Saboteur, sondern durch Harry Bridges, den Präsidenten der Hafenarbeitergewerkschaft an der Westküste, der Konkurrentin der ILA. Im Dezember 1942 war die Marine sehr besorgt darüber, daß Bridges Häfen an der Ostküste besuchen wollte. 1934 war er einer der militantesten und charismatischsten Führer des Hafenarbeiterstreiks in San Francisco gewesen. Bridges war gebürtiger Australier, und das Justizministerium hatte vergeblich versucht, ihn in sein Geburtsland abschieben zu lassen und ihn so aus den Arbeitskonflikten zu eliminieren. Bridges hatte anfangs wenig Sympathie für den Zweiten Weltkrieg, den er als einen Kampf zwischen rivalisierenden imperialistischen Mächten ansah. Nach Hitlers Überfall auf Rußland engagierte er sich dann für die Alliierten, denn er bewunderte die Sowjetunion, mit der die Vereinigten Staaten nun verbündet waren, und wenn er auch der Kommunistischen Partei nicht als Mitglied angehörte, so war er doch einer ihrer einflußreichsten Sympathisanten.

Harry Bridges besuchte die größeren Häfen und die dichter besiedelten Küstengebiete im Osten des Landes, um eine neue Botschaft zu verkünden: Die Hafenarbeitergewerkschaft ILA vertrete die Interessen ihrer Mitglieder nicht ordnungsgemäß. Da die ILA stark von kriminellen Elementen durchsetzt und teilweise von ihnen beherrscht wurde, war diese Anschuldigung berechtigt, wenngleich die Hafenarbeiter an der Atlantikküste und im Golf von Mexiko dank dem politischen Einfluß der ILA ohne Zweifel bessere Löhne und andere Vorteile gewonnen hatten. Jedoch war es genau diese ILA, welche die Docks für die Marineabwehr beschirmte. Und die Marine konnte nun, als die großen Geleitzüge nach England und Nordafrika gingen, die Agitation, die Bridges betrieb, ganz und gar nicht brauchen. Selten waren Marine und Mafia sich so einig wie diesmal – sie wollten Harry Bridges mit leeren Händen nach Kalifornien zurückschicken.

Am 24. November sprach Commander Haffenden am abgehörten Telephon mit Lanza über Harry Bridges:

Haffenden: Ich habe Ryan (den ILA-Präsidenten Joseph Ryan) neulich besucht und mich bei ihm bedankt. Haben Sie etwas Neues von den Docks gehört?
Lanza: Nein.
Haffenden: Was tut sich in der Brooklyn-Bridge-Sache? (»Brooklyn Bridge« bedeutete Bridges.)
Lanza: Nichts Neues.
Haffenden: Ich möchte keine Schwierigkeiten in den Docks im entscheidenden Augenblick.

Lanza: Werden Sie auch nicht haben. Dafür sorge ich schon. Ich rufe Sie an. Wir werden es schaukeln.
Haffenden: O. K., Socks.

Haffenden hielt die Bridges-Geschichte für so ernst, daß er sogar mit Moses Polakoff, Lucianos Anwalt, zusammentraf, um zu überlegen, was man noch tun könnte. Er sagte Polakoff, der neuralgische Punkt sei ein drohender Streik an einer Mole der Brooklyner Docks. Die Marine wollte nicht, daß dieser Streik stattfand, konnte sich aber klarerweise nicht als Streikbrecher betätigen. Polakoff erinnerte sich: »Er sagte, die Marine kann sich da absolut nicht einmischen.« Also setzte sich Polakoff mit Meyer Lansky in Verbindung und bat ihn, sich darum zu kümmern. Polakoff: »Herr Lansky nahm sich der Sache wirklich an, und ich weiß, daß mir Haffenden einige Tage später, als ich ihn traf, sagte: ›Bei Gott, Sie haben es geschafft. Der Streik wurde verhindert!‹ Er fürchtete immer, daß kommunistische oder radikale Gruppen die Gewerkschaften unter ihren Einfluß bringen und die Leute dazu veranlassen könnten, die Arbeit einzustellen, den Arbeitsplatz zu verlassen oder zu streiken. Ich weiß jedenfalls, daß Haffenden mich wegen verschiedener Dinge mehrmals anrief, und gewöhnlich suchte ich dann Lansky auf, und der holte sich die richtigen Leute und erreichte, was er wollte.«

Bridges tauchte Anfang Dezember in New York auf, zwar ohne Streikdrohung, aber immer noch eine Gefahr. Haffendens ältester Verbündeter, Lanza, stürzte sich in den Kampf. Bridges berief eine Versammlung der Hafenarbeiter in der Webster Hall in Manhattan ein, ohne sie in der Presse anzukündigen. Der Verwalter der Webster Hall, Harris Reiner, war wohl von einem seiner Angestellten informiert worden, daß Bridges eine Rede halten wollte, konnte sich aber nicht erinnern, daß man ihm von einer Schlägerei berichtet hätte. Ganz anders der Bericht des stämmigen, kampflustigen Joe »Socks« Lanza. Er tauchte nämlich bei der Versammlung auf und begann ohne Umschweife, die Schlägerei anzuzetteln. »Ich«, sagte Lanza, »habe mich mit ihm geprügelt. Ich habe ihn verhauen, und damit Schluß.« Bridges konnte in New York nichts erreichen, und Lanza bemerkte dazu: »Joe Ryan hat eine Menge dazu beigetragen.«

Am 22. Dezember wurde wieder ein Gespräch zwischen Haffenden und Lanza abgehört:

Haffenden: Wie steht's mit den Docks in Brooklyn? Wie ist die Lage?
Lanza: Bridges' Leute wurden aufgehalten. Dafür haben wir gesorgt. Alles ist unter Kontrolle.
Haffenden: Großartig.

Leider konnte die Herlands-Kommission wegen der Geheimhaltung nicht feststellen, wie eigentlich dieser Streik abgewehrt worden war. Aber auf die Gefahr falscher Spekulation hin kann als sicher angenommen werden, daß es die übliche Vorgangsweise der Unterwelt im Hafen war, Unruhestifter unter Gewaltandrohung daran zu hindern, die Arbeit an den Molen zu stören oder gegen den Kurs zu handeln. Kaitz: »Adonis oder Anastasia brauchten bloß zu sagen: ›Kein Streik‹ – und dann, das können Sie mir glauben – gab es keinen Streik. Dann war absolut Schluß.«

Eine solche Drohung wäre in diesem Fall schon deshalb besonders wirksam gewesen, weil im Hafen bereits allgemein bekannt war, daß die ILA mit der Marine gemeinsam bemüht war, die Geleitzüge reibungslos abzufertigen. Man wußte, daß in dieser Zeit des Kriegsnotstandes weder Polizei noch Militär sich besonders bemühen würden, potentielle Führer wilder Streiks zu beschützen. Es kann auch angenommen werden, daß die Marine, die ja den Hafen mit ihren Agenten durchsetzt hatte, wohl darüber informiert war, wie der Streik in diesem besonderen Falle abgewehrt worden war, ja, daß sie mehr wußte, als den Berichten von Lansky an Polakoff und von Polakoff an Haffenden zu entnehmen war. Es hieß, Unruhestifter seien durch harte Maßnahmen ausgeschaltet worden. Man konnte sie von einträglichen Posten an den Molen entfernen. Dann konnte man sie verprügeln. Sollte das alles nichts nützen, konnten sie endgültig eliminiert werden. Im

Hafen gab es zwischen 1942 und 1950 annähernd dreißig ungelöste Mordfälle. Manche standen möglicherweise mit dem Kriegseinsatz in Zusammenhang, wahrscheinlicher aber ist, daß es sich um die üblichen Unterweltfehden handelte. Am Kriegseinsatz waren alle »beteiligt«.

Alle weiteren Einzelheiten fallen immer noch unter die Geheimhaltung. Jedenfalls hielt sich die Herlands-Kommission an die Beschränkungen, die sie sich selbst auferlegt hatte, und berichtete nur, der Streik sei verhindert worden, und die Mafia habe dabei Hilfe geleistet.

Zu Jahresende urteilte der Stab der Marineabwehr lakonisch und kühl, die Aktion Marine–Mafia sichere den New Yorker Hafen schnell, gründlich und ohne offene Gewaltanwendung. In ihren späteren Aussagen vor der Herlands-Kommission erklärten die mit der Operation befaßten Abwehroffiziere übereinstimmend, sie sei ein Erfolg gewesen. Der Macht der Mafia im Hafen zu widerstehen, war schwer – und es war Lucky Luciano, der sie mobilisiert hatte.

Leutnant Marsloe, der Sizilienspezialist im Distriktsabwehrbüro, sagte:

> Commander Haffenden sagte mir, daß nach Lucianos Überstellung von Dannemora nach Comstock neue Informationsquellen und Informationskanäle für uns verfügbar wurden, die wir vorher, nur mit Hilfe Lanzas und anderer, nicht hatten erschließen können. Und ich glaube, auch Leutnant Treglia bestätigte es mir angesichts der neuen Informationen, die er dann nachher bekam. Der Zweck oder die Theorie hinter diesem System war, es sei zweckmäßiger, dem Kriegseinsatz abträgliche Handlungen im voraus zu verhindern, als nachher den Schuldigen ausfindig zu machen, wenn Bauten, Schiffe und Personen bereits zu Schaden gekommen waren. Ich denke, die Aufzeichnungen werden beweisen, daß eine deutliche Verminderung von Feindeinwirkung eintrat – vielleicht war das nicht ausschließlich ein Resultat dieses Systems, aber sicherlich zum Teil.

Leutnant Kelly, einer der tatkräftigsten Gruppenleiter der Untersuchungsabteilung, gab dazu seine Stellungnahme aus der Sicht des Geheimagenten ab:

> Damals hatten wir Marineabwehragenten eine große Verantwortung. Es war lebenswichtig, daß die Versorgungsgüter unbehindert und ohne Unterbrechung aus dem New Yorker Hafen an die Front und nach England verschifft wurden, und es durfte weder Unterbrechungen noch Hemmnisse irgendwelcher Art geben. Es gab bei dieser Sache verschiedene Ebenen der Aufklärung. Eine Gruppe erfuhr etwa, daß bei einem Dock ein Arbeitskonflikt zu erwarten war, der verhindert oder vermieden werden mußte. Dort wurden wir von der Untersuchungsabteilung vielfach eingesetzt. Wir versuchten, die Ursache des zu erwartenden Arbeitskonfliktes festzustellen, der vielleicht ein Schiff oder mehrere Schiffe von der Teilnahme am Geleitzug abhalten könnte.
> Ich weiß von drei Fällen, wo man mit Schwierigkeiten rechnete, B-3 verständigt wurde und einige von unseren Leuten mit einer Untersuchung beauftragt wurden. Commander Haffenden sah in seiner Liste von Verbindungsleuten nach und schickte uns zu ausgewählten Leuten an den Docks, und nach Fühlungnahme mit diesen Leuten wurden die Dinge in Ordnung gebracht.

Kelly sagte, er hätte zwar nicht genau gewußt, wie die Dinge in Ordnung gebracht worden seien, seiner Ansicht nach aber sei es mit Hilfe der Kontakte geschehen, die Haffenden durch Luciano hatte. Kelly fuhr fort:

> Von da an gab es entschieden und zweifelsfrei Hilfsbereitschaft von allen diesen Leuten. Es wurde nicht herumgeredet. Wir trafen die uns bekanntgegebene Person wie vereinbart an einer bestimmten Mole – weil Commander Haffenden es so arrangiert hatte. Die aufgesuchte Person sprach geradeheraus. Diese Leute verhalfen einem zu den Informationen, die man haben wollte. Sie zeigten einem Leute, sie hielten Ausschau nach bestimmten Gepäckstücken, sie halfen bei jedem

Problem, das gelöst werden mußte, es war uneingeschränkte, rückhaltlose Kooperation.
Vor unserer Verbindung mit Luciano hatten wir die größten Schwierigkeiten, verläßliche Konfidenten im Hafen aufzutreiben, ja wir fanden nicht einmal Leute, die uns auf unsere Fragen ehrlich antworten wollten. Das lag am Charakter dieser Leute, die an den Molen arbeiten – sie waren jedem Agenten gegenüber mißtrauisch, und es war ein Teil ihres Wesens, sich einfach zu weigern, mit irgend jemandem zu reden, Kriegseinsatz oder nicht. Sie wußten nicht, ob es demjenigen, der an der Mole zu entscheiden hatte, recht sein würde, und solang sie nicht den strikten Auftrag hatten, entgegenkommend zu sein, war mit ihnen nichts anzufangen. Sie wußten nichts. Sie hatten niemanden gesehen. Sie kannten den Burschen, nach dem sie gefragt wurden, nicht. Es war einfach nichts da – ein leerer Raum – nicht die geringste Unterstützung. Nach der Kontaktaufnahme mit Luciano war das alles anders.

Kelly sagte weiter, daß während der Laufzeit des Unternehmens Luciano »keine aktive Sabotage, keine Arbeiterunruhen, keine Unterbrechungen, keine Verzögerungen bei der Abfertigung von Schiffen im New Yorker Hafen« stattfanden.

Es gab wirklich keine.
Und was noch wichtiger war, es gab seitens der Verlader, Schiffer, Hafenarbeiter keine Indiskretionen, kein unbedachtes Gerede über die Art von Gütern, die an Bord dieser Schiffe verladen wurden, oder über den Bestimmungsort. Das war sehr wichtig, denn die feindlichen Agenten versuchten in Erfahrung zu bringen, was auf gewisse Schiffe verladen wurde, und es lag an uns, unvorsichtige Äußerungen zu verhindern.

Zivilagent X bestätigte, daß während dieser Zeit an den Docks keine Sabotageakte vorkamen. »Ich führe das auf die Wachsamkeit zurück, die alle die Dockarbeiter und Lastwagenfahrer an den Tag legten, weil der ›große Chef‹, wie sie ihn nannten, oder ›Charlie Lucky‹, sie um ihre Unterstützung gebeten hatte.«

Laut Geheimagent X war die Aktion zu jener Zeit so umfangreich, daß sie eigentlich gar nicht mehr wirklich geheim genannt werden konnte:

> Also, ich weiß, damals wußte praktisch ganz New York davon, daß die Unterwelt mit dem Distriktabwehrbüro zusammenarbeitete. Das wurde mir besonders und persönlich von Albert Minelli bestätigt, der einmal eine sehr einflußreiche politische Persönlichkeit in New York war. Wann immer ich ihn um Auskünfte ersuchte, sagte er mir: »Wie ich höre, bewähren sich die Burschen sehr gut.« Und ich antwortete: »Wirklich?«

Geheimagent Y, der Einbruchsspezialist, kennzeichnete den klaren, notwendigen Erfolg für die Alliierten folgendermaßen: »Wir hatten alles dichtgemacht: die Gewerkschaften, die Docks, die Lastwagen, alles, was nach New York hereinkam und alles, was aus New York hinausging.«

Tatsächlich nahmen die Verluste an Schiffen gegen Ende 1942 deutlich ab, besonders wenn man die Zahl der versenkten Schiffe mit der ungeheuren Zunahme der Transporte von Truppen, Waffen, Munition und anderen Gütern über den Atlantik vergleicht. Die Alliierten waren sicher in Nordafrika gelandet, und das engmaschige Sicherheitsnetz um den New Yorker Hafen, zusammen mit der verbesserten Technologie der Alliierten und mit der neuen Taktik der U-Boot-Bekämpfung hatte fraglos dazu beigetragen, der Invasion Nordafrikas zum Erfolg zu verhelfen. Bald würden die Alliierten bereit sein, das europäische Festland zu stürmen. Ihr erster Schritt in dieser Richtung sollte ein Angriff auf eine große Insel im Mittelmeer sein, eine Insel, die der Mafia sehr am Herzen lag – Sizilien.

Dritter Teil

1943: Ziel Sizilien

In der Konferenz von Casablanca vom 14. bis zum 28. Januar 1943 beschlossen Präsident Roosevelt, Premierminister Churchill und die vereinigten Stabschefs, nach dem Sieg in Nordafrika in Südeuropa einzudringen. Noch waren die Alliierten nicht stark genug, um über den Ärmelkanal eine großangelegte Offensive gegen Hitlers massive Verteidigungslinien in Westeuropa zu unternehmen, im Mittelmeerraum aber waren sie stark genug, um in Südeuropa Brückenköpfe zu bilden und möglicherweise sogar den schwächeren Partner der Achse, Italien, aus dem Krieg zu eliminieren.

Der Präsident der Marinestabsakademie, Konteradmiral William S. Pye, sollte später die Probleme, denen die Marineabwehr bei einer Offensive gegen die Achsenmächte gegenüberstand, in die rechte Perspektive setzen. »Meine Herren«, sagte er vor Marineoffizieren, »Sie arbeiten auf einem Gebiet des Marinedienstes, das im Frieden arg vernachlässigt wurde und selbst jetzt, nach mehr als zwei Kriegsjahren, immer noch in den Anfangsstadien der Entwicklung steckt.«

Admiral Pye zählte eine Anzahl von Gründen dafür auf. Das Marineministerium und die Flotte hatten es, wie er sagte, »verabsäumt, die Bedeutung der Abwehr ins rechte Licht zu rücken«. Im Ersten Weltkrieg war die Kampferfahrung der Marine hauptsächlich auf Geleitschutz und U-Boot-Bekämpfung beschränkt geblieben, während die Briten den Löwenanteil der Aufklärungsarbeit geleistet hatten.

Es gab damals nur im Nordatlantik amerikanische Flottenoperationen. »Daher war die Bedeutung der Spionageabwehr minimal, und selbst im Krieg zeigte sich keine Notwendigkeit, gut ausgebildete Abwehrabteilungen bei den Stäben wichtiger Kommandostellen zu unterhalten.«

Die Situation besserte sich auch nicht in der Zwischenkriegszeit, wie Admiral Pye sagte. Man kümmerte sich hauptsächlich um die routinemäßigen Probleme der Flotte und um simulierte taktische Gefechte. Bei diesen Kriegsspielen schien praktisch überhaupt kein Bedarf an Abwehrabteilungen aufgetreten zu sein, daher gab man der Abwehrausbildung eine sehr niedrige Priorität. Auch rechnete die Marine nicht mit einem europäischen Krieg, sondern eher mit einem Krieg im Pazifik, doch mangelte es in beiden Fällen ernstlich an Informationen über den Kriegsschauplatz. Und letztlich fehlte es, wie Admiral Pye feststellte, »an Offizieren und an Mitteln für eine wirksame Abwehrorganisation. Andererseits hielten die meisten Amerikaner die Abwehr für eine Art Spionage und daher für eine in Friedenszeiten unwürdige und wertlose Beschäftigung.«

Zusammenfassend meinte Admiral Pye, daß es der Marine ernsthaft an der fundamentalen Abwehrinformation über den künftigen Kriegsschauplatz fehlte, zu einem Zeitpunkt, als sie solche Information für den wichtigsten Feldzug ihrer ganzen Geschichte gebraucht hätte: »Besonders in Nordafrika und in Italien fanden wir, daß uns ein Großteil jener Informationen fehlte, die wir für eine wirksame Planung benötigt hätten.«

Unter diesen Umständen ist es nicht verwunderlich, daß die Marineabwehr improvisieren und sich ungewöhnlicher Mittel bedienen mußte, um die Informationen zu sammeln, die sie brauchte. Eine dieser Improvisationen war ein Aufruf in den Vereinigten Staaten und in Großbritannien an Einwanderer aus den Mittelmeerländern und an Leute, die kurz vor dem Krieg an Kreuzfahrten im Mittelmeer teilgenommen hatten, sich mit den Behörden in Verbindung zu setzen. Die sich meldeten, waren überrascht, als Abwehroffiziere sie baten, ihre Photographien und Ansichtskarten von Mittelmeerhäfen herzuzeigen. Diese

Photos wurden später dazu verwendet, Luftaufnahmen zu ergänzen, die von echten und simulierten Zielhäfen und -stränden angefertigt worden waren. Die Photographien und Ansichtskarten erwiesen sich oft als aufschlußreicher, weil sie vom Boden oder von Seehöhe aus gemacht worden waren.

Einige der Einwanderer und Reisenden wurden ausführlich über ihre Erinnerungen an das Mittelmeergebiet befragt. Man fragte sie zum Beispiel über die Neigung und die Beschaffenheit des Sandstrandes, über Seegang und Gezeiten, über die Ausmaße der Molen und Werften, die Höhe der Hügel hinter den Häfen und die Engstellen, die Verkehrsbehinderungen auf den ins Landesinnere führenden Straßen verursachten. Auch wollte man wissen, ob die Bevölkerung an Land sich freundlich verhalten habe und ob die Einstellung zu Mussolini nach zwanzig Jahren seiner Herrschaft stark pro oder kontra gewesen sei.

Als nächstes ersuchte man die Einwanderer und Reisenden, Namen und Adressen von Personen in Südeuropa bekanntzugeben, die möglicherweise der alliierten Sache helfen würden. Schon gab es zahlreiche Untergrundgruppen, die im ganzen besetzten Südeuropa verstreut waren. Manche hielten Verbindung mit den westlichen Alliierten, manche mit Moskau, andere mit beiden. Nun aber versuchten die Stabschefs, eine informelle Armee von Informanten zu improvisieren, passend zu einem »Volksaufstand«, mit dem Haß gegen die Tyrannei der Achsenmächte als treibendem Moment. Diese Leute würden möglicherweise auch nach der Schlacht nützlich sein und helfen, das besiegte Gebiet zu stabilisieren und nach Kriegsende dort eine freundlich gesinnte Verwaltung einzusetzen.

Improvisiertes Nachrichtensammeln wurde, zusammen mit anderen unkonventionellen Methoden, sogar noch wichtiger für das tatsächliche Zielgebiet. Es war die Strategie des alliierten Oberkommandos, unter Verwendung raffiniert ausgeklügelter Listen und Täuschungen das gesamte südeuropäische Küstengebiet zu bedrohen, von Griechenland und dem Balkan bis nach Sardinien und zur französischen Riviera. Aber es war Sizilien, das für die

Invasion ausgewählt war. Eine Anzahl komplizierter Angriffspläne wurde überlegt und wieder verworfen, bis man sich zu einem massiven englisch-amerikanisch-kanadischen Vorstoß an der südöstlichen und südlichen Küste der Insel entschloß. Denn auf Sizilien lagen starke Garnisonen der Achsenmächte. Auch wenn es gelingen sollte, den Feind zu überrumpeln, war es ein riskantes Unternehmen.

Es gab einen Hoffnungsschimmer. Die Mussolini-Treue der 350.000 Mann italienischer Truppen, die auf der Insel lagen, galt als höchst zweifelhaft. Wenn die Italiener aber nicht kämpften, könnte es den Alliierten gelingen, die Insel im Handstreich zu nehmen, sobald sie nur sicher am Ufer waren. Außerdem hatte Mussolini die italienische Garnison mit Sizilianern durchsetzt, in der Annahme, sie würden ihre eigene Provinz besser verteidigen als Nordafrika. Auch darüber herrschten aber Zweifel, denn gerade für diese Männer würde die Versuchung groß sein, einfach ihre Sachen zu packen und nach Hause zu gehen.

Für die Planung der Invasion war es wichtig, zu wissen, wer nun kämpfen würde und wer nicht. Und wieder einmal wurde eine wichtige Entscheidung von irgendeiner Stelle im Obersten Hauptquartier der Alliierten aufgrund improvisierter Aufklärung gefällt. Die Alliierten sollten zu freundlich gesinnten Zivilpersonen auf Sizilien viel engere Kontakte aufnehmen, als bei einer Invasion sonst üblich war, sowohl um den Kampfgeist der italienischen Garnison zu untergraben als auch um die Deutschen mit einer Art von Bevölkerungsmeer zu umschließen. Unter diesen Zivilisten war natürlich auch die Mutterorganisation der Mafia, die die kleinen Städte und Dörfer zumindest der westlichen Regionen der Insel beherrschte, mit ihren würdevollen Chefs, die auf ihren Eselchen überland ritten und ihren verbrecherischen Geschäften unter dem größten Respekt der Bevölkerung nachgingen, einem Respekt, von dem Mussolini sich nicht einmal träumen ließ.

Selbstverständlich war die Kombination Marine–Mafia, die im fernen New York schon in Aktion war, eifrig dabei, sich auch in diesem Volkskrieg in Sizilien eine Basis zu schaffen.

Captain MacFall war schon seit einigen Monaten damit beschäftigt, seinen Dritten Marinedistrikt auf Touren zu bringen, um die Lücken in den Plänen der Marineabwehr für den Mittelmeerraum auszufüllen. Und mit ihm zusammen arbeitete der unentbehrliche Commander Haffenden. MacFall gab in seiner eidesstattlichen Erklärung vor der Herlands-Kommission an:

> Vor der Landung der amerikanischen Truppen in Nordafrika und auch danach konzentrierte das Distriktabwehrbüro einen bedeutenden Teil seiner Kräfte auf das Sammeln von strategischen Daten über den nordafrikanischen Kriegsschauplatz und das Mittelmeerbecken. Lieutenant Commander Haffenden wurde von der Abteilung B-3 abgezogen. Es wurde ihm die Sektion F unterstellt, die sich mit dem Sammeln von strategischen Daten in dem gesamten Gebiet befaßte.

»Man meinte«, fügte MacFall hinzu, »Mussolini sei für die Vertreibung vieler Sizilianer verantwortlich gewesen, daher könnten Personen sizilianischer Herkunft bereit sein, der Marineabwehr zu helfen.« Und wer von Haffendens Kontaktpersonen war wieder einmal besonders hilfreich? MacFall sagte: »Haffenden berichtete mir recht häufig, daß er und seine Untergebenen zahlreiche Personen befragten, die in Italien geboren waren, und daß viele dieser Informanten auf Veranlassung Lucianos die Marineabwehr aufsuchten.«

Schon als Haffenden noch seine Untersuchungsabteilung B-3 leitete, im Dezember 1942, hatte er eine von ihm als »Zielsektion« bezeichnete Abteilung gebildet. Aus dieser entwickelte sich dann die neue Abteilung F, eine der wichtigsten Quellen strategischer Informationen für die Invasion Siziliens und Italiens. Leutnant Alfieri, der Safe- und Schlösserexperte von B-3, berichtete über Haffendens Eifer und Voraussicht: »Ich weiß von meiner eigenen Verbindung mit Commander Haffenden, daß er unentwegt Daten über Italien, dessen Marine und Häfen forderte. Und es gab ein Projekt, das ihm besonders am Herzen lag, die Beschaffung der jüngsten italienischen Pläne und

Landkarten. Ich habe dazu beigetragen, ihm diese Informationen zu beschaffen.«

Die zweite Hauptquelle der neuen Abteilung F war die alte Abteilung B-7, die unter dem Kommando von Leutnant Herman J. McCarthy, einem anderen früheren Mitglied von Deweys seinerzeitigem Untersuchungsteam, in den Anfängen des Dritten Distriktabwehrbüros zur Auswertung von nazistischer und faschistischer Literatur, von Gerüchten und Tendenzen eingerichtet worden war. Leutnant Joachim Titolo war einer der Hauptakteure bei der Entwicklung der strategischen Aufklärung in B-7. Titolos Aufgabe war, nach seiner eigenen Beschreibung, »aus allen verfügbaren Quellen Informationen zu schöpfen, über Spionagetätigkeit von Nazis und Faschisten, die offiziell die deutsche bzw. die italienische Regierung vertraten, oder über Amerikaner, die zum Nationalsozialismus oder zum Faschismus übergelaufen waren. Die Information, die diese Personen lieferten, war äußerst wichtig, weil sie den Standort verschiedener Industriebetriebe, die Hafenanlagen, die Befestigungen an den italienischen Küsten, die militärischen Einrichtungen und die wirtschaftliche und politische Situation in Italien kannten. Außerdem waren sie im Besitz von Informationen über vermutliche deutsche und italienische Agenten in unserem Lande.«

Titolo übergab Commander Haffenden alle Informationen, von denen er annahm, sie könnten für die »Zielsektion« nützlich sein. Sobald er sicher war, daß eine Information auf Tatsachen beruhte, gab Titolo Haffenden die Daten, damit er »auf Karten die Bezeichnung und Placierung militärischer und wirtschaftlicher Einrichtungen, die für uns anläßlich einer möglichen Invasion Italiens von Bedeutung sein mochten, festhalten könne«. Gleichzeitig überwachte Titolo die Abfassung von Berichten mit vier oder fünf Kopien, den schon bekannten dünnen Zettelchen im Format drei mal fünf Zoll, zur Ablage in der Zentralevidenz. Diese Berichte gingen an die Abteilung B-1 für Bewertung und Weiterleitung und, wenn es für richtig gehalten wurde, über Captain MacFall an die Marineabwehrzentrale in Washington. Wie viele dieser Berichte stammten von seinen geheimen Kontakten mit Überläufern und anderen? »Es müssen weit mehr als hundert gewesen sein«, sagte Titolo.

Bei vielen Gelegenheiten war der zur Arbeit mit B-7 bestimmte B-3-Offizier Leutnant Marsloe, der Italienisch, Spanisch und Französisch sprach. Marsloe erinnert sich:

> Sowohl B-7 als auch die Untersuchungsabteilung waren dauernd auf der Suche nach Informationen über das feindliche Nachschubsystem. Wegen meiner Kenntnis Siziliens und der sizilianischen Dialekte schickte Commander Haffenden von Zeit zu Zeit verschiedene Leute, die sich nicht legitimierten, zu mir. Diese Leute wurden ausgefragt, Photographien, Dokumente oder andere interessante Unterlagen wurden ihnen abgenommen und danach Commander Haffenden übergeben. Sein Assistent, Lieutenant Commander Jamison, hat möglicherweise manche dieser Informationen verarbeitet. Später hat ein Zivilagent namens Tarbox einige dieser Daten in Skizzen eingetragen, die dann auf dem üblichen Wege dem Leiter der Marineabwehr zugingen.

Haffenden zapfte auch noch eine andere Informationsquelle für die riskanten Sizilienlandungen an. Zwei- oder dreimal forderte er Lucianos Anwalt, Moses Polakoff, auf, verschiedene Gruppen von Italo-Amerikanern mit Photographien, Ansichtskarten, Briefen und Dokumenten über ihre Heimatorte zu ihm zu bringen. Manche waren ältere Leute, andere konnten kaum Englisch, aber alle waren sie voll Haß und Verachtung für Mussolini. Haffendens Sekretärin, Elisabeth Schwerin, erinnert sich: »Ich weiß von Telephonanrufen von Leuten, mit denen Herr Haffenden sprach, weil sie vielleicht etwas über Sizilien wußten; ich weiß auch, daß ihm verschiedene Leute alte Bücher brachten, auch ich habe das getan. Er hatte so viele Bücher und so viele Informationen, die er durchsehen mußte – die Leute in unserem Büro suchten darin nach wertvollen Hinweisen, besonders über das Terrain. Ja, und dann hatte er noch Mengen von Reisematerial, Reiseprospekte und Reisebücher.«

Diese Nachrichtenquellen waren offensichtlich so ergiebig, daß MacFall und Haffenden beschlossen, über den ehrenwerten Polakoff hinweg ihre Unterweltverbindungen anzuzapfen. Meyer Lansky wurde herbestellt, und der Mann, den er dazu bestimmte, mit Haffenden an diesem neuen Projekt zusammenzuarbeiten, war Joe Adonis. Der fesche, geschniegelte vierzigjährige Joe Adonis betrieb eine Reihe von Spielhöllen, stand in der Mafia sehr hoch oben und genoß Lucianos volles Vertrauen. Sein richtiger Name war Joseph Doto, und er kannte Luciano seit zwölf Jahren, Lansky fast ebensolang, und Frank Costello sogar noch länger. Seine Verbindung mit Luciano wurde sowohl durch Mickey Mascari als auch durch Meyer Lansky aufrechterhalten. Adonis war schon wegen Raufhandels, Alkoholschmuggels, Raubes, Kindesentführung, Nötigung und tätlichen Angriffs verhaftet, aber noch nie zu einer Freiheitsstrafe verurteilt worden.

Lansky schilderte, was Adonis für die Marineabwehr getan hatte:

> Joe Adonis schaffte ausländische Italiener herbei, die der Marine von Nutzen sein konnten. Ich erklärte Joe Adonis, was Haffenden suchte. Er grub ein paar ausländische Italiener aus, und miteinander brachten wir sie in die Church Street. Haffenden suchte Italiener, von denen er annahm, sie hätten Kenntnis von Sizilien oder den umliegenden Inseln und auch Verwandte dort.
> Ich forderte Adonis auf, mir solche Italiener zu finden. Ich muß damals erfahren haben, daß Adonis nützlich sein könnte, und deshalb wandte ich mich an ihn. Die Leute kannte ich nicht. Adonis mußte sie mir bringen.
> Commander Haffenden entfaltete große Landkarten, und diese Italiener versuchten zu erkennen, was ihnen auf der Landkarte vertraut war, und der Marine zu sagen, ob die Karte stimmte oder ob sie es besser wußten. Die Marine wieder wollte von den Italienern alle Bilder von jedem Hafen und jedem Kanal Siziliens haben, die aufzutreiben waren. Und auch Leute, die kürzlich noch in Sizilien gewesen waren, die die Gewäs-

ser und die Küsten kannten – die sollten wir zur Marine bringen, damit man mit ihnen sprechen konnte.

Adonis stellte diese Kontakte her, aber hinter ihm schwebte der allgegenwärtige Schatten Lucky Lucianos. Lansky:

> Ich weiß, da gab es einige Freimaurer, die aus Italien geflohen waren wegen ihrer Mitgliedschaft im Orden der Freimaurer, und unter ihnen war auch einer, der Bürgermeister einer großen sizilianischen Stadt gewesen war. Er wurde ausfindig gemacht mit Hilfe der Herren, die Charlie Luciano besuchten. Sie gingen ihn um Hilfe an, und er wollte behilflich sein und sogar andere mitbringen. Es waren die amerikanisierten Italiener, welche die echten Italiener fanden, die wir dann, und das durch Lucky Luciano, zur Marine brachten.

Auch Joe »Socks« Lanza ging kräftig ans Werk, um durch Joe Adonis Haffenden einige Italiener zu besorgen, die möglicherweise von Nutzen sein konnten. Lanza hatte sich nach der Kontaktaufnahme mit Luciano über Adonis an die Brüder Camarda gewandt, um ihre Hilfe zu gewinnen. Nun brachte er – durch Adonis und die Camardas – zwei Italiener zu Haffenden, die erst kürzlich auf Schiffen im Mittelmeer gearbeitet hatten und die sizilianische Küste gut kannten. Lanza erinnerte sich: »Ich kannte sie, und sie arbeiteten irgendwo in Brooklyn, an den Molen, und da hab' ich mich an die Camardas gewandt, damit sie sie auftreiben.« Lanza brachte die beiden Seeleute zu Haffenden, und er bat sie um alle nur mögliche Unterstützung. Nachher – so bemerkte Lanza – hätten die Seeleute ihm gesagt, sie wären Haffenden gefällig gewesen. Sie hätten erklärt: »Nun, er wollte eine ganze Menge über Italien wissen«, und er sagte ihnen: »Deshalb seid ihr ja zu ihm hingegangen.«

Am Ende fand Joe Adonis, sein Beitrag zu diesem Projekt entwickle sich derart günstig, daß man ihn drastisch erweitern und eine reguläre Organisation aufbauen müsse. Also nahm er Fühlung mit Italo-Amerikanern und geborenen Italienern, die nicht nur einige *padrones* bringen konnten, sondern gleich Hunderte Informanten für die Marineabwehr. Seine wichtigste Kontaktperson war Vincenzo Mangano, der übrigens auch über einen der unvorhergesehenen Besucher bei Luciano in Great Meadow, Michael Miranda, mit Luciano bekannt war. Mangano gehörte zu den prominentesten und einflußreichsten Mitgliedern des Export-Import-Geschäfts zwischen den Vereinigten Staaten und Italien. Er handelte mit Käse, Oliven, Wein und Olivenöl, und man sagte auch, er sei Kontaktmann für die Weitergabe von Informationen zwischen der New Yorker Mafia und der Mafiaorganisation in Sizilien. Mangano war 1912 wegen Bauernfängerei belangt worden. 1919 wurde er wegen Gewalttätigkeit und Raubes angeklagt, aber freigesprochen. 1933 schließlich erhielt er von einem Bezirksrichter in New Jersey City eine bedingte Strafe wegen Vagabondage.

Mangano griff mit beiden Händen nach der Chance, seinen Freunden und Mitarbeitern bei der Schädigung Mussolinis zu helfen, und schleppte Hunderte von Informanten herbei. Lanza faßte den Unterweltbeitrag zu diesem Projekt folgendermaßen zusammen: »Dort wurde das ganze Italienzeug zusammengestellt – mit dem Commander und mit diesem Burschen Vincent und mit Joe Adonis, soviel ich weiß.«

Am 11. Mai 1943 wurde die Abteilung F offiziell vom Stapel gelassen, und Haffenden wurde für seine fabelhafte Improvisation gefeiert. Captain MacFalls rechte Hand, Captain Howe, sagte, Haffenden sei doch ein wunderbarer Offizier, er habe die Abteilung F geschaffen, und er, Howe, kenne keinen anderen, der das fertiggebracht hätte. Leutnant Henry, der Chef der Zone 9, mit dem Haffenden einmal Schwerter gekreuzt hatte, kam ebenfalls, um die neue Abteilung zu besichtigen, bevor er als Landebootkommandant an den europäischen Kriegsschauplatz abreiste. Henry sagte: »Ich konnte sehen, daß seine Gruppe bestens organisiert war, wirklich durchorganisiert, das konnte man sehen.« Auch Haffendens Zivilagenten hegten weiterhin Bewunderung für ihn. Zivilagent George M. Tarbox, der Haffendens Pläne und Landkarten betreute, sagte: »Er war ein hochintelligenter Mann. Er hatte Mut und Phantasie, und wenn er sich eine Sache in den Kopf gesetzt hatte, dann führte er sie auch aus, und zwar zum Besten.«

Haffenden interessierte sich offensichtlich wenig für die durchschnittlichen Informanten, die von anderen Abwehrabteilungen befragt wurden. In einem internen Rundschreiben über die Gründung der neuen Abteilung schrieb er: »Zufällige Touristen sind uns selten nützlich, weil Abteilung F sich hauptsächlich für wesentliche Informationen interessiert, nicht für den Namen eines Menschen, der jemanden kennt, welcher einmal Palermo photographiert hat.« Und gab es eine bessere Quelle für »wesentliche Informationen« als die Leute, die er durch seine Mafiaverbindung aufgespürt hatte?

Haffenden avancierte im Frühling 1943 vom Lieutenant-Commander zum Commander, wie man ihn bislang schon genannt hatte, und hatte in der Abteilung F zusätzlich zehn bis dreißig Marineoffiziere unter seinem Befehl, mit den dazugehörigen Mannschaften und Zivilagenten. Sein Vollzugsoffizier wurde sein Freund und Mitarbeiter Lieutenant-Commander Harold W. MacDowell. Und der brachte bald eine Flottenhelferin, Unteroffizier Kathleen Mitchell, herein, um die schnell expandierenden Archive und Akten der Abteilung F zu betreuen.

Aber nach wie vor umgab er die Identität seiner Unterweltinformanten mit einem Schleier des Geheimnisses. Kathleen Mitchell berichtete: »Ich habe es so verstanden, und zwar aufgrund von Informationen und Vermutungen, daß Commander Haffenden, als er die Abteilung F einrichtete, dieser Abteilung die Namen aller Informanten, die er damals besaß, zur Verfügung stellte.« Aber sie fügte hinzu: »Ich kann mich jetzt nicht mehr an die Namen der Informanten erinnern, die in diesem Ordner enthalten waren, ich weiß nur, daß Commander Haffenden in meiner Gegenwart bei verschiedenen Anlässen mehreren Leuten mitteilte, unter den Informanten befänden sich Italiener, und der Name Luciano wurde in diesem Zusammenhang genannt.«

Das Nervenzentrum der Abteilung F war das Landkartenzimmer des Zivilagenten Tarbox. Das war ein höchst geheimes Arbeitszimmer in Church Street Nr. 50, Tag und Nacht von Marineinfanteristen bewacht. Tarbox war ein Kartograph und Graphiker, der seit Februar 1942 für das Distriktabwehrbüro arbeitete. Nun war er eifrig damit beschäftigt, einen Geheimdienstindex in der Form von Karten der einzelnen Kriegsschauplätze anzulegen. Seine Karte von Sizilien und Italien war ungefähr zweieinhalb bis drei Fuß breit und ungefähr drei bis vier Fuß lang. Sie war auf einer festen Unterlage aufgezogen, in einen Holzrahmen eingespannt und mit einer durchsichtigen Folie überzogen. Diese Karten wurden auf Gestelle gehängt und gelegentlich zur Ansicht auf Zeichentische gelegt.

Tarbox' Indexsystem bestand aus schwarzen, mit Tusche gezogenen Linien auf der Plastikfolie, die von bestimmten Punkten auf der Sizilien- und Italienkarte an die Ränder führten. Dort mündeten die Linien in Zifferngruppen, und unter diesen Ziffern waren die strategischen Informationen des Dritten Marinedistrikts in Kathleen Mitchells Ordnern abgelegt. Die einzelnen Kategorien in der Ablage bezogen sich zum Beispiel auf Flottenbasen, militärische Anlagen, Industriebetriebe, Flughäfen, Brückenköpfe, Fernmeldeanlagen und öffentliche Einrichtungen. Dort waren auch Zeichnungen und Skizzen, die Tarbox selbst angefertigt hatte. Das waren, wie er sagte, »Skizzen, die aufgrund der Beschreibungen von Informanten gezeichnet wurden, um das Beschriebene besser verständlich zu machen, Federzeichnungen, die den betreffenden Gegenstand zeigten, wenn kein Photo vorhanden war«.

Er habe, sagte Tarbox weiter, die Karten gezeichnet, »um den Mitgliedern der Abteilung F die Menge und Art der gesammelten Informationen und ihren Standort anzuzeigen, damit sie sich darauf beziehen und auch sehen konnten, wo die Informationen knapp waren und weitere Informationen über solche Plätze noch notwendig sein mochten. Auch gestattete Commander Haffenden autorisierten Personen von anderen Dienststellen, die Karten einzusehen, um festzustellen, wieweit bestimmte Orte erfaßt waren. Sie arbeiteten mit ihm zusammen und übergaben ihm Daten, die wieder sie gesammelt hatten und die uns fehlten.« Die Landkarten waren in jeder Hinsicht Meisterwerke und erfüllten Haffenden mit besonderem Stolz. »Commander Haffenden«, sagte Tarbox, »brachte häufig Offiziere in die Abteilung F, viele davon waren aus Washington, und zeigte ihnen die Karten. Es gab dann oft ausführliche Gespräche zwischen Commander Haffenden und diesen Offizieren über den Wert und die Art der gewonnenen Informationen.«

Wie nützlich die Karten und Akten der Abteilung F bei der Planung der Invasion Siziliens wirklich waren, kann man nur mutmaßen. »Bis zum Zeitpunkt der Invasion«, sagte Tarbox, »kamen immer noch Berichte herein, aber die Hauptarbeit war schon getan.« Und bedenkt man die ungewöhnliche Quelle, aus der manche dieser Informationen kamen, dann muß man die Leistung als beachtlich bezeichnen. Wie viele Berichte waren es innerhalb der verschiedenen Kategorien strategischer Aufklärung über Sizilien und Italien? »Mehrere tausend, glaube ich«, sagte Tarbox.

Haffenden machte etliche Fahrten nach Washington, während er Chef der Abteilung B-3 und später der Abteilung F war. Der Spionagemeister, der auch Leiter der Gegenspionageabteilung der Marineabwehr war, beschrieb später in seiner eidesstattlichen Erklärung für die Herlands-Untersuchung diese Besuche:

> Im Zuge meiner amtlichen Aufgaben lernte ich Commander C. Radcliffe Haffenden kennen. Das erste Mal traf ich ihn ungefähr Mitte 1942, als er mit Informationen zum offiziellen Gebrauch des Marineabwehrbüros nach Washington kam.
>
> Danach traf ich Commander Haffenden bei mehreren

Gelegenheiten (während eines Zeitraumes, der im Laufe des Jahres 1944 endete) in Washington in meinem Büro im Alten Marinegebäude. Es handelte sich bei diesen Zusammenkünften um Besprechungen, die mit amtlichen Belangen zu tun hatten. Ich hatte keinen privaten Kontakt mit Commander Haffenden.

> Meistens berichtete er mir mündlich und skizzierte seine verschiedenen Unternehmungen. Weder Berichte noch Gedächtnisprotokolle wurden je von mir über meine Besprechungen mit Commander Haffenden angelegt. Soweit ich mich heute noch erinnern kann, waren bei diesen Besprechungen keine anderen Personen in Hörweite.

Wie der Spionagemeister berichtete, kam Haffenden mindestens einmal im Monat nach Washington, um seine Vorgesetzten über seine Tätigkeit auf dem laufenden zu halten. Aber wie gut waren sie über seine Kontakte zur New Yorker Unterwelt informiert – und waren sie einverstanden? Der Spionagemeister wußte davon. »Es kam ein Zeitpunkt«, sagte er, »da erwähnte Haffenden, daß er Namen und Informationen aus Unterweltquellen bekam.« Die erste derartige Erwähnung fand Mitte 1942 statt:

> Ich kann mich nicht genau erinnern, ob Commander Haffenden den Namen von Joe »Socks« Lanza mir gegenüber ausdrücklich erwähnte. Vielleicht tat er es, aber ich erinnere mich nicht, daß Commander Haffenden mir diesen Namen zur Kenntnis gebracht hat. Jedoch weiß ich genau, daß eine unbestimmte Anzahl von Berichten auf Formularen des Marineabwehrbüros auf meinem Schreibtisch landeten, und ich sah solche Berichte vom Distriktabwehrbüro des Dritten Marinedistrikts, und in einigen dieser Berichte wurde Lanza erwähnt. Diese Berichte wurden zuerst in den Akten der Gegenspionageabteilung und später im Zentralarchiv abgelegt.

Der Spionagemeister selbst besuchte mehrmals das Distriktabwehrbüro in der Church Street in New York und sah dort auch den vorhin beschriebenen Kartenindex, machte jedoch keinen Gebrauch von den eingetragenen Daten, weil er ja die Berichte selbst hatte, soweit sie sich auf seine Abteilung bezogen. Er erhielt auch die Namen von vertrauenswürdigen Leuten in Sizilien – Namen, die ihm von Haffenden zur Verfügung gestellt wurden und die dieser höchstwahrscheinlich durch seine Unterweltverbindungen erhalten hatte –, und später berichtete er: »Diese Namen stellten sich bis zu 40 Prozent als verläßlich heraus, als man sie anhand der Erfahrungen überprüfte.« Wenn man bedenkt, wie viele Namen der Dritte Marinedistrikt geliefert hatte, bedeutet das, daß Hunderte den Alliierten bei der Landung in Sizilien und den folgenden Kämpfen genützt haben. Doch wurde Haffendens Leistung schon damals beeinträchtigt durch das wachsende Unbehagen seiner Vorgesetzten in der Marineabwehr wegen der Folgen, die sich im Fall eines Bekanntwerdens der Verbindungen zur Unterwelt ergeben könnten.

Gerade damals reiste Haffenden nach Washington, um dem Spionagemeister seinen geheimsten und sensationellsten Vorschlag zu unterbreiten. Es war das allem Anschein nach eine Idee, mit der er insgeheim schon lange gespielt hatte, denn während seiner Besprechungen mit Meyer Lansky, als er sich nach Italienern mit Kenntnissen über Sizilien umsah, hatte er, Lansky zufolge, »auch davon gesprochen, ausländische Italiener nach Sizilien mitzunehmen«. Nun aber schlug Haffenden dem Spionagemeister vor, nicht irgendeinen Italiener für diese Mission zu verwenden, sondern Lucky Luciano persönlich aus dem Gefängnis zu entlassen und vor der alliierten Invasion nach Sizilien einzuschleusen. Das war der Gipfel der Geheimdienstimprovisation.

Es gibt keinen Hinweis darauf, daß Haffendens Vorschlag jemals Captain MacFall mitgeteilt, geschweige denn von ihm gebilligt worden wäre. Aber der Spionagemeister erinnerte sich genau:

> Gegen Ende 1942, nach der Invasion in Nordafrika, oder aber vor der Invasion in Sizilien, hat Commander

> Haffenden mir gegenüber ausdrücklich den Namen »Lucky« Luciano erwähnt, und zwar unter folgenden Umständen: Haffenden sagte mir im wesentlichen, Luciano sei bereit, im Falle einer Invasion unserer Truppen nach Sizilien zu gehen, um sich mit Einwohnern in Verbindung zu setzen und sie dafür zu gewinnen, den Kriegseinsatz der Vereinigten Staaten zu unterstützen, besonders während der amphibischen Phase der Invasion. Commander Haffenden zufolge war Luciano auch bereit, Nachrichten über Terrain und Befestigungen zu verschaffen.

Haffenden hatte sich intensiv mit dem Plan befaßt, bis hinunter zu den Einzelheiten in bezug auf Lucianos Entlassung und Reisevorbereitungen.

> Commander Haffenden sagte, Luciano müsse natürlich aus dem Gefängnis entlassen und mit ordentlichen Reisedokumenten versorgt werden. Damit könnte er sich in ein neutrales Land begeben, zum Beispiel nach Portugal. Um diese Entlassung in die Tat umzusetzen, könnte er, Haffenden, veranlassen, daß der Gouverneur von New York, Dewey, Luciano begnadige oder auf freien Fuß setzen lasse. Commander Haffenden war in diesem Zusammenhang der Meinung, das von ihm vorgeschlagene Programm sei für die Marine wichtig genug, um deren Zustimmung zu rechtfertigen, mit der Gouverneur Dewey das Verfahren zur Begnadigung oder Entlassung einleiten könnte. Dazu müßten die erforderlichen Schritte unternommen werden, und Haffenden drängte darauf.

Um seinen Standpunkt zu untermauern, sagte Haffenden dem Spionagemeister, Luciano habe bereits als besten Punkt für die Invasion die Bucht von Castellamare bei Palermo vorgeschlagen. Jemand mußte Luciano um seine Meinung gefragt haben. Tatsächlich war das einer der in Aussicht genommenen Punkte, als man ursprünglich gestaffelte Landungen an mehreren Stellen entlang der sizilianischen Küste plante; dieser Plan wurde später zugunsten der Taktik konzentrierter Angriffe aufgegeben. Außerdem lagen in Castellamare deutsche Truppen. So tüchtig Luciano auch war, wenn es darum ging, durch seine Unterweltfreunde Informationen für Haffenden zu verschaffen, im Gefängnis war er nicht in der Lage, etwas über die Stärke der feindlichen Truppen und über die Befestigungen in Sizilien auszukundschaften.

Die Reaktion des Spionagemeisters auf Haffendens Vorschlag kann man sich nur ausmalen. Dennoch berichtete er mündlich darüber an seine vorgesetzte Dienststelle. Später sagte er: »Ich habe empfohlen, den Vorschlag Commander Haffendens betreffend die Entlassung Lucianos zum obenerwähnten Zweck abzulehnen. Es wurden lediglich Überlegungen angestellt, ob Luciano zu diesem Zeitpunkt entlassen werden sollte, um ihn, wie von Haffenden vorgeschlagen, bei der Invasion Siziliens zu verwenden. Haffendens Vorschlag wurde abgewiesen, und das sagte ich ihm.«

Diesmal war Haffenden offensichtlich zu weit gegangen. In den Worten des Spionagemeisters:

> Commander Haffenden war energisch, sehr eifrig und der Marine absolut ergeben. Wenn er detaillierte Instruktionen erhielt, führte er sie buchstabengetreu aus. Soviel ich weiß, hat er erstklassige Geheiminformationen beschafft. Auf der Sollseite muß man aber meiner Meinung nach feststellen, daß seine reiche, blühende Phantasie nicht immer durch ein gesundes Urteil im Gleichgewicht gehalten wurde.

Die Ablehnung des Luciano-Vorschlages war nur einer von vielen Rückschlägen, die Haffenden 1943 erleiden mußte. An der Jahreswende, noch vor seiner Beförderung zum Leiter der angesehenen Abteilung F, verlor er seinen eifrigsten und betriebsamsten Kontaktmann in der Unterwelt. Die Mühlen der Gerechtigkeit hatten langsam, aber unaufhaltsam gemahlen und schließlich Joe »Socks« Lanza erfaßt.

Keine Protektion für Kriminelle

»Keine Protektion für Kriminelle« – dieses Prinzip hatte Distriktstaatsanwalt Hogan zu Beginn des Bündnisses zwischen Marine und Mafia festgelegt, und nun, 1943, als die italo-amerikanische Unterwelt von größtem Nutzen hätte sein können, wurde dieses Prinzip unerbittlich und brutal angewandt. Der Distriktstaatsanwalt und seine Leute hatten es dem Heer von Kriminellen, die jetzt mit der Marineabwehr zusammenarbeiteten, von Anfang an klargemacht, daß sie keine nachsichtige Schonung als Gegenleistung für ihre zweifellos nützlichen Bemühungen erwarten durften. Das Personal der Marineabwehr, darunter viele ehemalige Mitarbeiter der Distriktstaatsanwaltschaft aus den Tagen der Gangsterjagden in den dreißiger Jahren, konnten Frank Hogans harten Kurs nur unterstreichen. Als dann noch Thomas F. Dewey zum Gouverneur des Staates New York gewählt wurde und am 1. Januar 1943 sein Amt antrat, kristallisierte sich diese Einstellung auch an der Spitze der Exekutive heraus.

Auch der moralische Eifer des Kriegseinsatzes verstärkte die Unnachsichtigkeit gegenüber Kriminellen. Wäre Haffendens Vorschlag, Luciano zu entlassen und nach Sizilien einzuschleusen, je bis zu Gouverneur Dewey gelangt, was nicht der Fall war, oder wäre er der Öffentlichkeit präsentiert worden, was auch nie geschah, dann wäre die allgemeine Reaktion ungefähr die folgende gewesen: Schön von Charlie Lucky, daß er sich in den Kampf stürzen will, das Maschinengewehr in der Faust, aber das tut doch jeder. Warum sollte er dafür besonders belohnt werden?

Das Prinzip »Keine Protektion für Kriminelle« trat zuerst bei den Gerichten zutage, und das verhieß nichts Gutes für Gangster, die versuchten, im Austausch für ihre Unterstützung des Kriegseinsatzes Konzessionen herauszuschlagen. In den dreißiger Jahren waren die Richter häufig frustriert gewesen, weil sie Gangster für Delikte aburteilen mußten, die viel geringfügiger waren als jene, welche sie tatsächlich begangen hatten, wie praktisch jedermann wußte. Ein Schulbeispiel dafür war die Verurteilung von Al »Scarface« (Narbengesicht) Capone, dem gefinkelten Massenmörder und Organisator von Bandenkriegen, wegen Steuerhinterziehung. Er faßte zehn Jahre, nicht wenig für ein Steuerdelikt. Die Gerichte reagierten besonders empfindlich auf Versuche, ihre Rechtsfindung von außen her zu beeinflussen. 1939 entdeckten Dewey und seine Mitarbeiter, daß der Richter Martin T. Manton Bestechungsgelder angenommen hatte, die aus dem Lottosyndikat von Dutch Schultz stammten. Diese Entdeckung führte dazu, daß alle anderen Richter in ihrer Einstellung und ihren Urteilen nur härter wurden.

Joe »Socks« Lanza war der erste, der den Stachel der Justiz zu spüren bekam. Am 12. Jänner 1943 bekannte er sich endlich schuldig der sechsfachen Nötigung und auch der Verabredung, weswegen er schon zwei Jahre früher angeklagt gewesen war. Lanza war während des ganzen Jahres 1942 gegen Kaution auf freiem Fuß, und abgesehen von einer unbedeutenden Anhaltung wegen »Wahlschwindels« – die Anzeige wurde offensichtlich mangels an Beweisen fallengelassen – war sein Verhalten einwandfrei. Natürlich war er auch der erste und vielleicht der allereifrigste der Unterweltmitarbeiter der Marineabwehr. Würde das in den Augen des Richters in die Waagschale fallen gegen die Last der Beweise, daß Lanza der Haupterpresser der New Yorker Fischereiindustrie war?

Der Richter war James Garret Wallace, ein sehr harter Kunde; er hatte seinerzeit den Prozeß geführt, der aus Distriktstaatsanwalt Gurfeins Vorstößen gegen die Gaunereien im New Yorker Taxigewerbe resultierte. Richter Wallace machte seinem Ruf Ehre. Am 29. Jänner pfefferte er Joe »Socks« Lanza eine Strafe von siebeneinhalb bis fünfzehn Jahren Gefängnis in einer New Yorker Strafanstalt auf.

Kurz darauf belauschten Hogans Leute, die immer noch Lanzas Gespräche in Meyer's Hotel auf dem Fultoner Fischmarkt mithörten, eine erstaunliche, ja ungehörige Konversation. Commander Haffenden, der oft selbständig und ohne Anweisung der Marine handelte, rief Ben Espy wegen des Lanza-Urteils an:

Haffenden: Das ist eine verdammte Schweinerei!
Espy: Ja, das kann man wohl sagen.
Haffenden: Ich habe eben einen Brief nach Albany diktiert, und mein Mann dort oben wird den Kommissar aufsuchen. [Er sagte nicht, welchen Kommissar; es gab keinen Kommissar der Exekutive, weder damals noch später, der die Macht gehabt hätte, richterliche Urteile zu beeinflussen.]
Espy: Das ist gut, Commander.
Haffenden: Ich habe mit Joe Guerin [Lanzas Anwalt] gesprochen und ihm erzählt, was mir der Richter gesagt hat. [Offensichtlich hatte Haffenden Richter Wallace auf eigene Faust aufgesucht.] Er hat nichts zugesagt. Er hat ihn fertiggemacht.
Espy: Ja.
Haffenden: Mehr hätte er ihm gar nicht verpassen können.
Espy: Swezey ist erschienen und hat dreiviertel Stunden mit dem Richter geredet. [Das war Hiram Chester Swezey, der blinde Transportunternehmer und Patriot, der mit Lanza und der Marineabwehr auf Long Island gearbeitet hatte.]
Haffenden: Wirklich?
Espy: Er [Richter Wallace] hat sich sehr für Swezey interessiert. Er hat ihn alles mögliche über Geld gefragt.
Haffenden: Er ist wirklich ein Hundesohn.
Espy: Ja.
Haffenden: Also, hör zu, Ben. Ich schicke jetzt meinen Vertrauensmann zum Kommissar, und wir werden

sehen, was passiert. Es tut mir leid, aber ich habe das Gefühl, ich habe ihn im Stich gelassen. Ich hätte energischere Schritte unternehmen können. Der Richter ist sehr dramatisch. Hätte ich gewußt, was er tun wird, ich wäre ihm anders gekommen.

Espy: Wir sind Ihnen alle sehr dankbar, Commander!

Haffenden: Na ja, wenn ich in fünf Jahren noch da bin, kann ich ihm vielleicht mehr helfen.

Espy: Danke, Sir.

Haffenden: Bleib mit mir in Verbindung, Ben.

Espy: Danke, Sir, das werde ich tun. Auf Wiedersehen.

Haffenden: Adieu, Ben.

Adieu war es nicht nur für Ben Espy, sondern auch für Lanza und seine Rolle in der Aktion der Marineabwehr im Hafen. Espy mußte Lanzas Aufgaben weiterführen, aber er hatte nicht mehr den alten Schwung. Er wurde aufgefordert, direkt an Lansky oder an Polakoff Bericht zu erstatten, aber: »Ich hatte nichts mehr zu berichten. Meyer hat sich erkundigt, ob ich etwas gehört hätte, und ich mußte antworten, ›nein‹.« Nichtsdestoweniger funktionierte die Aktion im Hafen weiterhin reibungslos unter der eisernen Hand der Hafenarbeitergewerkschaft ILA.

Wenig später gab Ben Espy seine kurze Karriere als Kontaktmann der Marineabwehr auf und widmete sich von da an gewerbsmäßig und ganztägig der Musikautomatenfirma Meyer Lanskys, der Emby Distribution Company. Mit welchem Kommissar auch immer Haffenden sich in Albany in Verbindung setzte, falls es überhaupt einen solchen gab, es rührte sich weder etwas aus der Hauptstadt noch von sonstwo, um den majestätischen Mühlen der Gerechtigkeit Einhalt zu bieten. Joe »Socks« Lanza wanderte wegen seiner Gaunereien ins Gefängnis. Weder damals noch später wurde er protegiert, und sein einziger Trost mag gewesen sein, daß er seinem Vaterland geholfen hatte, als es schlecht stand und man von jedem erwartete, sein Bestes zu geben.

Auch Luciano leistete gute Arbeit, aber wenn Lanzas Lohn so aussah, welche Aussichten hatte dann Luciano?

Am 1. Februar, drei Tage nach Lanzas Verurteilung, wurde im Obergericht von New York County ein Antrag gestellt, die Strafe von dreißig bis fünfzig Jahren Gefängnis, die am 18. Juni 1936 über Luciano verhängt worden war, herabzusetzen. Der Antrag, unterstützt von einer schriftlichen Erklärung eines der Anwälte Lucianos, George H. Wolf, sollte eine Woche später dem Richter Phillip McCook vorgelegt werden, demselben, der Luciano im Bordellsyndikatsprozeß verurteilt hatte. Moses Polakoff gewann Wolf, Mitglied der New Yorker Anwaltskammer seit 1912, dafür, Luciano bei dieser Verhandlung zu vertreten. Wolf, der Luciano nicht persönlich kannte, erhielt von diesem aus Great Meadow eine Vollmacht.

Gemeinsam entwarfen Polakoff und Wolf die grundlegende Strategie. Sie beschlossen, darum anzusuchen, daß das Urteil auf einen Teil der zweiundsechzig Anklagepunkte, in denen Luciano schuldig befunden worden war, beschränkt und die Strafe dementsprechend herabgesetzt werde. Dieses eingeschränkte Urteil hätte ein Mindeststrafausmaß von zehn Jahren Gefängnis bedeutet. Polakoff und Wolf beschlossen auch, den Spruch der Geschworenen nicht anzufechten, wonach Luciano tatsächlich der Organisator des Bordellsyndikats gewesen sei, sie wollten auch keine neuen Fakten vorbringen, sondern nur auf Lucianos vorbildliche Führung im Gefängnis und das einwandfreie Privatleben seiner Familie hinweisen.

Warum wollten sie nicht Lucianos Zusammenarbeit mit der Marineabwehr betonen? Wolf erinnert sich, warum: »Herr Polakoff erzählte mir von Lucianos Bemühungen um den Kriegseinsatz. Ich erwiderte, ich würde einen wesentlichen Teil meiner schriftlichen Erklärung darauf verwenden, diese Bemühungen aufzuzählen, aber Herr Polakoff sagte, Luciano sei dagegen. Ihm sei es nicht recht, daß sein Wirken in dieser Hinsicht erwähnt werde, denn er fürchte, seine Familie und er selbst könnten gefährdet sein, wenn das bekannt würde, und aus diesen wie auch aus anderen Gründen wolle er nicht, daß seine Hilfe beim Kriegseinsatz zur Sprache komme.«

Polakoff bestätigte Lucianos Abneigung gegen eine

Enthüllung seiner Verbindung mit der Marineabwehr. »Als das Ansuchen gestellt wurde«, sagte er, »habe ich es mit Luciano durchgesprochen. Er sagte: ›Geben Sie nichts darüber hinein, daß ich versucht habe, der Marine zu helfen.‹ « Warum wohl? Vielleicht war Luciano, ein italienischer Staatsbürger, nicht sicher, wie der Zweite Weltkrieg ausgehen würde, und fürchtete deshalb immer noch, in ein feindlich gesinntes Italien abgeschoben zu werden. Vielleicht wollte er auch nicht, daß vor Gericht irgend etwas zur Sprache komme, das seinem Versuch, sich als Freiwilliger in Sizilien einschmuggeln zu lassen, abträglich sein könnte. Was auch immer der Grund, es war kaum zu glauben, daß Luciano nicht versuchen würde, etwas für sich herauszuschlagen.

Lucianos Anwälte beschlossen jedoch, seinen Wünschen nicht völlig zu entsprechen. Wolf protestierte Polakoff gegenüber dagegen, Lucianos Kriegseinsatz überhaupt nicht zu erwähnen: »Ich sagte Herrn Polakoff, ich sei sehr enttäuscht darüber; ich war nämlich der Meinung, daß gerade das Richter McCook gefallen würde, der selbst ein Kriegsveteran war. Letztlich schloß ich mit Herrn Polakoff einen Kompromiß, indem ich erklärte, ich würde nur ganz kurz die Tatsache erwähnen, daß Luciano den Kriegseinsatz unterstützt habe. Aus diesem Grund erwähnte ich diesen Einsatz nur am Rande.«

Wolf beschränkte die Erwähnung von Lucianos Kriegseinsatz in seiner schriftlichen Erklärung auf ein Minimum. Tatsächlich waren es nur vier Worte innerhalb eines Satzes, bei einem Gesamttext von mehr als drei Seiten. Der ganze Satz lautete: »Seine Führung war meist mustergültig; er hat deutliche Anzeichen von Reue gezeigt, hat beim Kriegseinsatz mitgeholfen und die Fähigkeit bewiesen, sich zu bessern.« Als jedoch Wolf vor der Verhandlung über die Urteilsherabsetzung Richter McCook aufsuchte, sagte er, seinem Bericht zufolge, »Richter McCook in allgemeinen Worten Bescheid über Lucianos Hilfe für den Kriegseinsatz«. Dann überreichte er dem Richter zusammen mit der schriftlichen Erklärung und einem Memorandum über verschiedene gesetzliche Präzedenzfälle ein einziges Blatt

Papier mit den Namen zweier Personen, die von Lucianos Mitwirkung am Kriegseinsatz wußten. Auf dem Zettel stand:

Betr.: Luciano
Commander C. Radcliffe Haffenden, Marineabwehr
Captain Murray Gurfein

Wolf sagte dem Richter auch, er sei ermahnt worden, aus Sicherheitsgründen nicht ins Detail zu gehen, daher würde er auch Lucianos Kriegseinsatz in seiner Rede in der öffentlichen Verhandlung nicht zur Sprache bringen.

Interessiert bemerkte Richter McCook, daß es einen Präzedenzfall gegeben habe, den Fall *Williams und Retik,* und nach diesem Muster könnte er in delikaten Angelegenheiten, die nicht an die Öffentlichkeit gelangen sollten, weil das dem Kriegseinsatz schaden könnte, die Verhandlung nichtöffentlich führen und die Zeugen je nach Bedarf unter Eid nehmen oder nicht. Er sei bereit, mit Haffenden und Gurfein in Sachen Luciano zusammenzutreffen. Gurfein, damals Major im Geheimdienst OSS (Office of Strategic Services), war noch in der Nachbarschaft stationiert.

Am 8. Februar um zehn Uhr vormittags begann die Verhandlung im New Yorker Landesgericht. Rechtsanwalt Wolf vertrat Luciano; Polakoff war nicht anwesend. Wolfs Gegner in diesem Fall war der stellvertretende Distriktstaatsanwalt Stanley H. Fuld, ein vogelgesichtiger, intellektueller Jurist mit einem Hang zum Witzeln, der seit 1935 unter Sonderstaatsanwalt Dewey gearbeitet hatte und nun Distriktstaatsanwalt Hogan unterstand. Fulds Spezialität war es, der Anklage den letzten juristischen Schliff zu geben, in Deweys Worten: »Stanley wurde von seinen Mitarbeitern als vollendeter Gesetzeskenner und scharfer Kopf betrachtet.« Später stieg Fuld zum Obersten Richter des New Yorker Appellationsgerichtes auf.

Wolf begann seine Ausführung mit der Bitte, Lucianos Strafe auf ein Minimum von zehn Jahren Haft herabzusetzen. Dann betrat er ein schwieriges Gebiet: er ließ durchblicken, daß der von Richter McCook verhängte Strafsatz vielleicht zu hart gewesen sei. Richter McCook unterbrach die Ausführungen. In einem scharfen, wenn auch höflichen Wortwechsel erinnerte er den Anwalt daran, daß weder über Lucianos Schuld noch über die Schwere seiner Verbrechen Zweifel bestanden hätten. Dann drängte er Wolf, sein Ansuchen um Strafminderung zu begründen.

Wolf setzte seine Ausführungen fort, erwähnte Lucianos gute Führung im Gefängnis, seine Reue, seine Mitwirkung am Kriegseinsatz und sein Streben, sich zu bessern. Plötzlich unterbrach McCook ihn wieder: »Ich denke, ich sollte Ihnen jetzt ein Schreiben zeigen, das ich vom Strafvollzugskommissar [John A. Lyons] erhalten habe. Ich glaube, es ist üblich, solch ein Schreiben nicht dem Verteidiger einzuhändigen, sondern es auf Ansuchen dem Richter zu schicken. Herr Hogan hat in meinem Auftrag den Kommissar darum gebeten, und da ist es. Wenn Sie wollen, habe ich nichts dagegen, daß Sie es dem Bericht beilegen.«

Rechtsanwalt Wolf erhielt die Erlaubnis, den Brief von Kommissar Lyons zu verlesen und dem Protokoll beizulegen. Lyons wiederholte die bekannten Einzelheiten von Lucianos Gefängnislaufbahn in Sing Sing und in Dannemora und schrieb dann: »Er wurde am 12. Mai 1942 in das Gefängnis Great Meadow verlegt, zu dem Zweck, ihn von anderen Insassen zu trennen, und Gefängnisvorsteher Morhous von Great Meadow berichtet, daß Lucianos Führung auch dort ausgezeichnet gewesen sei und daß Luciano sich seit seiner Aufnahme in dieses Gefängnis noch keiner Verletzung der Vorschriften schuldig gemacht habe.« Damit war nachdrücklich dokumentiert, daß Luciano ein Musterhäftling war, seine Zusammenarbeit mit der Marineabwehr wurde aber mit keinem einzigen Wort erwähnt.

Ob nun Wolf von diesem Schreiben schockiert war oder nicht, jedenfalls tat er genau das, was er eigentlich nicht hatte tun wollen: Er stürzte sich in die vertrauliche Frage von Lucianos Kooperation beim Kriegseinsatz – und das in öffentlicher Verhandlung, in einem allgemein zugänglichen Gerichtssaal, vor Reportern, die auf Neuigkeiten über den berüchtigten Luciano brannten!

Richter McCook unterbrach ihn und erinnerte ihn, daß er bereit sei, diese Dinge mit ihm und den beiden Herren, deren Namen er von Wolf hatte, privat zu besprechen.

McCook: Wo sind diese Leute?
Wolf: Ich habe die Namen dieser zwei Personen.
McCook: Ich sagte Ihnen, die Herren sollten herkommen, soviel ich mich erinnere.
Wolf: Es wurde mir inzwischen mitgeteilt, Euer Ehren, daß diese beiden Herren Euer Ehren auf Wunsch jederzeit zur Verfügung stehen.
McCook: Jederzeit ist jetzt. Ich habe Ihnen gesagt, Sie sollen sie hierher bitten.
Wolf: Ich habe diesen Auftrag gegeben, aber sie haben gebeten, ich möge Euer Ehren ersuchen, einen späteren Zeitpunkt zu vereinbaren, wann immer es Euer Ehren genehm ist.
McCook: Es ist mir heute genehm.
Wolf: Ich verstehe.
McCook: Können sie nicht heute kommen?
Wolf: Ich glaube, sie können vielleicht heute kommen.
McCook: Darum geht es nicht. Ich bin sehr beschäftigt, und wenn ich eine Zeit festsetze, müssen sie kommen.
Wolf: Dürfte ich dann vereinbaren, daß sie heute Euer Ehren im Richtersprechzimmer aufsuchen?
McCook: Ich möchte den Fall jetzt beenden. Rufen Sie sie an und sagen Sie ihnen, sie mögen sofort kommen.

Es war ein peinlicher Augenblick für Wolf. Haffenden und Gurfein wurden in aller Eile herbeigerufen, und inzwischen suchte Wolf die Zeit mit einer Beschreibung von Lucianos ehrenwerter Familie auszufüllen. Beide Eltern, Mutter und Vater, seien schon gestorben, sagte er, und fuhr fort: »Die einzigen Verwandten, die er noch hat, sind zwei Schwestern und ein Bruder, sie alle sind sehr anständige Leute und verdienen ihr Brot in sehr bescheidenen Berufen.« Richter McCook war nicht beeindruckt:

McCook: Aber sie sind nicht hier, um sich diesem Antrag anzuschließen, nicht wahr? Ich meine, wenn die

Geschwister einen guten Einfluß auf den Mann haben, angenommen, wir lassen in diesem Fall Milde walten, sollte ich das nicht erfahren?

Wolf: Ich kann Euer Ehren versichern, daß er den ausdrücklichen Wunsch hegt, bei seinen Leuten zu sein.

McCook: Hegen sie aber den ausdrücklichen Wunsch, ihn bei sich aufzunehmen?

Wolf: Nun, es ist mir bekannt, daß er wenigstens bei einem dieser Verwandten wird wohnen können.

McCook: Ich glaube, hier haben wir eine unglückselige Lücke. Ist das alles, was Sie zu sagen haben?

Wolf: Das ist alles, Euer Ehren.

McCook: Ich werde den Distriktstaatsanwalt anhören.

Der stellvertretende Distriktstaatsanwalt Fuld kam, und als hätte er geahnt, daß die Sache für Luciano nicht besonders gut stand, war er die Ruhe und Freundlichkeit selbst, als er mit seiner Stellungnahme begann. Er sagte, er werde sich kurz fassen; der Fall Luciano sei ursprünglich von Hogans Vorgänger, Dewey, geführt worden, Hogan sei mit dem Akt bestens vertraut, und die Distriktstaatsanwaltschaft sei der Meinung, daß das Urteil gerecht und zweifellos korrekt sei. Fuld sagte: »Unter diesen Umständen kann der Distriktstaatsanwalt sich dem Antrag nicht anschließen oder zustimmen, daß ihm stattgegeben wird.«

Die Türe war Luciano vor der Nase zugeschlagen worden. Oder auch nicht? Fuld setzte seine Stellungnahme mit einer interessanten Feststellung fort: »Die Fakten, die diesem Antrag zugrunde liegen, nämlich Resozialisierung oder voraussichtliche Resozialisierung aufgrund der guten Führung und aufgrund der Mitwirkung am Kriegseinsatz, sind Fakten, mit denen Euer Ehren sich sicherlich vertraut machen wollen.« Und Fuld fügte hinzu: »Der Distriktstaatsanwalt hat mich beauftragt, zu sagen, daß die Einrichtungen unserer Dienststelle und sowohl seine Hilfe als auch die Hilfe seiner Mitarbeiter Ihnen selbstverständlich zur Verfügung stehen, sollten Sie eine Untersuchung führen wollen, die über das hinausgeht, was schon bekannt geworden ist.«

Dem folgte der erste Wortwechsel, in dem Dewey öffentlich in Verbindung mit dem Fall erwähnt wurde, allerdings ohne Nennung seines Namens:

McCook: Haben Sie den ursprünglichen Anklagevertreter, der jetzt Gouverneur ist, über seine Ansichten konsultiert?
Fuld: Herr Hogan hat das möglicherweise getan. Herr Hogan hat festgestellt, daß er bereit sei, falls Euer Ehren auf die Ansichten des Gouverneurs Wert legen, diesen zu bitten, an Euer Ehren ein Schreiben zu richten.
McCook: Darum habe ich Sie nicht gebeten. Ich wollte es nur wissen.
Fuld: Nein, ich glaube nicht, daß er es getan hat.
McCook: Ich weiß nicht, warum sein Nachfolger das nicht weiterleiten kann.
Fuld: Kurz gesagt, wir stimmen dem Ansuchen nicht zu. Euer Ehren sind zweifellos ermächtigt, das Ansuchen in Erwägung zu ziehen und ihm stattzugeben, wenn Euer Ehren es für richtig halten. Wir stehen Ihnen mit unseren Diensten zur Verfügung.
McCook: Ich denke, das genügt vorläufig.

Am Ende dieser öffentlichen Verhandlung war es völlig klar, daß Luciano keine Protektion genoß. Er war vom Strafvollzugskommissar und vom Distriktstaatsanwalt ausdrücklich desavouiert worden, obwohl beide über seine Mitwirkung am Kriegseinsatz informiert waren. Aber Richter McCook war nun verpflichtet, und zwar nicht nur dem Anwalt Lucianos, sondern auch dem Distriktstaatsanwalt gegenüber, sich die Geschichte vom Marineabwehrprojekt anzuhören. Wo blieben Haffenden und Gurfein?

Sie kamen im Laufschritt in das Sprechzimmer Richter McCooks. Wolf sah, wie Haffenden hineineilte, um mit dem Richter zu sprechen, aber zu ihm, Wolf, sagten sie nichts. Die beiden Offiziere erzählten Richter McCook ihre Geschichte hinter verschlossenen Türen. Haffenden erinnert sich: »Da wir uns mit Deutschland im Krieg befanden, gab ich in meiner Zeugenaussage keinerlei Informationen außer allgemeinen Bemerkungen über die Hilfe, die Charles Luciano geleistet hatte. Kein Fall, keine Fakten, nichts, was als eine Gefährdung der Interessen der Marine hätte ausgelegt werden können, wurde vorgebracht.« Haffenden vermied es auch, einen Strafnachlaß für Luciano zu empfehlen. Ähnlich berichtete auch Gurfein nur das Allernotwendigste darüber, wie das Marineabwehrprojekt in Gang gesetzt wurde, und auch er gab keine Empfehlungen in bezug auf Luciano ab.

Haffendens Schweigen scheint uncharakteristisch angesichts seiner eingestandenen Absicht, einem viel kleineren Fisch, nämlich Joe »Socks« Lanza, zu Hilfe zu kommen. Aber hinter Haffenden stand sein Vorgesetzter im Distriktabwehrbüro, Captain McFall. Dieser hatte sich zuerst still im Hintergrund gehalten und Haffenden bei der Zusammenarbeit mit der Unterwelt freie Hand gelassen, nun aber war er entschlossen vorgetreten, um Luciano mit eiskalter Gemütsruhe zu verleugnen. Er bemerkte in seiner eidesstaattlichen Erklärung für die Herlands-Untersuchung:

> Als die Zeitungen berichteten, Luciano habe an Richter Phillip McCook ein Ansuchen um Strafminderung gerichtet, schickte ich Haffenden zu Richter McCook, den ich persönlich kannte, um ihm die Umstände zu erklären, unter denen die Marineabwehr mit der Unterwelt Kontakte pflegte.
>
> Gleichzeitig beauftragte ich Haffenden, Richter McCook dahingehend zu informieren, daß die Marine in keiner Weise an der Frage interessiert sei, ob Lucianos Strafe herabgesetzt werde oder nicht.

Unter diesen Umständen war es denkbar, daß Richter McCook Luciano in ein tiefes Loch stürzen würde, aus dem er erst irgendwann zwischen 1956 und 1986 wieder auftauchen könnte. Das tat er aber nicht. Am 10. Februar 1943 lehnte Richter McCook Lucianos Ansuchen um Strafminderung summarisch ab. Aber der vorletzte Absatz seiner Begründung lautete:

> Schließlich kommen wir zu dem Argument, daß der Antragsteller der Regierung beim Kriegseinsatz gehol-

fen habe. Aufgrund des Präzedenzfalles in der Angelegenheit Metropolitan wurden die betreffenden Behörden im öffentlichen Interesse privatim befragt. Das Resultat gestattet es dem Gericht, den Schluß zu ziehen, daß der Antragsteller wahrscheinlich versucht hat, den Behörden zu helfen, und dies möglicherweise mit einigem Erfolg. Wieder sehen wir uns einer Situation gegenüber, die dem Gericht keineswegs das Recht gibt, dem vorliegenden Ansuchen stattzugeben. Sollte der Antragsteller jetzt und in Hinkunft den Behörden weiterhin behilflich sein und ein vorbildlicher Strafgefangener bleiben, könnte zu einem späteren Zeitpunkt ein Gnadenakt angebracht sein.

McCooks Bezugnahme auf eine eventuelle spätere Begnadigung Lucianos entsprach der traditionellen Politik der Gouverneure des Staates New York, Strafgefangene, die während ihrer Haftzeit den Behörden Dienste geleistet hatten, zu begnadigen. Und im Falle Lucianos war McCook der Meinung, daß die Unterstützung des Kriegseinsatzes von Nutzen gewesen sei. Elf Jahre nach dieser Entscheidung erklärte McCook in einer Konferenz mit Herlands in seiner Anwaltskanzlei und auch im Juristenklub, seine Entscheidung sei von der Information diktiert worden, die Haffenden und Gurfein ihm gegeben hatten. Indem er die Möglichkeit eines Gnadenaktes »zu einem späteren Zeitpunkt« andeutete, sagte McCook zu Herlands, wollte er sicherstellen, daß die Regierung der Vereinigten Staaten weiterhin den vollen Nutzen aus Lucianos Diensten ziehen könne.

Der Richter bot Luciano damit einen kleinen Hoffnungsschimmer für die Zukunft – in der unmittelbaren Realität aber war Luciano wieder auf die ursprünglichen dreißig bis fünfzig Jahre Gefängnis zurückgeworfen und hatte keine Aussicht auf Entlassung gegen Gelöbnis vor dem Jahre 1956. Lucianos Interesse an der Kooperation mit der Marineabwehr scheint von da an abgenommen zu haben, denn im weiteren Verlauf des Jahres 1943 erhielt er nur viermal Besuch von Anwalt Polakoff, zweimal von

Meyer Lansky und gar nicht von Frank Costello. Der New Yorker Hafen war unter Kontrolle, die Invasion Siziliens würde bald anlaufen, und man hatte den Eindruck, Luciano habe alles getan, was er hatte tun können. Er hatte zum Kriegseinsatz beigetragen wie jeder andere auch und wurde dafür ebensowenig besonders belohnt wie alle anderen.

Der Dritte Marinedistrikt war mit Richter McCooks Entscheidung zufrieden. Laut Captain McFall: »Haffenden kam von seinem Gespräch mit Richter McCook zurück und berichtete mir, während seines und Herrn Gurfeins Besuch bei Richter McCook sei alles zufriedenstellend geregelt worden. Richter McCook hat dann Lucianos Ansuchen abgewiesen. Wäre irgend etwas an dieser Angelegenheit nicht in Ordnung gewesen, hätte Richter McCook, schon wegen unserer guten Beziehungen, mich davon verständigt.«

MacFall und Haffenden kehrten zu ihrer improvisierten Aktion, zur Sammlung von Informationen über Sizilien, zurück. Während jedoch im Dritten Marinedistrikt alles glatt weiterlief, war dies in Washington nicht der Fall. Denn das Faktum – wenn auch nicht die Einzelheiten – von Lucianos Mitwirkung am Kriegseinsatz war nun öffentlich bekanntgeworden.

Die ersten Meldungen über Lucianos Kriegseinsatz in der *New York Times* und den Washingtoner Zeitungen, die über die Entscheidung Richter McCooks vom 10. Februar berichteten, landeten auf dem Schreibtisch von Oberstleutnant Angelo J. Cincotta im Marineabwehrbüro in Washington. Cincotta war ein vielseitig begabter Mann. Er war Italo-Amerikaner, teilweise sizilianischer Abstammung. Seit 1917 war er Mitglied der New Yorker Anwaltskammer und hatte auch als Stabsoffizier im Dritten Battaillon des Marinereservekorps gedient. Cincotta war ein warmherziger, altgedienter, erfahrener Offizier der alten Schule und wurde im November 1940 vom Schießstand Quantito in Virginia nach Washington ins Marineabwehrbüro geholt.

Dort bezeichnete er die einzelnen Stockwerke des Marineministeriums als »Decks«.

Oberst Cincotta wurde zum Leiter der Abteilung B-7-I bestellt. Sowohl in Washington als auch in New York bedeutete »I« Italien; andere Abteilungen hatten ähnliche alphabetische Kennzeichen: S für Spanien, J für Japan und so weiter. Cincotta nannte seine Dienststelle einfach »Italien-Dezernat« und betrachtete sich als zuständig für »alles, was Italien betrifft«. Im Jahre 1942 und in den ersten Monaten 1943 jedoch ging im Marineabwehrbüro vieles, das Italien betraf, in andere Abteilungen, nicht in die Cincottas. Captain MacFall hielt den Leiter der Marineabwehr, Konteradmiral Arthur Train, allgemein auf dem laufenden über die Vorgänge im New Yorker Hafen; Commander Haffenden erstattete regelmäßig seinem Vorgesetzten, dem Spionagemeister, Bericht, und während all der Monate schickte der Dritte Marinedistrikt auch Tausende Kopien seiner kleinformatigen Notizen über Kontaktaufnahmen und andere Aktivitäten per Post und per Boten an das Marineabwehrbüro. Aber die meisten Berichte über Unterweltkontakte kamen von Haffendens Abteilung B-3 in New York und gingen an die Abteilung B-3 in Washington, nicht an Cincottas B-7-I.

Daher war Oberst Cincotta infolge einer zufälligen oder beabsichtigten Umgehung seines »Italien-Dezernats« über die Zusammenarbeit der Marineabwehr mit der Mafia nicht informiert. Er wußte nichts von den Abmachungen mit Joe »Socks« Lanza und Lucky Luciano. Er wußte nichts von der Befriedung der Docks. Er wußte nichts von der Entwicklung der strategischen Aufklärung durch amerikanische Sizilianer und Italiener. Er wußte auch nichts über die Zusammenstellung von Listen sizilianischer Kontaktleute. Aber Cincotta kannte Haffenden und bemerkte, daß dieser nach Washington kam und lange Gespräche mit dem Spionagemeister führte, ohne allem Anschein nach je etwas Schriftliches vorzulegen. 1943 wuchs Cincottas Neugier, als Haffenden begann, alle möglichen Photos und Ansichtskarten von Orten im Mittelmeergebiet nach Washington zu bringen.

Cincotta erinnert sich eines Gespräches mit Haffenden: »Haffenden sagte, irgendeinmal würde ich von ihm eine Menge Informationen bekommen.« Worüber? »Über mein Dezernat.« Und bisweilen pflegte Cincotta Haffenden zu fragen: »Haben Sie etwas geknackt?« – »Ich arbeite daran«, antwortete Haffenden, »eines Tages werde ich Sie überraschen, Sie werden sehen, eines Tages überrasche ich Sie!«

Als Cincotta die Zeitungsberichte über Richter McCooks Entscheidung mit der Erwähnung von Lucianos Kriegseinsatz las, war er höchst überrascht. Die Berichte wurden seinem Vorgesetzten, einem höheren Offizier, den Cincotta als »Empfangsbürochef« bezeichnete, zur Kenntnis gebracht. Tatsächlich wußte der »Empfangsbürochef« vom Luciano-Projekt. Nachdem er die Zeitungsberichte gelesen hatte, sagte er zu Cincotta: »Es sieht so aus, als ob die Marine mit diesem Ansuchen etwas zu tun hätte, als ob man wegen der Informationen, die dieser Mann geliefert hat, versucht hätte, seine Strafe herabzusetzen.« Tatsächlich war genau das Gegenteil wahr. Die Offiziere des Dritten Marinedistrikts hatten keinen Versuch gemacht, Luciano zu helfen. Aber die Vermutung lag nahe, angesichts der Tatsache, daß die Marine mit dem bekanntesten Mafiaführer zusammengearbeitet hatte. Der Leiter der Marineabwehr, Konteradmiral Train, soll Cincotta zufolge über die ganze Situation »sehr beunruhigt« gewesen sein.

Cincottas »Empfangsbürochef« befragte ihn über die Zeitungsberichte in bezug auf Richter McCook: »Haben Sie schon etwas aus New York erfahren?« – »Nein, Sir.« – »Also, dann fangen Sie noch einmal an und überprüfen Sie alles!« Cincotta überprüfte und berichtete: »Ich habe keinerlei Informationen.« – »Nun«, erwiderte der »Empfangsbürochef«, »bilden Sie sich Ihr eigenes Urteil. Fahren Sie nach New York. Suchen Sie dort niemanden auf, nicht einmal Captain McFall. Benützen Sie Ihre eigenen Verbindungen. Finden Sie heraus, ob Haffenden irgendwelche derartigen Informationen erhalten hat, und wenn ja, was er damit getan hat.« Das Marineabwehrbüro begann also, den

Dritten Marinedistrikt zu überprüfen – und zwar geheim. Cincottas Auftrag war nur mündlich erfolgt, würde aber später schriftlich bestätigt werden müssen, wenn er seine Reisespesen vergütet haben wollte.

Cincotta fuhr nach New York und beschloß, sich vor allem einmal eine selbständige Meinung zu bilden über den Wert dessen, was Luciano für den Dritten Marinedistrikt leistete. Cincotta hatte seine eigenen Verbindungen zu italo-amerikanischen und sizilo-amerikanischen Gruppen, und er setzte sich in Verbindung mit Dr. Giuseppe Lupis, einem italienischen Rechtssozialisten und Mussolini-Gegner, der 1936 nach Amerika gekommen war. Lupis war mit so prominenten Mussolini-Gegnern in New York wie Luigi Antonini und dem Gewerkschaftsführer Carlo Tresca in Verbindung gewesen. Nun arbeitete er als Zensor für Programme in italienischer Sprache beim Sender WOV und als Herausgeber der italienisch-amerikanischen Zeitung *Il Mondo*. Cincotta beschrieb Lupis' Stellung innerhalb der sizilianischen Gemeinde von New York: »Er kannte die richtigen Leute. Er war ein Einzelgänger. Er ging selbständig vor.«

Cincotta fragte Lupis, ob Luciano überhaupt in der Lage wäre, irgend etwas zu wissen. Lupis sagte, Luciano sei als Kind aus Italien hergekommen. »Was kann er über Italien wissen?« Cincotta zitierte Lupis:

> Sie sollten diese Informationen genau überprüfen. Ich weiß, er weiß gar nichts darüber. Vielleicht hat er jemanden, der ihm das Zeug gegeben hat. Sie würden gut daran tun, zuerst die Quelle zu finden, bevor Sie die Information bewerten. Ich glaube nicht, daß irgendeine Information, die von ihm kommt, verläßlich sein kann, denn diese Leute kommen aus armen Familien und wissen gar nichts über Brückenköpfe. Sie wissen überhaupt nichts über Italien. Was können sie schon erzählen, außer daß Joe drüben in Palermo die Amerikaner gut leiden kann? Vielleicht kann er Ihnen irgendeine Geschichte erzählen, aber an Ihrer Stelle würde ich das sehr sorgfältig prüfen, bevor ich es weitergäbe!

Am nächsten Morgen rief Cincotta einen Marineoffizier im Hauptquartier der Abwehr des Dritten Marinedistrikts an, in der Absicht, ihn und einen anderen Offizier zum Essen einzuladen. Cincotta kannte keinen dieser Offiziere persönlich, auch wußte er nicht, wie lang sie schon dem Dritten Marinedistrikt zugeteilt waren. Aber er wußte, daß sie der Abteilung B-7-I zugeteilt waren, denn er hatte ihre Namen einem Dienststellenplan entnommen. Cincotta sagte dem einen Offizier, den er telephonisch erreichte, er sei privat in New York und könne ihm wahrscheinlich nützliche Informationen darüber geben, wie das Marineabwehrbüro in Washington funktioniere. Dann ließ er den Mann Verschwiegenheit schwören: Weder Captain McFall noch Commander Haffenden noch sonstwer dürfe erfahren, daß er in New York sei, aber wie wäre es mit einem Mittagessen? Cincotta erklärte später: »Ich wollte nicht, daß sie quatschen, weil ich nicht wußte, wie ernst die Sache sich entwickeln könnte, denn es gab zu viele Gerüchte darüber, und auf Gerüchte konnten wir uns nicht verlassen.«

Cincotta führte seine Mittagsgäste in die Villa Penza, ein italienisches Restaurant unweit des Hauptquartiers der New Yorker Stadtpolizei in der Grand Avenue. Die beiden Offiziere schienen sich über die Einladung nicht zu wundern. Sie sagten zu Cincotta: »Wir wissen, warum Sie hier sind.« Die Zeitungen mit den Berichten über Richter McCook wurden in New York ebenso genau studiert wie in Washington.

Cincotta saß zwei bis drei Stunden lang mit den beiden Offizieren, an deren Namen er sich später nicht mehr erinnern konnte, beisammen und begann mit einem Frage- und Antwortspiel, wie er es nannte. »Schauen Sie«, sagte er, »es gibt Gerüchte, daß ihr Burschen eine Menge Informationen von Luciano und Konsorten bekommt. Was macht ihr damit, und wohin gebt ihr sie weiter? Haffenden soll das eingefädelt haben.« Die Offiziere antworteten: »Dergleichen ist uns nie untergekommen, deshalb haben wir es auch nicht weitergegeben.«

»Das Hauptquartier macht sich große Sorgen«, setzte

Cincotta fort, »daß ihr Leute das Dezernat hängen laßt. Es liegt ein Bericht vor, daß dieser Mann Informationen liefert, und wir in Washington bekommen sie nicht.« Die Offiziere wiederholten: »Wir haben sie nie bekommen!« Der eine von ihnen fügte hinzu: »Wenn Haffenden sie bekommt, vielleicht bringt er sie selbst nach Washington?« – »Zum Teufel, nein«, sagte Cincotta, »wir haben die Informationen nie erhalten. Wissen Sie, ich bin beauftragt, sie aufzutreiben.« – »Haben Sie wirklich nie etwas bekommen?«, fragten die beiden Offiziere. »Nein«, sagte Cincotta, »deshalb bin ich hergekommen.«

Cincotta beschränkte sich darauf, zu fragen, ob die Abteilung B-7-I die Luciano-Information »bekommen« habe. Er fragte die beiden Offiziere nicht, ob sie etwas über Luciano oder über Informationen, die er möglicherweise beschafft hatte, wußten, oder ob sie je mit Haffenden an einer Konferenz über Sizilien teilgenommen hätten. Daher gaben die beiden Offiziere, technisch gesehen, keine falsche Auskunft, wenn sie sagten, die Abteilung B-7-I in New York habe keine Luciano-Informationen erhalten, denn diese Informationen waren ja nicht über B-7-I, sondern über B-3 geleitet worden!

Cincotta fragte die beiden Offiziere allerdings, wieso sie »wußten«, daß die Marine etwas mit Lucianos Ansuchen um Strafminderung zu tun hatte. »Das war bereits allgemein bekannt, als ich nach New York kam, sagten sie mir. Ich glaube, ihre Informationsquelle waren die Zeitungen.« Von da an, sagte Cincotta, hatten sie alle »nur von anderen Dingen gesprochen. Sie haben sich für ihre Beförderung interessiert, erinnere ich mich.«

Seltsamerweise beendete Cincotta damit seine Untersuchung und kehrte nach Washington zurück. In Übereinstimmung mit seinen Anweisungen sprach er weder mit Captain MacFall noch mit Commander Haffenden und kam, wie er sagte, »der Church Street nicht in die Nähe«. Er versuchte nicht, irgendwen von der Distriktstaatsanwaltschaft oder von der Strafvollzugsbehörde zu befragen, auch nicht Lucianos Anwälte, Richter McCook oder die Leute aus der Unterwelt, die er noch von seiner New

Yorker Anwaltszeit her kannte. »Ich hatte wohl Kontakte zu Gangstern in Brooklyn und New York, denen ich gefällig gewesen war, die hätten mir eine Menge Informationen geben können, aber das war nicht meine Aufgabe. Dazu war ich nicht beauftragt.«

Cincotta kehrte nach Washington zurück und berichtete dem »Empfangsbürochef« über die negativen Ergebnisse seiner Erkundung. Der Abteilung B-7-I im Dritten Marinedistrikt waren keine Informationen von Luciano zugegangen. Und selbst wenn Luciano Informationen hatte, so waren sie nach Ansicht eines prominenten Mussolini-Gegners, Lupis, höchstwahrscheinlich wertlos. Der »Empfangsbürochef« berichtete seinerseits Konteradmiral Train von den negativen Ergebnissen Cincottas. Soweit sich Cincotta erinnern konnte, hatte der Leiter der Marineabwehr die Absicht, die Angelegenheit mit dem Abwehroffizier des Dritten Marinedistrikts weiter zu verfolgen. Auch erinnerte sich Cincotta, damals vom »Empfangsbürochef« erfahren zu haben, daß eine Bürgschaft Commander Haffendens zur Unterstützung von Lucianos Ansuchen um Strafverringerung vorgelegt worden sei. Das stimmte zwar nicht, hatte sich aber in Cincottas Hirn dermaßen festgesetzt, daß er elf Jahre später immer noch daran glaubte.

Es war eine verwirrende Situation. Oberst Cincotta, der von der Verbindung mit der Mafia nichts wußte, war im Marineabwehrbüro buchstäblich eingekreist von Marineoffizieren, die sehr wohl davon wußten, ihm aber nicht sagten, was los war – darunter waren seine drei nächsten Vorgesetzten: der Leiter, der Spionagemeister und der »Empfangsbürochef«. Warum wohl? Wurde Cincotta einfach für so unbedeutend gehalten, daß sich niemand die Mühe nahm, ihn einzuweihen? In Anbetracht seines Ranges und seiner Reputation war das unwahrscheinlich.

Auch die Kürze, die Formlosigkeit und die Heimlichkeit von Cincottas »Erkundung« läßt einige Fragen offen. Fuhr Cincotta nach New York mit Instruktionen und Terminen, die so knapp bemessen waren, daß er nichts oder fast nichts herausfinden konnte? Aber der Umstand, daß man ihn geschickt hatte, sollte ihn später dazu befähigen, zu bezeugen, daß seine Vorgesetzten über die Unterweltberichte genügend besorgt gewesen waren, um etwas zu unternehmen. Jedenfalls würde Cincottas Zeugenaussage großes Gewicht haben. Kann man also annehmen, daß Cincotta schon damals als seltener sizilo-amerikanischer Vogel in Reserve gehalten wurde, als ein Geheimdienstexperte, der nichts vom Unternehmen Luciano wußte und daher wahrheitsgemäß bezeugen konnte, daß es seines Wissens kein solches Unternehmen gegeben habe?

In den folgenden Monaten konnte die Marine tatsächlich wahrheitsgemäß erklären, daß beim »Italien-Dezernat« des Marineabwehrbüros in Washington keine nützliche Information von Luciano eingegangen sei. Damit stützte man die Behauptung, es habe im Zweiten Weltkrieg gar keine Operation Luciano gegeben. Man verschwieg einfach, daß die Informationen nicht zum »Italien-Dezernat«, sondern zur Abteilung B-3 kamen. Also log die Marine nicht.

Was immer der Grund für Cincottas Mission in New York gewesen sein mochte, er konnte eine Version der Operation Luciano bezeugen, die er ehrlich für wahr hielt. In einem Schreiben, das er noch vor seiner Zeugenaussage in der Herlands-Untersuchung abgesandt hatte, erklärte der Oberst:

> Das Marineabwehrbüro wurde im Jahre 1943 benachrichtigt, daß Charles Luciano bei Richter Phillip J. McCook um Strafminderung angesucht habe und daß diesem Gesuch schriftliche Erklärungen beigelegen seien, wonach Charles Luciano dem Distriktabwehroffizier wertvolle Hilfe geleistet und wichtige Informationen über Sizilien und Italien sowie eine Liste von Informanten, die solche Informationen liefern könnten, gegeben habe.
>
> Aufgrund dieser Benachrichtigung wurde ich in geheimer Mission nach New York geschickt, um herauszufinden, welche Rolle der Distriktabwehroffizier gespielt hatte beziehungsweise was im Zusammenhang mit Lucianos Ansuchen um Strafminderung unternommen

worden war. Das Ergebnis meiner Erkundung zeigte, daß in meinem Dezernat der Marineabwehr im Marineministerium zu Washington, D. C., keine Informationen von Luciano oder seinen Konfidenten betreffs Operationen in Sizilien oder Italien eingelaufen sind.

Im Labyrinth der Bürokratie sind Geheimnisse weit besser und sicherer aufgehoben als in der Verbrecherwelt.

Stunde H in Gela und Licata

Endlich war die Strategie für die Eroberung Siziliens festgelegt. Die britische Achte Armee sollte am südöstlichen Zipfel der Insel angreifen, während die amerikanische Siebente Armee an der Südküste bei Gela und Licata landen sollte. Frische Truppen, die an den Kämpfen in Tunesien nicht teilgenommen hatten, bevölkerten zu Zehntausenden die Ausbildungslager, und entlang der ganzen Küste Nordafrikas erweckten Massen von Panzern, Halbkettenfahrzeugen, Geschützen, Lastautos, Panzerwagen, Bulldozern, Jeeps und Amphibienfahrzeugen, die aus New York und anderen Häfen herübergebracht worden waren, den Eindruck übermächtiger Stärke und völliger Siegesgewißheit.

Aber im Mai 1943 entdeckte Vizeadmiral Henry K. Hewitt, der Befehlshaber der amerikanischen Flotte in den Gewässern vor der Küste Nordwestafrikas, plötzlich eine Lücke im Plan. Die Strategie der Alliierten verlangte die Errichtung vorgeschobener Flottenstützpunkte im befreiten Gebiet, und gemäß den Richtlinien des Obersten Hauptquartiers würde dies ausgedehnte Beziehungen zur Bevölkerung der sizilianischen Hafenstädte erfordern – insbesondere Beziehungen zu den dortigen Führern und Mitgliedern der Mafia. Nun hatte aber Admiral Hewitt für die Landung in Sizilien in seinen vorgeschobenen Einheiten keinen einzigen Abwehroffizier, der Italienisch konnte. Deshalb sandte sein Stab an den Leiter der Marineabwehr in Washington ein dringliches Ersuchen um sechs Nachrichtenoffiziere, die folgende wichtige Qualifikationen haben sollten: 1. physische Kampftauglichkeit, 2. Ausbildung in Gegenspionage und 3. perfekte Italienischkenntnisse. Diese sechs Offiziere wurden buchstäblich flugpostwendend gebraucht. Wie hatte dieser Mangel unbemerkt auftreten können? Die Planung der Operation Sizilien hing an einem Haar.

Der Offizier der Marineabwehr in Washington, der diesen peinlichen Notfall regeln sollte, war Commander Robert Thayer, ein ehemaliger Mitarbeiter der New Yorker Distriktstaatsanwaltschaft. Und Thayer verwandelte den Notfall in eine günstige Gelegenheit. Warum sollte man nicht die Marineabwehroffiziere, die in New York mit der Mafia zusammenarbeiteten, einsetzen, um nützliche Kontakte mit den Mafiosi in Sizilien herzustellen? Schließlich verfügten sie über die Kenntnis der Sprache und noch viele andere Kenntnisse. Thayer raste nach New York und konferierte mit Leutnant Marsloe, dem Italienischspezialisten im Dritten Marinedistrikt. Marsloe erinnert sich: »Er sprach mit mir über die Aufstellung einer Truppe ausgewählter Männer mit intensiven Exekutive-Erfahrungen und Kenntnissen über Italien – besonders Sprachkenntnissen –, die mit den Kampftruppen landen und gewisse Sonderaufgaben ausführen sollte.«

Commander Thayer sprach mit mehreren Marineabwehroffizieren, die mit dem Unternehmen Luciano zu tun hatten, und teilte ihnen mit, daß innerhalb der nächsten zwei Stunden ein Team zusammengestellt sein müsse. Alle diese Offiziere wollten mitmachen, ohne zu wissen, wann oder wo die Invasion beginnen würde. Thayer wählte Marsloe und zwei weitere Veteranen des Marine-Mafia-Projekts: Leutnant Titolo, der entscheidend zur Beschaffung von Informationen über Sizilien beigetragen hatte, und Leutnant Alfieri, den Spezialisten für Safes und Schlösser. Als viertes Mitglied der Gruppe wählte er Fähnrich James F. Murray, einen Offizier des Italien-Dezernates B-7-I in New York, der Italienisch in Wort und Schrift beherrschte. Auch Marsloe, Titolo und Alfieri sprachen fließend Italienisch. Alle vier Offiziere waren jung, hart und begeistert über die Aussicht, aus dem Marinehauptquartier herauszukommen und an den

Kampfhandlungen in Übersee teilnehmen zu können. Alle vier verließen New York innerhalb der gesetzten Frist von zwei Stunden. Thayer fand seinen fünften und seinen sechsten Mann in anderen Distrikten: einer sprach Deutsch und sollte in Nordafrika in der Reserve bleiben; der andere konnte Italienisch und war als Ersatzmann für Marsloe, Titolo, Alfieri oder Murray gedacht, falls einer von ihnen fallen sollte.

Am 15. Mai 1943 flogen die sechs Marineabwehroffiziere von Washington über den U-Boot-verseuchten Nordatlantik nach Schottland, und von dort direkt über das besetzte Westeuropa nach Mers-el-Kebir an der algerischen Küste. Dort wurden sie in die Gegenspionageschule des Heeres gesteckt, um ein intensives Stoßtrupptraining zu absolvieren. Dann brachte man sie nach vorne in den kürzlich eingenommenen französischen Marinestützpunkt Bizerta, wo sie sich bei Vizeadmiral Richard L. Connolly, dem Kommandanten der vorgeschobenen Basen und der Landefahrzeuge, meldeten. In Bizerta zeigte man ihnen den Plan für die Landung in Sizilien und erklärte ihnen, was sie zu tun hatten. Am Vorabend der Invasion Siziliens erhielten die vier Marineabwehroffiziere vom Dritten Marinedistrikt formell den folgenden, aus drei Punkten bestehenden Auftrag:

1. Sofort nach der ersten Angriffswelle von Ortsbewohnern und Gefangenen Informationen über Strandminen, Minenfelder vor der Küste, Minenfallen und Zerstörungen in Häfen einzuholen;
2. mit größtmöglicher Eile aus feindlichen Marinestäben Dokumente zu beschaffen, die Informationen für weitere militärische Operationen und Pläne enthielten;
3. Maßnahmen zur Sicherung der Häfen und zur Spionageabwehr auf vorgeschobenen Stützpunkten zu treffen.

Leutnant Marsloe kommentierte später die einzigartige Qualifikation, die ihn und seine Kameraden vom Dritten Marinedistrikt befähigte, ihre Aufgabe zu erfüllen: »Wir hatten in Nordafrika eine intensive Ausbildung genossen, mit Hilfe von amerikanischen und britischen Monographien über das Gebiet, Luftaufnahmen, Industrieübersichten und so weiter; und das zusätzlich zu dem Wissen, das wir uns in den Vereinigten Staaten angeeignet hatten, insbesondere im Dritten Marinedistrikt im Verlauf der Gespräche mit Informanten und anderen.«

Leutnant Titolo fügte hinzu: »Die Informationen, die ich von meinen Konfidenten erhalten hatte, vermittelten mir ein klares Bild von der Topographie Italiens, von Orten, bestimmten Plätzen in Italien und von den Sitten und Gebräuchen des italienischen Volkes, auch von der ökonomischen und politischen Situation in Italien. Dazu kam noch, daß wir von vielen Zielen, die wir in Italien ansteuerten, genaue Beschreibungen erhalten hatten, was es mir sehr erleichterte, die gesuchten Einrichtungen zu finden und gleich dorthin zu kommen, von wo ich Informationen mitbringen wollte. Tatsache, bevor die Invasion in Sizilien losging, und später noch viel mehr, bekamen wir vom Marineabwehrbüro und aus anderen geheimdienstlichen Quellen komplette Broschüren mit genauen, auf den letzten Stand gebrachten Informationen über unsere Ziele. Jede Informationsquelle war für die anderen von größter Bedeutung.«

Auch Leutnant Alfieri betonte den Wert seiner Erfahrungen mit den Unterweltkonfidenten vom New Yorker Hafen:

> Ich sah, daß mehr als 50 Prozent der Bevölkerung von Tunis Sizilianer oder Leute sizilianischer Abstammung waren. Es gab eine alliierte Blockade dieser Gebiete. Es besteht jedoch kein Zweifel, daß Schiffe, Fischerboote oder kleinere Fahrzeuge trotzdem die Verbindung zwischen Tunis einerseits und dem italienischen Festland und Sizilien andererseits aufrechterhielten. Alle Informationen, die ich hatte, leitete ich an das Distriktabwehrbüro in New York weiter – bei der Einsatzbesprechung in Afrika war dieses Wissen für mich von größter Wichtigkeit, und es war mir sofort gegenwärtig, als ich den Operationsplan für die Invasion sah. Informationen wie über die Fahrten der Fischereiflotte und

über den Personenkreis, der mir nützlich sein könnte – wie man sich in den verschiedenen Landesteilen verhielt, die Kenntnis der Dialekte und der Sprache, der Techniken und zahlreicher anderer Dinge.

Während der Vorbereitung der Invasion wimmelte es in Tunis von Geheimagenten aller alliierten Mächte, desgleichen in anderen Häfen von Alexandrien bis Casablanca, und alle diese Agenten waren eifrig beschäftigt, Nachrichten über Sizilien zu sammeln oder falsche Informationen auszustreuen, in dem Sinne, daß die Invasion ganz woanders stattfinden sollte. Manche dieser Nachrichten kamen aus ungewöhnlichen Quellen. Leutnant Titolo sagte: »Ich hörte damals, daß Informationen durch kleine Fischerboote hereinkamen, die zwischen Nordafrika, Sizilien und dem italienischen Festland hin und her fuhren. Ich hörte, die meisten davon seien Schmuggler.«

Unter den vielen Geheimdienstgruppen am Ort des Geschehens interessierten sich das OSS (Office of Strategic Services) und die Briten für die politische Entwicklung in Italien, besonders in bezug auf die Möglichkeit einer Absetzung Mussolinis und eines Übergehens Italiens auf die Seite der Alliierten. Die Heeresabwehr machte Pläne für einen gewaltigen Feldzug in Italien. Die Marineabwehr, deren Aufgaben sich auf Landungen, Häfen und Versorgungslinien beschränkten, konnte sich an Personal und Geldmitteln nicht mit den anderen Geheimdiensten messen, aber im bescheideneren Rahmen der Fischereiflotten und der heimlichen Einzelaktionen in Feindesland leistete sie Beachtliches. Und wer lief den Leutnants Marsloe, Titolo und Alfieri eines Tages in Tunis über den Weg? Kein anderer als der Oberst des Marinekorps, Angelo Cincotta! Was tat er dort? Cincotta befand sich dort in geheimer Mission. Seit wann? Seit März.

Es ist kaum zu glauben, aber ihren Zeugenaussagen vor der Herlands-Kommission zufolge sprachen Cincotta und die drei Leutnants vom Dritten Marinedistrikt in Tunis miteinander kein Wort über die New Yorker Unterwelt. Kein Wort über Captain MacFall, Commander Haffenden,

Lucky Luciano, Meyer Lansky, Joe »Socks« Lanza, Distriktstaatsanwalt Hogan, Strafvollzugskommissar Lyons, Richter Phillip McCook oder irgendeinen anderen Star des Marine–Mafia-Projekts. Es war doppelt überraschend, da diese Offiziere doch alle nun der Mafia jenseits der Meerenge von Tunis schon so nahe waren. Cincotta, kurz nach seiner »Erkundung« der Zusammenarbeit zwischen dem Dritten Marinedistrikt und der New Yorker Unterwelt, wußte noch immer nichts, obwohl er bemerkte, daß die drei jungen Offiziere etwas hatten, was er als »eine Liste von Leuten, die sie in Sizilien aufsuchen könnten«, bezeichnete.

Nicht lang nach diesem Zusammentreffen gingen Leutnant Marsloe und Fähnrich Murray an Bord der U.S.S. *Monrovia,* des Flaggschiffs von Vizeadmiral Hewitt, mit dem Befehl, mit der ersten Angriffswelle der amerikanischen Siebenten Armee bei Licata zu landen. Die Leutnants Alfieri und Titolo erhielten Order, mit der ersten Welle von Kampftruppen der Infanterie bei Gela an Land zu gehen. Jeder der vier Offiziere, die alle noch keine zwei Monate von New York fort waren, sollte in einem anderen Landeboot mitfahren, um die Chancen zu verbessern, daß wenigstens einer von ihnen den Strand lebend erreichte.

Am 10. Juli 1943, von 2 Uhr 30 an, stürmte die Siebente Armee die Küste bei Gela und Licata gegen leichten bis mittleren Widerstand der italienischen Küstenverteidigungstruppen in gutbefestigten, von Minenfeldern geschützten Stellungen. Schon seit einigen Tagen hatte in diesem Gebiet ein Landeverbot für Geheimagenten bestanden, weil man vermeiden wollte, die Aufmerksamkeit des Gegners auf die vorgesehene Invasionszone zu lenken. Aber schwere Amphibienfahrzeuge mit Spähtrupps waren schon vor den Kampfeinheiten gelandet, um Unterseeboote auszukundschaften, die Landeplätze zu markieren und für die erste alliierte Landeoperation in einem von den Deutschen besetzten Gebiet die Wasserwacht zu halten.

Die Abwehroffiziere der vorgeschobenen Flottenstützpunkte – Leutnant Marsloe und Fähnrich Murray in Licata, Leutnant Alfieri und Leutnant Titolo in Gela – landeten mit den ersten Angriffstruppen. Zwei andere Abwehragenten, die gleich am ersten Tag in Sizilien landeten, waren ein OSS-Mann mit dem Decknamen Sorel, der einen Angriff auf einen Bunker leitete, und kein Geringerer als der kommandierende General der OSS, Generalmajor William J. »Wild Bill« Donavan. Die OSS sollte, zusammen mit der Spionageabwehr des Heeres, den größeren Teil der Aufklärungsarbeit in Sizilien leisten. Aber die Marine hatte reichlich Gelegenheit, ihr ausgefeiltes, exaktes Können zu beweisen. In Gela und Licata gingen die vier Marineabwehroffiziere, gereift in den Unterweltaktionen im New Yorker Hafen, systematisch ans Werk, um wichtiges Nachrichtenmaterial zu organisieren, das für die Schlacht vom 10. Juli verwendet werden konnte. Marsloe und Murray, Alfieri und Titolo versammelten vorerst viele sizilianische Zivilisten um sich und überredeten sie, trotz Kugelhagel ihre Schutzräume zu verlassen. Dann überredeten sie die Sizilianer, ihnen zu zeigen, wo an den Stränden und in den Häfen Minenfelder ausgelegt waren. Das waren unmittelbar nützliche Informationen. Dadurch wurden sicherlich vielleicht Hunderte Soldaten vor Tod und Verwundung bewahrt. Den Soldaten, die mit der zweiten Angriffswelle den Strand erreichten, wurde bei der Landung gezeigt, wo man hintreten konnte und wo nicht. Sie begannen alsbald, entlang sicherer, minenfreier Pfade landeinwärts vorzudringen.

Als nächstes erkundeten Marsloe und Murray, Alfieri und Titolo bei sizilianischen Fischern in der Umgebung der Häfen die genauen Positionen der feindlichen Minen im Meer, die nicht nur die Landeboote, sondern auch die schwereren Schiffe mit Verstärkungen, Munition und Nachschub in die Luft jagen sollten. Dann bekamen Marsloe, Murray, Alfieri und Titolo von freundlich gesinnten sizilianischen Zivilisten die Auskunft, wo in den kleinen, aber brauchbaren Häfen Minenfallen ausgelegt waren.

Die Sizilienlandungen waren, trotz aller Mängel in der Planung, ermutigend schnell angelaufen. General Sir Harold Alexander, der britische Befehlshaber der alliierten Bodentruppen, wußte aus der ultrageheimer Entschlüsselung aufgefangener deutscher Code-Nachrichten, daß die deutsche Verteidigung bis zum Auftauchen einer aus Alexandrien kommenden Armada unsicher gewesen war, wo die Alliierten landen würden. Infolgedessen blieb die einzige starke deutsche Reserve auf der Insel in separate Teile gespalten, die drei mögliche Landeplätze im Auge behalten mußten. Auch alliierte Luftlandetruppen, obwohl auf gut Glück an verschiedenen Stellen abgesetzt, waren imstande, die auf Bergstraßen zur Küste vorrückenden Deutschen aufzuhalten. General Alexander erfuhr aus den abgefangenen verschlüsselten Feindnachrichten auch, daß das Kommando der Achsenmächte in Sizilien dem Zusammenbruch nahe war. Die Deutschen und die Italiener verachteten einander offenbar dermaßen, daß sie nicht mehr lang auf derselben Seite weiterkämpfen konnten.

Im Laufe des Vormittags der Landeschlacht begann die italienische Küstenverteidigung sich aufzulösen. Viele sizilianische Soldaten packten einfach ihre Sachen und gingen nach Hause. Gleichzeitig aber waren mehrere deutsche Panzer in Schußweite des Strandes gelangt und eröffneten ein lebhaftes Trommelfeuer. Die Schlacht wurde also jede Minute heißer, obwohl die Front zu zerfallen begann. Das war der Moment, auf den Marsloe und Murray, Alfieri und Titolo bei Licata seit der ersten Landungswelle gewartet hatten – nun konnten sie durch und hinter die feindlichen Linien schlüpfen. Alfieri hatte ein spezifisches Ziel, das in Nordafrika vorbestimmt worden war. Der Zeitpunkt war gekommen, Kontakt herzustellen mit den sizilianischen *Mafiosi,* die ihn dorthin bringen würden, wo er hinwollte.

»Einer der wichtigsten Pläne war es«, berichtete Alfieri, »Kontakt mit Personen aufzunehmen, die wegen eines Verbrechens aus den Vereinigten Staaten ausgewiesen und in ihre Heimat Sizilien deportiert worden waren, und einer meiner ersten Erfolge nach der Landung in Licata stand damit im Zusammenhang. Ich stellte nämlich nützlichen Kontakt mit zahlreichen Personen her, die deportiert worden waren. Sie waren äußerst kooperativ und hilfreich, denn sie sprachen sowohl den regionalen Dialekt als auch etwas Englisch.«

Auf die Frage, ob diese freundlichen Sizilianer richtige Mitglieder der Mafia gewesen seien, sagte Alfieri, der offenbar seine Kontaktleute nicht gern bloßstellen wollte: »Nun, sie haben es nie zugegeben, aber aus meiner Erfahrung in New York wußte ich schon, daß sie dazugehörten.« Waren diese Kontakte aus dem Unternehmen Luciano in New York hervorgegangen? »Ja, zum Großteil.« Waren diese Verbindungen von großer Bedeutung in Licata? »Ja, ohne jeden Zweifel.«

Marsloe, der ranghöchste Offizier der Landegruppe, bestätigte Alfieris Bericht. »So erstaunlich es klingt«, sagte er, »die ersten Anfänge dieser Aktion hatten ihren Ursprung auf dem amerikanischen Kontinent. Die *Husky Operation* (›Operation Bulle‹, der Deckname für die Landung in Sizilien), bei der unsere Gruppe in zwei getrennten Teams operierte, war gekennzeichnet durch den Erfolg eines Angehörigen unserer Gruppe, der hinter die feindlichen Linien gelangte, nachdem er vorher den geheimen Standort des italienischen Marinehauptquartiers ausgekundschaftet hatte.«

Dieser eine Mann war Alfieri, und da rannte er nun durch das Trommelfeuer von Geschützen, Minenwerfern und Maschinengewehren in die Trümmer der zerfallenden Feindstellungen. Sein Ziel war in der Tat das geheime Hauptquartier des italienischen Marinekommandos, und er wußte schon seit Nordafrika, daß es nicht in den Amtsgebäuden am Hafen untergebracht war. Das Marinehauptquartier befand sich nämlich in einer hübschen italienischen Ferienvilla in pittoresker Umgebung, ein Stück vom Strand entfernt. Alfieris' *Mafiosi*-Kontaktleute sorgten dafür, daß er die richtige Villa fand, und als er das Hauptquartier stürmte, fand er ein paar aufgeschreckte italienische Marineleute, die sich mehr vor den aus den Bergen kommenden Deutschen fürchteten als vor den

Amerikanern, die von der Küste her vorrückten. Alfieri betrat unbehindert das Büro des italienischen Admirals. Es war leer. Er ging geradewegs auf das Safe zu; er wußte, wo es zu finden war, und hurtig traf er, der Abwehroffizier, der während der Unterweltaktionen in New York der Spezialist für Einbrüche gewesen war, seine Vorbereitungen, es zu knacken. Aber die Zeit reichte nicht dazu. Die Schlacht wogte hin und her. Alfieri wußte nicht, waren die Deutschen im Anmarsch, würden die Italiener aggressiv werden? So beschloß er, nicht seine geschickten Finger, sondern Dynamit zu gebrauchen. Er sprengte den Safe praktisch mit Zündungszeit Null. Dann griff er in den rauchenden Safe, packte einen Armvoll Dokumente, die er dort vermutet hatte, und rannte zum Strand zurück.

Alfieri fand Marsloe, und die beiden Männer ließen sich freudig erregt und frohlockend zum Flaggschiff Admiral Conollys bringen. Dort legten sie dem staunenden Admiral ihren Armvoll Dokumente vor. Da waren deutsche und italienische taktische Chiffern und Codes von lebenswichtiger Bedeutung für den Erfolg der Invasion, da ja die Schlacht noch dauerte. Und da war auch die Paradetrophäe – die Dokumente, auf die Alfieri es abgesehen gehabt hatte. Marsloe war hocherfreut über den Fang, den er folgendermaßen charakterisierte: »Dokumente, die die gesamte Disposition der deutschen und italienischen Marineeinheiten im Mittelmeer – einschließlich der Minenfelder im Mittelmeer und der von den Deutschen angefertigten Planpausen dieser Minenfelder – enthielten und außerdem noch die sicheren Geleitrouten durch die Minenfelder zeigten!« Marsloe, der im Dritten Marinedistrikt für seine Untertreibungen bekannt war, faßte die Bedeutung dieses Fundes so zusammen: »Diese Dokumente wurden noch während der Kampfhandlungen an Bord von Admiral Conollys' Flaggschiff gebracht und transkribiert; sie haben viel dazu beigetragen, die Kapitulation der Italiener zu beschleunigen.«

Einer der höheren Offiziere, die Alfieris Heldentat lobten, war Oberst Cincotta. »Alfieri hat den Panzerschrank geknackt, sich dabei fast umgebracht und die Pläne beschafft.« Alfieri wurde dafür mit dem Orden *Legion of Merit* ausgezeichnet. Die Belobigung des Präsidenten hatte folgenden Wortlaut: »Durch seine Tapferkeit und Kühnheit, seine Hingabe und sein Pflichtgefühl gelang es ihm, Informationen von großem Wert für zukünftige Kriegsaktionen zu beschaffen. Damit hat er in hohem Maße zum Erfolg unserer Invasionstruppen beigetragen.« Das war ein bemerkenswerter Tribut sowohl für Alfieri als auch für das Marineabwehrprojekt, das, wie Marsloe sagte, »seinen Ursprung auf dem amerikanischen Kontinent hatte, so erstaunlich es klingt«. In der Frühphase des Projekts hatte Kommissar Lyons gesagt, er wäre für das Unternehmen, wenn es auch nur das Leben eines einzigen amerikanischen Soldaten auf einem einzigen amerikanischen Schiff retten könne. Jetzt wurden Hunderte von Menschenleben gerettet und eine Schlacht gewonnen, und das war nicht zuletzt auf die phantasievolle, mutige Nutzung der Verbindung mit der Mafia zurückzuführen.

Während der übrigen siebenunddreißig Tage des Sizilienfeldzuges wurden die Ereignisse weniger von der alliierten Überlegenheit zu Land und zu Wasser und von den Listen des Geheimdienstes bestimmt als von dem erbitterten Widerstand der 60.000 Mann deutscher Truppen auf der unwegsamen, gebirgigen Insel. Die Alliierten hatten 450.000 Mann, aber sie benötigten alle Hilfe, die sie von der Zivilbevölkerung nur bekommen konnten. Auf ihren Erkundungsfahrten fanden Marsloe und Murray, Alfieri und Titolo noch zusätzlich große Mengen von feindlichen Marinedokumenten in Palermo und in Porto Empedocle nahe den Ruinen des antiken Agrigent. Sie warben Lotsen, Arbeiter, Schlepper und anderes Hafenpersonal an, das half, die Häfen wieder benützbar zu machen. Sie erleichterten die Beziehungen – wie es im offiziellen Bericht über ihre Tätigkeit hieß – zu den Einheimischen, was für die Einquartierung und andere Dienstleistungen von Bedeutung war. Sie überprüften Zivilbeamte und Arbeiter, um festzustellen, ob sie vertrauenswürdig waren und in den Häfen beschäftigt werden konnten. Sie besorgten die Verbindungen zur Spionageabwehr des Heeres und zu

AMGOT (Alliierte Militärregierung der besetzten Gebiete), der Organisation, die die Verantwortung für die Zivilverwaltung der Insel übernahm.

Während des ganzen Feldzuges reichte der Aufgabenkreis der Marineabwehr kaum über das Küstengebiet Siziliens hinaus. Aber ihre Unternehmungen waren von einer improvisatorischen Brillanz, die gewissermaßen ihren Ursprung ebenfalls in den Vereinigten Staaten hatte. Unter der direkten Aufsicht von Titolo und Alfieri wurde die südsizilianische Fischereiflotte auf ganz ähnliche Weise organisiert, wie Joe »Socks« Lanza es in New York getan hatte. Alfieri erklärte, wie das geschah:

> Ich wandte die Techniken an, die ich im Distriktabwehrbüro des Dritten Marinedistrikts gelernt hatte, um eine ähnliche Einheit in Sizilien einzurichten. Diese Einheit wurde übrigens Leutnant Titolo unterstellt und war für die Marine insofern sehr nützlich, als sie Bewegungen von fremden Schiffen meldete. Diese sizilianische Fischereiflotte unter der Kontrolle der amerikanischen Marine hatte ursprünglich die Aufgabe, Lebensmittel für die Italiener heranzuschaffen, dort, wo die Invasion schon durchgeführt war. Unter dem Befehl von Leutnant Titolo aber wurden alle Fischerbootkapitäne aufgefordert, gewisse Beobachtungen weiterzugeben, die von großem Wert für die Abwehr waren und uns während dieser unruhigen Anfangstage der Invasion sehr nützten.

Hatten Titolo und Alfieri Verbindung mit Mitgliedern der Mafia, als sie die Fischereiflotte organisierten? Titolo sagte: »Das hatten wir.« Waren die *Mafiosi* von Nutzen? Titolo sagte: »Ja.« Von großem Nutzen? »Ich würde sagen, von erheblichem Nutzen.« War die Information, die im Dritten Marinedistrikt beschafft worden war, nützlich? »Sehr nützlich.«

Auf eine ziemlich ähnlich improvisierte Art und Weise bildete die Gruppe SI (geheime Aufklärung) des OSS eine Basis in Palermo – wo sogar die Universitätsprofessoren eingespannt wurden, um die laufenden Probleme Siziliens zu studieren – und weitete die Geheimdienst-Operationen gewaltig aus. Sie schickte mehrere kleine Trupps mit Besatzungssoldaten auf Mussolinis Gefängnisinseln und befreite nicht nur Antifaschisten, sondern auch viele *Mafiosi.* Mit dem Fortschreiten der Invasion wurden die Aktionen, die an der Küste begonnen hatten, ins Landesinnere vorgetragen und intensiviert, in dem Maße, wie die Alliierten, besonders die Briten, mit der sizilianischen Mafia Kontakt aufnahmen und mit ihr gemeinsame Sache machten. Der alliierte Vormarsch hatte viele Paten!

Die Mafia wollte innerhalb ihrer lockeren, ortsgebundenen Hierarchie mithelfen, die Achsenmächte von der Insel zu vertreiben; sie wollte sich mit den Alliierten vertragen, um für ihre eigenen Zwecke Frieden und Wohlstand wiederherzustellen. So meldeten sich zum Beispiel viele *Mafiosi* tapfer als »einheimische Führer« für die Alliierten. Im OSS-Bericht über den sizilianischen Feldzug hieß es später: »Es stellte sich bald heraus, daß Geheimagenten, die in den Vereinigten Staaten rekrutiert und zur geheimen Abwehrarbeit ausgebildet worden waren, für Nahbereichs-, taktische oder Kampfaufklärungseinsätze nicht brauchbar waren. Im Gegensatz dazu hatten ausgesuchte Einheimische, die an Ort und Stelle eingezogen, ausgebildet und instruiert wurden, nicht nur die natürliche Dekkung, um durch die Linien zu schlüpfen, sie waren auch mit dem Terrain bestens vertraut.«

Und weiter: »In den letzten Stadien des Feldzuges und während der Okkupation trug das OSS wesentlich zur Arbeit der vorgeschobenen Elemente des Gegenspionage-Korps und der Militärregierung bei. Offiziere der geheimen Aufklärung hatten aktive Verbindung mit einheimischen Widerstandsgruppen einschließlich der Mafia und mit Untergrundelementen, die über ganz Italien Verbindungen miteinander aufrechterhielten.« Diese Kontakte und Verbindungen sollten jedoch später zu schwerer Kritik Anlaß geben, und wegen des italienischen Partikularismus sollte die sizilianische Abstammung mancher Geheimdienstleute ihren Beziehungen zu Politikern aus Nord- und Mittelitalien eher schaden als helfen.

Das OSS selbst, das mit der Zeit fast alle Abwehraufgaben im Italienfeldzug übernahm, sollte bald von den gleichen Skrupeln geplagt werden wie die Marineabwehr in Washington. In Sizilien gab es sogar noch mehr Probleme: Die Militärregierung hatte einige gute Freunde der Mafia in verschiedene Positionen bis hinauf zum Vizebürgermeister eingesetzt, und die Mafia schickte sich nun an, das Hinterland zu übernehmen. Auch war die Mafia in Diebstähle an alliiertem Heeresgut verwickelt, und die gestohlenen Waren wurden nun auf dem Schwarzmarkt zu überhöhten Preisen den verarmten Sizilianern angeboten.

Die Mafia in Sizilien, mit ihrer lockeren Organisation und ihrer besonderen Lebensauffassung in einer gesetzlosen Welt, hatte vieles überlebt: die Araber und die Byzantiner, die Anjous, die Spanier, die Neapolitaner und die Bourbonen, deren Tyrannei sie bewog, Giuseppe Garibaldi zu helfen, als der bärtige Freiheitsheld 1860 in Marsala landete. Die Mafia hatte auch Mussolini überlebt, der angeblich dafür sorgte, daß die Züge pünktlich verkehrten, und der der Unterwelt den Kampf ansagte, es aber kaum jemals wagte, Sizilien zu betreten.

Die Mafia fand bei den britischen Offizieren in Sizilien enormen Anklang mit ihrem Ehrenkodex und ihrer altertümlichen Ritterlichkeit; außerdem betrachteten die Briten Sizilien oft als ein Land, das eigentlich nicht zu Italien gehörte. Die Mafia fand auch Anklang bei amerikanischen Offizieren, besonders bei den italienischsprechenden Offizieren sizilianischer Abstammung, die beeindruckt waren, weil die *Mafiosi,* weit entfernt davon, sich wie gemeine Gangster zu benehmen, Sizilianer von großem Stolz und Wissen waren, bereit, ihr Leben zu riskieren, um den Feind zu bekämpfen. Wenn *Mafiosi* zu britischen oder amerikanischen Abwehroffizieren während dieses Feldzuges sagten: »*E cosa mia*«, was so viel heißt wie »Das ist meine Sache« oder »Laß mich nur machen«, dann wußten sie, daß sie in Sizilien waren und daß sie sich auf die *Mafiosi* verlassen konnten. Wurden alliierte Geheimagenten in einer schweren Mission als »*gli amici*« begrüßt, als »Freunde von Freunden« im Sinn der Mafia oder »Freunde« im Sinn der Alliierten, dann fühlten sie sich viel sicherer vor der Gestapo und viel näher der Erfüllung ihrer Aufgabe und der Rückkehr nach Hause.

Als der Krieg später auf Mittel- und Norditalien übergriff, wo die Mafia weder einflußreich noch beliebt war, entwickelte sich diese Kameradschaft mit der italienischen Unterwelt zu einem Problem von gefährlichem Ausmaß. Einmal, nach einer Inspektion einer Personalkontrollkommission aus Washington, wurde fast die Hälfte aller Geheimagenten des OSS vom Mittelmeerkriegsschauplatz abgezogen. Der OSS-Bericht war unverblümt: »Die Untersuchung galt hauptsächlich der Abteilung Geheimaufklärung Italien. Ihr Personal, vornehmlich sizilianische Amerikaner, hatte dazu geneigt, eine Clique zu bilden, die anderen keine Autorität einräumen wollte.« Ein Historiker des OSS nach dem Kriege war noch unverblümter: Er sagte, in der Abteilung sei eine Anzahl von »Gaunern« gewesen.

Es war jedoch sehr einfach, nach dem harten Sizilienfeldzug fein zu tun und über die Zusammenarbeit mit der Mafia die Nase zu rümpfen. Ganz etwas anderes wäre es gewesen, die Verantwortung für das Leben der Leute zu tragen und gleichzeitig zu versuchen, den Feldzug ohne die Mafia zu führen. Wie wichtig aber war Sizilien? Stand es dafür, Europa gerade über diese Insel zu erobern, wenn dafür ein so hoher Preis wie die Zusammenarbeit mit Kriminellen gezahlt werden mußte? War es nicht bekannt, daß der Ehrenkodex der Mafia verlangte, Gefälligkeiten zu erwidern? Würde der wahre Preis für den Sieg in Sizilien eine Explosion der Rauschgiftsucht, des Hasardierens, der Prostitution in künftigen Jahren sein? War die Einnahme Siziliens das wert? Oder war Sizilien vielleicht noch mehr wert?

Am 17. August 1943 war die Insel zur Gänze in der Hand der Alliierten, und gleich danach beurteilten die Alliierten diesen Feldzug einerseits als eine Blamage, weil die wenigen Deutschen so lange ausgehalten hatten, andererseits als eine unerläßliche Schule für die entscheidende Landung in Nordwesteuropa. Sizilien war ein Tor zum europäischen Festland. Damals war Sizilien für die Deutschen eine tödliche Bedrohung: hatten doch die Alliierten genau das vollbracht, von dem Hitler behauptet hatte, sie könnten es niemals vollbringen: in Europa landen und dort bleiben – und Hitler konnte sie nicht wieder hinauswerfen. Sizilien fiel zeitlich mit Hitlers katastrophaler Niederlage bei Kursk zusammen, und auch die Schlacht im Atlantik nahm eine entscheidende Wendung. Die vereinigten Generalstabschefs der Alliierten hatten sich angesichts der schweren Verluste durch U-Boote im Jahre 1943 entschlossen, das Ultra-Geheimnis nun doch nutzbar zu machen. Die Küstenflugzeuge wurden auf die U-Boot-Stellungen angesetzt, die aus den entschlüsselten Code-Nachrichten schon längst bekannt waren, und fegten die Unterseeboote hinweg.

In weiterer Perspektive war aber Sizilien von noch größerer Bedeutung für die Geschichte der großen italienischen Nation – und in dieser Hinsicht war die Entscheidung der Alliierten, mit der Mafia zusammenzuarbeiten, sogar noch besser gerechtfertigt. Mussolini wurde gestürzt, und der entscheidende Anstoß dazu war seine Unfähigkeit, Sizilien, einen Teil Italiens, zu verteidigen. Endlich, am 8. September 1943, kapitulierte Italien vor den Alliierten, und der lange Alptraum Mussolini war vorbei. Auch er war, wie die Laufbahn anderer Tyrannen in der Vergangenheit, auf der geheimnisvollen Insel Sizilien beendet worden.

Am 9. September, einen Tag nach der italienischen Kapitulation, landete die Fünfte Armee, bestehend aus einem amerikanischen und einem britischen Korps und flankiert von Rangers und Kommandotruppen, im Golf von Salerno am italienischen Festland. Wieder gingen die Leutnants Marsloe und Alfieri von der Marineabwehr mit der ersten Welle der Infanterie an Land, um mit der geheimen Aufklärung zu beginnen. Am Tag der Landung und an den beiden folgenden Tagen waren diese fließend Italienisch sprechenden Männer dem Strandbattaillon der Angriffstruppe zugeteilt und unterstanden Konteradmiral John L. Hall junior von der Achten Amphibischen Einheit.

Über ihre erste Mission berichtete dessen Vorgesetzter, Vizeadmiral Henry K. Hewitt: »Die beiden auf Italien spezialisierten Abwehroffiziere sammelten und lieferten wertvolle Informationen durch Erkundung und durch Befragung von Einwohnern und Flüchtlingen.«

Aber plötzlich führten die Deutschen einen heftigen Angriff gegen den Brückenkopf von Salerno; damit begann eine sechstägige Materialschlacht, in der die Alliierten an den Rand einer Katastrophe gerieten. Marsloe und Alfieri bewegten sich vom »roten Strand« bei den Ruinen von Paestum landeinwärts und standen praktisch ununterbrochen unter Feuer, während sie zuerst Routinebefragungen durchführten und dann versuchten, in Salerno einschlägige Informationen aufzutreiben. Bei der Fünften Armee waren rund vierzig Offiziere und Mannschaften des OSS und zahlreiches anderes Abwehrpersonal, aber Marsloe und Alfieri waren hinter einem besonderen Ziel her. Und wieder benützten sie ihre Kontakte zu Italienern innerhalb und außerhalb der Unterwelt und entdeckten so ein Exemplar des italienischen SIC-Torpedos samt Auslösemechanismus. Marsloe fand das Torpedo am nördlichen Ende des arg mitgenommenen Brückenkopfes, und eine Beschreibung des Mechanismus wurde dem Marinehauptquartier übermittelt.

Die Marineabwehr erbeutete noch etwas in Salerno. Wie Marsloe später berichtete: »Die Gruppe stellte den Plan der deutschen und italienischen Strandminenfelder sicher, ermittelte den Standort eines von den Deutschen übernommenen Panzerzuges der italienischen Marine mit sechszölligen Kanonen und erbeutete im Hauptquartier der deutsch-italienischen Küstenartillerie Abschnittskarten mit Artillerie-Koordinaten und Angabe der Küstenartillerie-Positionen in Feindesland.«

Befragt, ob er im Brückenkopf Salerno Kontakt mit Mafiamitgliedern aufgenommen habe, sagte Alfieri: »Das habe ich zuallererst getan.« Waren die *Mafiosi* auf dem Festland ebenso hilfsbereit wie in Sizilien? Alfieri sagte: »Fast in jedem Fall.«

In Salerno erlitt das Marineabwehrteam seinen ersten

Verlust: Marsloe wurde von einem Schrapnellsplitter im Gesicht getroffen, gerade unterhalb des rechten Backenknochens. Der Sieg von Salerno war so hart erkämpft, daß er und Alfieri sich glücklich schätzten, am Leben geblieben zu sein. Inzwischen war ein drittes Mitglied des Teams an einer anderen Front eingesetzt. Am 9. September nahmen die Alliierten die Kapitulation der italienischen Streitkräfte auf Sardinien entgegen, wo die Mafia ebenfalls mächtig war. Leutnant Titolo machte einen Erkundungsflug nach Cagliari, den er laut Admiral Hewitt »geschickt ausführte«. Dann wurde er während der Besetzung Stabsabwehroffizier in Cagliari, organisierte die Fischereiflotte unter Benützung von Unterweltkontakten und anderen Verbindungen, ganz wie er und Alfieri es in Gela und Licata und wie Haffenden und Joe »Socks« Lanza es im New Yorker Hafen getan hatten. Titolo erinnert sich:

> Mit Hilfe der Fischereiflotte war es mir möglich, Informationen zu erlangen, die zur Ergreifung von neunzehn hochrangigen italienischen Offizieren führten, die im Begriffe waren, zu fliehen und sich wieder den deutschen Streitkräften anzuschließen, in der Absicht, Truppen nach Sardinien zu führen und die Insel zurückzuerobern. Wir erwischten die Offiziere, als sie gerade abdampfen wollten. Unsere Konfidenten waren Leute von der Fischereiflotte.

Der langandauernde, aufreibende Kampf um das gebirgige italienische Festland war einer der härtesten Feldzüge des Krieges. Die Mithilfe der italienischen Untergrundbewegung und der alliierten Abwehragenten aller Nationen und aller Waffengattungen wurde überall gebraucht. Das Marineabwehrteam bewies in seinen Aktionen Geschicklichkeit und Phantasie. Marsloe, Murray, Alfieri und Titolo waren alle im Einsatz bei der Einnahme von Neapel, wo Admiral Hewitt ihre Bemühungen als »von größtem Wert« beschrieb. Alfieri diente in Sardinien und nahm an der so gut wie unblutigen Einnahme der Insel Elba teil. Marsloe war dabei, als die Alliierten am 22. Jänner 1944 in dem kleinen Hafen Anzio landeten, um die deutschen Stellungen, deren Zentrum das berühmte Kloster auf dem Monte Cassino war, zu umgehen. Auch Titolo war beim Brückenkopf Anzio eingesetzt.

Damals diente Marsloe, der inzwischen zum Lieutenant-Commander avanciert war, schon als Planungsoffizier in einer Sondereinheit, die nach dem Ausbruch aus dem Brückenkopf gebildet worden war. Die Sondereinheit war für Spezialaufgaben bei der Einnahme von Rom bestimmt, und Marsloe marschierte mit den ersten Truppen in Rom ein, um zwei bestimmte Personen ausfindig zu machen und sicher ins alliierte Hauptquartier zu eskortieren. Der eine war Admiral Franco Maugerie, vormals Leiter der italienischen Marineabwehr, ein Gegner Mussolinis, der aber beschlossen hatte, in dem von den Deutschen besetzten Rom zu bleiben und insgeheim für die Alliierten zu arbeiten. Der zweite war ein Italiener, der die Alliierten auf ein vierköpfiges Mordkommando aufmerksam gemacht hatte, das nur 100 Meter vom Zelt des Armeegruppenkommandanten, General Sir Harold Alexander, dingfest gemacht wurde. Für diese erfolgreichen Aktionen wurde Marsloe mit der bronzenen Tapferkeitsmedaille der italienischen Widerstandsbewegung ausgezeichnet.

Zwei Tage nach dem Einmarsch in Rom, am 6. Juni 1944, landeten die Alliierten mit Teilen von sechs Infanteriedivisionen und drei Luftlandedivisionen in der Normandie. Damit begann eine der entscheidenden Schlachten des Zweiten Weltkrieges. Vom ersten Tag an dabei war Leutnant Kaitz, ein Veteran des Unterweltprojekts des Dritten Marinedistrikts, der nun unter teuflischem Trommelfeuer am Strand »Omaha Beach« Erkundungsarbeit betrieb. Kaitz beschrieb, was das bedeutete: »Wir haben uns eingegraben und gebetet.« Noch vor der Küste lag zu diesem Zeitpunkt Lieutenant-Commander Henry, der berühmte frühere Leiter der Zone 9, der für »bemerkenswerte Tapferkeit vor dem Feind« als Landungsbootkommandant den »Silbernen Stern« erhielt.

Inzwischen kämpften in Italien Marsloe und Alfieri weiter in ihrer Sondereinheit und mit anderen Gruppen in Florenz und an beiden Küsten. Nun gab es schon fünfundsiebzig OSS-Teams hinter den Linien sowie italienische Partisanen in Divisionsstärke. Wieder wurde das Marineabwehrteam für Sondermissionen eingesetzt. Titolo war Kommandant eines amerikanisch-britischen Abwehrteams, das nach dem alliierten Durchbruch in Genua einrückte. Titolo, der ebenfalls befördert worden war und die bronzene Medaille der italienischen Widerstandsbewegung erhalten hatte, bestätigte nach dieser Aktion: »Ich habe in Norditalien wirklich Leute aus kriminellen Kreisen aufgesucht, die waren aber nicht als Mitglieder der Mafia bekannt.«

Commander Marsloe, der niemals seine oder Alfieris Kontaktleute und Quellen im italienischen Feldzug preisgab, faßte die außergewöhnlichen Unternehmungen in den letzten Kriegsmonaten folgendermaßen zusammen:

> Zu verschiedenen Zeiten waren bei der Sondereinheit amerikanische Techniker, um das Personal über feindliche Spezialeinrichtungen zu instruieren, die sie suchen sollten, wie zum Beispiel deutsche Fernlenkgeschosse. Es sollten auch Techniker ausfindig gemacht und befragt werden, erbeutete Feindausrüstungen sollten bewertet werden, und einmal sollte auch festgestellt werden, auf welche Weise deutsche und italienische Wissenschaftler beim Versuch, eine Atombombe herzustellen, spaltbares Material verwendeten.
>
> Von Florenz aus, während diese Stadt noch in Feindeshand war, entdeckten wir die Existenz eines binokularen Nachtperiskops für Unterseeboote, das dem Zeiss-Periskop weit überlegen war. Nach dem Fall von Florenz entdeckten wir den U-Boot-Simulator »Galileo«, der später im Zentrum für Spezialtechnik in Port Washington auf Long Island installiert wurde. Dann war dort die Minenfabrik Pignone, komplett mit Minenmuseum, ferner neue Waffen wie die Mine P-1600 für extreme Tiefen, eine Bugschutzmine, eine Mine, die sich selbst zerstörte, wenn sie aufgefischt wurde, und neuartige Strandminen mit Plastiksprengköpfen, die in großer Zahl am Ufer ausgelegt werden sollten, um Landungen

zu verhindern. In Florenz war auch die Fabrik Panerai, wo wir viele Präzisionsgeräte für Sabotagezwecke entdeckten, die für die berühmten Unterwasser-Sprengkommandos der italienischen Marine erzeugt worden waren.
Später, in Venedig und Mailand, fanden wir Prototypen und Pläne von Klein-U-Booten für vier Mann Besatzung, die die Italiener den Japanern für den Krieg im Pazifik geliefert hatten. Ferner das deutsche elektromagnetische Minenräumgerät und das Echolot-Minenräumgerät KKG sowie das Kleinunterseeboot Campini mit Düsenantrieb.

Marsloe erhielt die Auszeichnung »Legion of Merit«, und in der namentlichen Belobung hieß es: »Seine überragenden Kenntnisse in bezug auf Sprachen, Psychologie und die technische Seite der Kriegführung, verbunden mit außergewöhnlichen persönlichen Eigenschaften, trugen wesentlich zum Erfolg von sechs äußerst lebenswichtigen und gefährlichen Abwehroperationen in Italien bei. Der Mut, das Pflichtbewußtsein und das fachliche Können, die Lieutenant-Commander Marsloe in dieser Periode unter Beweis stellte, gereichen ihm zur höchsten Ehre und standen im Einklang mit den höchsten Traditionen der amerikanischen Marine.«

Wieder einmal war die namentliche Belobung nicht nur ein Tribut für Marsloe und seine Kameraden in Sizilien und Italien, sondern auch für das Marineabwehrprojekt in New York, von wo diese heroischen und erfolgreichen Aktionen ihren Ausgang genommen hatten. Frei nach Kommissar Lyons: Das ganze Unternehmen wäre schon dafürgestanden, wenn dadurch nur Marsloe, Murray, Alfieri und Titolo entdeckt und gefördert worden wären. Sie haben es weit gebracht vom New Yorker Hafen und sogar von den *Mafiosi* bei der Eroberung Siziliens.

Für Marsloe endete der Krieg in einer alliierten Marineversuchsstation in Venedig, wo er mit dem berühmten britischen Froschmann Commander »Buster« Crabbe zusammenarbeitete. Sie verfeinerten technische Unterwasserkriegstechniken für den noch nicht beendeten Krieg gegen Japan. Alfieri erhielt zum Schluß nochmals die »Legion of Merit« und einen letzten Auftrag so recht nach dem Herzen eines Marineabwehroffiziers, der sowohl die Vereinigten Staaten als auch Italien liebte. Er war die lange, gewundene Straße von der Zusammenarbeit mit der Unterwelt in New York bis zum Tag des Sieges in Europa gewandelt, und diesen Tag erlebte er im majestätischen Schatten der Alpen. Er hatte überlebt. Er hatte gewonnen. Und nun war ausgerechnet Alfieri derjenige amerikanische Abwehragent, der in einer versteckten Villa in der Nähe des Gardasees das Privatarchiv Benito Mussolinis fand, kurz nachdem der Duce erschossen und an den Füßen aufgehängt worden war.

Vierter Teil

1945: Luciano bittet um Gnade

Am Tag des Sieges in Europa, dem 8. Mai 1945, reichte Rechtsanwalt Moses Polakoff in New York ein Gnadengesuch für Charles »Lucky« Luciano ein. Das war ein geschickt gewählter Zeitpunkt. Der Krieg in Europa war zu Ende, und Polakoff hielt es nicht mehr für notwendig, so wie damals im Jahre 1943, als er eine Strafminderung für Luciano angestrebt hatte, über die Verdienste seines Klienten beim Kriegseinsatz Stillschweigen zu bewahren. In einem sechs Seiten langen Gnadengesuch, das an Gouverneur Dewey gerichtet war, wiederholte Polakoff die Punkte, die er schon 1943 betont hatte: Luciano sei ein Musterhäftling, habe fast zehn Jahre abgesessen, und die Strafe von dreißig bis fünfzig Jahren Gefängnis sei »übertrieben streng und grausam und stehe in keinem Verhältnis zur Schwere der angeblich begangenen Delikte«. Um diese Behauptung zu untermauern, erinnerte Polakoff den Gouverneur daran, daß ein Mitglied des Appellationssenats, der 1937 Lucianos Berufung behandelt hatte, Richter Untermeyer, »zwar dem Schuldspruch gegen den Angeklagten Charles Luciano zustimmte, aber die Meinung äußerte, die Strafe sei zu streng und sollte herabgesetzt werden«.

Dann unterbreitete Polakoff sein stärkstes Argument für eine Begnadigung – er nannte es offen »eine Sache der grundlegenden Gerechtigkeit«: »Der genannte Charles Luciano veranlaßte freiwillig die Leistung wertvoller, entscheidender und wichtiger Hilfe für die Militärbehörden der Vereinigten Staaten; diese Hilfeleistung war zugegebenermaßen ein wertvoller Beitrag zur Führung des Krieges.«

Polakoff gab den Inhalt des Ansuchens der Marineabwehr um Lucianos Hilfe vom Jahre 1942 wieder, das über die Distriktstaatsanwaltschaft gelaufen war, und beschrieb die Mitwirkung seines Klienten:

> Der Unterzeichnete konferierte hierauf mit dem genannten Charles Luciano, und dieser war sofort bereit, den Auftrag anzunehmen, und zeigte sich vollkommen willig, ohne Rückhalt auf jede ihm mögliche Weise zu helfen. In der weiteren Folge lieferten ungefähr zwei Jahre lang der genannte Charles Luciano und auf dessen besonderen Wunsch auch seine Freunde an Commander C. Radcliffe Haffenden von der Marine-Information (sic) der Vereinigten Staaten Informationen und leisteten auch andere Dienste, die wertvoll und gewichtig waren.

Polakoff sagte, er werde eidesstattliche Erklärungen von Commander Haffenden und auch von Distriktstaatsanwalt Gurfein beibringen: »Beide werden die Art und Bedeutung der Dienste des genannten Charles Luciano bezeugen.«

Polakoff lenkte dann die Aufmerksamkeit auf den dünnen Hoffnungsstrahl, den Richter McCook Luciano nach der Verhandlung im Februar 1943 geboten hatte, nachdem das Revisionsansuchen abgelehnt worden war. Damals hatte McCook gesagt: »Sollte der Antragsteller jetzt und in Hinkunft weiterhin den Behörden behilflich sein und ein vorbildlicher Strafgefangener bleiben, dann könnte zu einem späteren Zeitpunkt ein Gnadenakt angebracht sein.« Polakoff schwor, die Gefängnisbeamten würden bestätigen, daß Luciano ein vorbildlicher Strafgefangener sei, und wiederholte, daß »der genannte Charles Luciano den Militärbehörden der Vereinigten Staaten alle ihm mögliche und in seiner Macht stehende Hilfe geleistet habe«. Für Luciano sei McCooks »späterer Zeitpunkt« nun gekommen.

Schließlich ersuchte Polakoff, die Strafe seines Klienten auf den bereits abgebüßten Zeitraum herabzusetzen, »unter solchen Bedingungen und mit solchen Einschränkungen und Begrenzungen, wie Euer Exzellenz für richtig halten mögen«. Er vermied bewußt jede Erwähnung der möglichen Deportation, weil er, wie er später erklärte, in diesem frühen Stadium des Verfahrens noch hoffte, der Deportationsbescheid könnte aufgehoben werden. Polakoff unterzeichnete das Gnadengesuch, ließ es notariell beglaubigen und ging fort, um das Kriegsende zu feiern.

Nicht lang danach, so berichtete Polakoff, besprach er das Gesuch mit Gouverneur Deweys Rechtsberater, Charles D. Breitel, der es dann ordnungsgemäß an die Begnadigungsstelle der Bewährungsbehörde des Staates New York weiterleiten sollte. Polakoff sprach nie mit Gouverneur Dewey darüber, wohl aber sagte er zu Breitel, er, Polakoff, halte es für seine »Pflicht«, ein Gnadengesuch für Luciano einzureichen. »Ich habe es als Anwalt befürwortet, weil ich der Meinung war, dem Gefangenen gebühre eine Chance.« Polakoff meinte auch, man habe Luciano in Great Meadow seit den schönen Tagen von 1942 ziemlich hängen lassen, und nicht nur seitens der Behörden. Im ganzen Jahr 1943 gab es nur vier Besuche und 1944 nur sechs, von denen allerdings einer, am 24. November, zwei Prominente der Unterwelt umfaßte: Benjamin »Bugsy« Siegel aus Las Vegas und Willie Moretti, bekannt als der Napoleon der Spielhöllen von New Jersey. Im Jahre 1945 hatte es bis zu diesem Zeitpunkt überhaupt erst zwei Besuche gegeben, wie üblich von Polakoff, Meyer Lansky und Mikey Lascari. Polakoff erklärte, sie seien »hingefahren, einfach um ihm einen persönlichen Besuch abzustatten und ihn zu trösten, na, und auch zum Dank für die Hilfe, die er dem Vaterland zu geben versucht hat«.

Polakoff wußte natürlich, daß man Luciano seitens der Distriktstaatsanwaltschaft keine Protektion versprochen und daß auch die Marineabwehr ihm kein solches Angebot gemacht hatte. Ebenso genau wußte er, daß die Situation im Dritten Marinedistrikt sich drastisch von jener in den Jahren 1942 und 1943 unterschied. Der Krieg hatte sich zunehmend günstig entwickelt, und die Marine hatte die üblichen Umgruppierungen vorgenommen, Stabsoffiziere waren an die Front gegangen und ungekehrt, und die

Initiatoren der Zusammenarbeit mit der Unterwelt saßen längst nicht mehr in der Church Street Nr. 50.

Als erster ging am 16. Dezember 1943, ungefähr zu der Zeit, als die amerikanische Fünfte Armee im italienischen Feldzug steckenblieb, Distriktabwehroffizier Captain MacFall weg. Er wurde zum Elften Marinedistrikt in San Diego, Kalifornien, versetzt, von wo er – ein älterer Offizier, der noch nicht pensionsreif war – einen Dankesbrief an Distriktstaatsanwalt Hogan richtete: »Ich möchte diese Gelegenheit wahrnehmen, um Sie meiner Wertschätzung zu versichern und Ihnen meinen Dank auszusprechen für die ausgezeichnete Zusammenarbeit und Hilfe, mit der Sie und Ihre Organisation mich und meinen Stab während meiner Dienstjahre ausgezeichnet haben. Die enge Zusammenarbeit, die zwischen uns bestand, hat vorzügliche Ergebnisse gezeitigt, und ich bin überzeugt, daß auch mein Nachfolger die gleiche wertvolle Unterstützung von Ihnen bekommen wird.« Hogan antwortete: »Es war mir eine Ehre, mit Ihnen und Ihrem Stab zusammenzuarbeiten. Auch ist es mir eine Genugtuung, zu wissen, daß mein Amt in seinem bescheidenen Rahmen der Marineabwehr in einem Distrikt dienlich sein konnte, in dem dauernde Überwachung und gründliche Untersuchungen so notwendig sind.« MacFalls Nachfolger war sein früherer Vollzugsoffizier, Captain William B. Howe, der von Anfang an in das Marine-Mafia-Projekt eingeweiht war.

Im Juni 1944, ungefähr zu der Zeit, als die Fünfte Armee Rom besetzte und die Alliierten in der Normandie landeten, meldete sich Commander Haffenden, damals 52 Jahre alt, freiwillig zum Frontdienst bei den amphibischen Marineeinheiten. Seinem Gesuch wurde stattgegeben, und er vertauschte den Dritten Marinedistrikt mit dem Ausbildungszentrum für Landetaktik in Oceanside, Kalifornien. Zur selben Zeit begab sich auch Oberst Cincotta an den pazifischen Kriegsschauplatz, wo er dem Stab des Oberbefehlshabers, Admiral Chester W. Nimitz, zugeteilt wurde, um Aufgaben »im Zusammenhang mit der Rückeroberung von Guam« zu übernehmen.

Haffendens Nachfolger als Leiter der Abteilung F war

sein früherer Vollzugsoffizier, Lieutenant-Commander MacDowell, der gegen die Zusammenarbeit mit der Unterwelt gewesen war, aber Haffendens Leistung würdigte: »Er war ein harter, aber von allen, die mit ihm zu tun hatten, hochgeschätzter Offizier, der viel auf Moral hielt, jedoch häufig seine eigenen Wege ging, geleitet von seiner lebhaften Phantasie und seinem Glauben an seine Fähigkeiten, für die Marine Gutes zu leisten.«

Am 25. Oktober wurde Haffenden dem Ausbildungskommando der amphibischen Streitkräfte der Pazifik-Flotte als Zweiter Strandmeister zugeteilt. Strandmeister waren jene Offiziere, die versuchten, Ordnung in das Chaos der vollgestopften Strände zu bringen, und die dabei häufig vom Feind eingesehen und unter Feuer genommen wurden. Sie hatten dafür zu sorgen, daß Mannschaften und Fahrzeuge ins Landesinnere vorrücken konnten. Es war ein sehr gefahrvoller, aber doch eher ortsgebundener Posten, den man als geeignet für Offiziere über Fünfzig ansah.

Am 19. Februar 1945 nahm Haffenden an der Landung auf Iwo Jima teil und leistete gute Arbeit als Zweiter Strandmeister unter sporadischem japanischem Feuer im Schatten des Mount Suribachi. Am zweiten Tag nach der Landung, als Vizeadmiral H. W. Hill am Ostufer mehr über die Lage am Westufer erfahren wollte, meldete sich Haffenden freiwillig, die Insel zu durchqueren, das Ufer aus der Sicht des Strandmeisters zu begutachten und zur Berichterstattung zurückzukehren. Am folgenden Tag führte Haffenden mit einem Marinesergeanten und sechs Mann seinen Auftrag durch. Admiral Hill bemerkte dazu: »Unter beträchtlicher persönlicher Gefahr überquerte er die Insel, die zu dieser Zeit unter sporadischem Artillerie- und Granatwerferfeuer lag, und kehrte mit äußerst nützlichen und wertvollen Angaben zurück. Sein Pflichtbewußtsein gereichte ihm zur Ehre und entsprach der besten Marinetradition.«

Am folgenden Tag kamen Haffenden und seine Strandmeistergruppe am Ostufer unter schweren Artilleriebeschuß. Eine Granate explodierte in seiner unmittelbaren Nähe. Er blieb am Leben, litt aber unter Schock und einer schweren inneren Blutung. Er wurde auf ein Spitalsschiff gebracht, erhielt dort mehrere Bluttransfusionen und wurde nach kurzem Aufenthalt in mehreren Marinespitälern im Südpazifik und auf Hawaii schließlich nach Brooklyn ins Marinespital transferiert. Ihm wurde der »Purple Heart«-Orden verliehen.

Am 23. April 1945 unterzog sich Haffenden einer Operation, bei der ihm ein Magengeschwür entfernt wurde. Sein Leiden hatte er sich, wie man feststellte, im Dienst zugezogen. Zwei oder drei Wochen nach der Operation erhielt er im Brooklyner Spital einen Besucher aus der Vergangenheit – Moses Polakoff.

Polakoff hatte Haffendens Frau zu Hause in Flushing angerufen, um zu fragen, wo er den Commander erreichen könnte. »Sie sagte zu mir: ›Haben Sie nicht gehört?‹, und ich antwortete: ›Nein, was sollte ich gehört haben?‹, und sie sagte: ›Nun, er wurde in der Schlacht von Iwo Jima verwundet. Jetzt ist er im Brooklyner Marinespital, wurde operiert, und ich bin sicher, er würde sich freuen, Sie zu sehen, sobald er Besuche empfangen darf.‹ « Als Polakoff ankam, war Haffenden »auf, trug einen Bademantel und sagte mir, das sei der zweite Tag, seit er das Bett verlassen und herumgehen konnte«. Zuerst besprachen die beiden Herren »Persönliches«, aber es war nicht nur ein reiner Privatbesuch. »Bevor ich wegging«, erinnerte sich Polakoff, »erzählte ich ihm, daß ich ein Gnadengesuch für Luciano eingereicht hatte, und fragte ihn, ob er einen Brief oder eine Bestätigung entweder für die Bewährungskommission oder an den Rechtsberater des Gouverneurs schreiben würde, mit den ihm bekannten Fakten über die Hilfe oder die versuchte Hilfe, die Luciano der Marine geleistet hatte. Er sagte mir, in den nächsten Tagen werde ein Stenograph zu ihm kommen, und er werde einen Brief diktieren – ich kann mich aber nicht mehr erinnern, ob an die Bewährungskommission oder an den Rechtsberater des Gouverneurs.« Polakoff machte Haffenden keine Vorschläge bezüglich des Inhalts dieses Schreibens, und er bekam es auch nicht zu Gesicht, bevor es abgesandt wurde.

Haffenden hatte sich in seiner Aussage im Jahre 1943

vor Richter McCook streng an den Auftrag Captain McFalls gehalten und erklärt, die Marine sei an einer Revision des Luciano-Urteils in keiner Weise interessiert. Nun aber, im Spital, fühlte er sich offensichtlich nicht mehr gebunden an den Auftrag eines vorgesetzten Offiziers, der gar nicht mehr da war, und er versuchte nicht, den Nachfolger MacFalls zu erreichen. Er schrieb einfach einen Brief an den Rechtsberater des Gouverneurs, Charles Breitel. Der Brief mag Luciano geholfen haben oder auch nicht, aber Haffenden sollte deswegen eine Menge Schwierigkeiten bekommen.

Er schrieb an Breitel, er, Haffenden, sei 1940 bis 1944 Leiter der Untersuchungsabteilung des Dritten Marinedistrikts gewesen; damals sei mit Polakoff, dem Anwalt Lucianos, Kontakt aufgenommen worden »zu dem Zweck, in Sizilien geborene Italiener zu finden, die einschlägige Auskünfte über die Lebensbedingungen in Sizilien geben konnten, Auskünfte, die unseren Streitkräften bei der Vorbereitung der Aufklärung für den bevorstehenden Feldzug im obenerwähnten Land helfen sollten«.

»Zahlreiche Informanten wurden laufend in mein Büro geschickt, das sich damals in der Church Street Nr. 50 befand«, schrieb Haffenden weiter. »Sie wurden von mir unterstellten Geheimagenten befragt. Es ist schwer zu sagen, wieviele Informanten mir durch die Zusammenarbeit mit Charles Luciano bekannt wurden, denn oft fand einer von ihnen weitere Informanten, die mit bestimmten Fragen vertraut waren, auf die wir sie aufmerksam machten.

Aber ich bin sicher, daß der Großteil der Aufklärungserfolge im Sizilienfeldzug ihren Ursprung direkt bei den vielen Sizilianern hatte, die wir durch die Verbindung mit Charles Luciano hatten mobilisieren können. Dieser Informant hat uns auch auf anderen Gebieten geholfen, worüber ich Ihnen später Auskunft geben kann.«

Haffenden schloß seinen Brief mit der Bemerkung, vor allem der damalige stellvertretende Distriktstaatsanwalt Murray Gurfein habe die Verhandlungen geführt, um die Anwälte der Informanten zu erreichen, und auch Distriktstaatsanwalt Hogan „hat mit mir zusammengearbeitet, um die Kontakte zu ermöglichen«. Er erhole sich derzeit von seinen auf Iwo Jima erlittenen Verwundungen, aber sobald die Ärzte ihn hier herausließen, werde er gern bereit sein, Breitel selbst oder eine von ihm bestimmte Person zu treffen, »um Ihnen weitere Fragen zu dem Thema zu beantworten«.

Um eine zweite Befürwortung zu erhalten, versuchte Polakoff Murray Gurfein zu erreichen, der bei Kriegsende als Oberst des OSS in Paris stationiert war. Da er ihn nicht direkt erreichen konnte, schrieb er Gurfein über dessen Frau und bat ihn: »Bitte sagen Sie der Bewährungskommission oder dem Amt des Gouverneurs, wie Sie die Mithilfe Lucianos gewonnen haben und was Sie sonst noch über diese Angelegenheit wissen, und bestätigen Sie auch, daß Sie darüber in irgendeiner Form eine Stellungnahme bei Richter McCook abgegeben haben.«

Gurfein entsprach dieser Bitte, aber seine Antwort war viel vorsichtiger gehalten als Haffendens. Er schrieb weder an Polakoff noch an die Bewährungskommission oder an das Amt des Gouverneurs, sondern an Distriktstaatsanwalt Hogan. In einem Brief, den Hogan am 12. Juni erhielt, faßte Gurfein zusammen, was er über die Unterweltkontakte wußte, gab aber weder ein Urteil über den Wert der geleisteten Dienste noch eine Empfehlung für eine Begnadigung Lucianos ab. In einem Begleitbrief an Hogan schrieb er unter anderem:

> Ich habe so eine Erklärung vorbereitet, die enthält, was mir in Erinnerung ist. Anstatt sie aber direkt an Polakoff zu senden, schicke ich sie Ihnen mit der Bitte, sie erst vom Marineabwehrbüro überprüfen zu lassen, bevor Sie sie an Polakoff weiterleiten. Man sollte annehmen, daß jetzt, nach Kriegsende, keine ernsten Bedenken aus Sicherheitsgründen mehr bestehen, aber in Anbetracht dessen, daß die Sache doch heikel ist, wäre es mir lieber, wenn Sie von der Marine eine schriftliche Ermächtigung bekämen, diese Erklärung in einem gerichtlichen Verfahren zu verwenden.

Nachher schrieb Hogan in seiner Erklärung für die Herlands-Untersuchung:

> In Übereinstimmung mit dem Vorschlag in Oberst Gurfeins Brief, daß »eine schriftliche Ermächtigung« der Marine beizubringen sei, bevor die Erklärung dem Gericht vorgelegt wird, beauftragte ich den Ermittlungsleiter meines Amtes, Michael F. Glynn, eine Kopie der Erklärung an das Distriktabwehrbüro zu schicken. Herr Glynn schrieb am 22. Juni 1945 einen Brief an Commander John A. Murphy, Marineabwehrbüro, Church Street Nr. 90. Mit Datum vom 25. Juni 1945 richtete Herr Glynn einen zweiten Brief an das Distriktabwehrbüro, mit der zusätzlichen Mitteilung, daß Oberst Gurfeins Erklärung nicht dem Gericht vorgelegt werden würde, daß aber Herr Polakoff hoffe, die Erklärung im Zusammenhang mit einem Gnadengesuch für Luciano verwenden zu können.

Daraufhin teilte am 27. Juni 1945 Commander J. I. Coddington, geschäftsführender Distriktabwehroffizier, Herrn Glynn mit, die Marinebehörden hätten Herrn Glynns Brief vom 25. Juni 1945 und die Erklärung Gurfeins erhalten, und beide seien an den Leiter der Marineabwehr in Washington weitergeleitet worden.

Mit Datum vom 5. Juli 1945 teilte Commander Coddington Herrn Glynn mit, vom Marineabwehrbüro sei eine Benachrichtigung eingetroffen, mit dem Inhalt, daß einer Freigabe der Erklärung Oberstleutnant Murray I. Gurfeins nicht zugestimmt werde.

Inzwischen wartete Polakoff auf ein Wort von Gurfein. »Die Zeit verging«, erinnert er sich. »Eines Tages erhielt ich einen Anruf von Frank Hogan, dem Distriktstaatsanwalt für New York County. Frank Hogan sagte mir, er habe eine eidesstattliche Erklärung von Murray Gurfein erhalten. Herr Hogan sagte: ›Moe, ich habe mehrere Kopien einer eidesstattlichen Erklärung, die Murray Gurfein ausgefertigt hat.‹ Dann sagte er: ›Aus irgendwelchen Gründen, die ich nicht kenne, hat Murray darauf bestanden, daß ich die Zustimmung der Marine einhole, bevor ich dir und dem

Gouverneur die Erklärungen übergebe, oder vielleicht hat er auch gesagt ›der Bewährungskommission‹, ich bin mir der Worte nicht sicher. ›Ich habe der Marine wegen der Freigabe geschrieben und einen Brief von einem Commander Coddington bekommen, der die Freigabe dieser Erklärungen ablehnt.‹ «

Es war erst vier Wochen nach Kriegsende und der Einreichung des Gnadengesuchs für Luciano, aber schon nahm die Vertuschungsaktion der Marine feste Formen an.

Distriktstaatsanwalt Frank Hogan jedoch war ein Beamter, mit dem nicht zu spaßen war. Er umging die Ablehnung der Freigabe durch die Marine und beschloß, auf eigene Faust vertrauliche Schritte zu unternehmen. Polakoff erinnert sich: »Herr Hogan sagte zu mir: ›Moe, das ist zu deiner persönlichen Information und zu deinem persönlichen Gebrauch und in Anbetracht der Tatsache, daß du es vielleicht einmal brauchen wirst, aber dazu schicke ich dir, unter der Hand, eine Kopie von dieser Erklärung.‹ « Polakoff fügte diesem Bericht noch einen eigenen Gedanken hinzu: »Ich nehme an, Hogan hat die Bewährungskommission informiert, daß die Marine die Freigabe der Erklärung abgelehnt hatte.«

Schon am 30. Mai 1945 erschien die Nachricht von Lucianos Gnadengesuch in New Yorker Zeitungen. Die *New York Herald Tribune* brachte die Story unter folgendem Titel:

Luciano bittet um Gnade
Will der Marine geholfen haben
Veranlaßte angeblich Freunde,
bei Sizilieninvasion zu helfen.
Wünscht Abkürzung seiner 30 Jahre

Die Geschichte in der *Herald Tribune* veranlaßte einen Tee-, Kaffee- und Lebensmittelhändler namens G. A. Braunling, der im Luciano-Prozeß Geschworener gewesen war, an Gouverneur Dewey zu schreiben. Er schrieb, er vermute, das Gnadengesuch werde über die Bewährungskommission laufen und danach, im Falle einer positiven Erledigung, vom Gouverneur geprüft werden. Aber, so schrieb Braunling, »wenn auch dieses gefährliche Subjekt das Recht hat, so ein Ansuchen zu stellen, so will ich doch sehr hoffen, daß es abgelehnt wird. Als Luciano unter Anklage stand, bildete ich mir aufgrund des umfangreichen Beweismaterials die Meinung, dies sei ein Mann, der alsbald zu seinen einträglichen Schandgeschäften zurückkehren würde, wenn man ihm die Möglichkeit dazu gäbe. Das Volk muß vor den teuflischen Plänen dieses Menschen beschützt werden, auch wenn er jetzt reuig zu sein scheint.« Braunling wurde in einem Brief vom Amt Gouverneur Deweys versichert, daß »die Ansichten, die Sie zum Ausdruck gebracht haben, Berücksichtigung finden werden«.

Tatsächlich wurde Lucianos Gnadengesuch vom Anfang bis zum Ende von der Bewährungsbehörde als eine Routineangelegenheit behandelt, ohne Sonderwünsche aus dem Amt des Gouverneurs. Am 29. Mai schrieb der Vorsitzende der Bewährungskommission, Frederick A. Moran, an Jeffrey J. Robertson, den Aufsichtsbeamten der New Yorker Bewährungsbehörde, Lucianos Gnadengesuch werde, »wie Sie zweifellos aus der Presse wissen«, im normalen Amtsweg behandelt. »Wir stellen dafür derzeit keinen eigenen Untersuchungsbeamten frei, denn es sind noch nicht alle Unterlagen bereit«, der Aufsichtsbeamte werde aber gebeten, Commander Haffenden über Lucianos Dienste für die Marineabwehr zu befragen.

Robertson, der nicht wußte, welcher Beamte die Untersuchung übernehmen würde, rief Haffenden selbst an. In diesem ausführlichen Telephongespräch gab Haffenden, wie Robertson Moran berichtete, eine ziemlich verstümmelte Version des Unternehmens Luciano zum besten. Er sagte nämlich, die ganze Angelegenheit sei nach den Landungen in Nordafrika ins Rollen gekommen, als man Informationen über Sizilien benötigte, und Gurfein habe gemeint, Luciano könnte vielleicht die amerikanischen Sizilianer zur Kooperation bewegen. Robertson zufolge sagte Haffenden: »Die Vorstellung, aus dieser Quelle

Informationen zu schöpfen, war für Captain MacFall und Commander Haffenden leicht befremdlich. Nachdem sie aber die Sache aus verschiedenen Blickwinkeln betrachtet hatten, beschlossen sie, den Versuch zu wagen und unter Mitarbeit von Major Gurfein auf diese Weise Informationen zu beschaffen.«

Kurz nachdem man sich mit Luciano in Verbindung gesetzt hatte, so habe, sagte Robertson, Commander Haffenden berichtet, begannen bei Haffenden Besucher aufzutauchen: »Eine merkwürdige Mischung von Sizilianern, die als *Padrones* bezeichnet wurden. Er sei höchst erstaunt gewesen, daß es so viele Leute dieses Schlags in New York gab. Viele von ihnen hatten aufgezwirbelte Schnurrbärte, und kaum einer konnte oder wollte englisch sprechen. Diese Personen lieferten eine erstaunliche Menge äußerst wertvoller detaillierter Informationen über Sizilien. Commander Haffenden erklärte, es sei ihm beim besten Willen nicht möglich, auch nur eine dieser Personen beim Namen zu nennen.«

Robertson berichtete weiter, er habe Haffenden dann geradeheraus gefragt, ob er eine Empfehlung betreffend Lucianos Gnadengesuch geben könnte. Haffenden antwortete, er glaube nicht, daß das seine Sache sei, und fügte noch hinzu, weder er selbst noch sonst jemand von der Marineabwehr habe direkten Kontakt mit Luciano gehabt. Auf die Frage schließlich, ob er bestätigen könne, daß die Informationen der Sizilo-Amerikaner von Wert gewesen seien, antwortete Haffenden: »Sie waren nicht nur von großem Wert für die Marine der Vereinigten Staaten, sondern ebenso für die Armee bei der Invasion Siziliens.«

Am 19. Juni kam Vorsitzender Moran wieder zu Robertson mit einem Begleitbrief zum Dossier Luciano: Einzelheiten über seine Delikte, Vorstrafen, Familienverhältnisse, Besserungsaussichten und über seine Führung im Gefängnis seit seiner Inhaftierung. Moran bemerkte, daß der Rechtsberater des Gouverneurs für die Fertigstellung des Berichts über den Fall Luciano eine Frist bis zum 2. Juli gesetzt habe, und gab Robertson weitere Anweisungen: »Das New Yorker Amt sollte sich mit der Einwanderungsbehörde in Verbindung setzen, um herauszufinden, ob beabsichtigt sei, den Strafgefangenen im Falle einer vorzeitigen Entlassung abzuschieben.«

Am 20. Juni antwortete Robertson: »Obwohl man uns nicht sehr viel Zeit gegeben hat, die Untersuchung zu vollenden, glaube ich, daß der Termin vom 2. Juli eingehalten werden kann.« Dann machte er eine Bemerkung über eine andere Unstimmigkeit, die sich ergeben hatte. Er dankte dem Vorsitzenden für einen Bericht über ein kurzes Gespräch mit Luciano, in dem dieser behauptet hatte, er hätte sich mit Haffenden unterhalten, »dem einzigen Regierungsbeamten, mit dem er gesprochen habe«, während Haffenden behauptet hatte, Luciano nie begegnet zu sein. Robertson fügte aber hinzu, daß dieser Punkt ohne Zweifel von Haffenden, Polakoff oder Distriktstaatsanwalt Hogan aufgeklärt werden könne.

Polakoff machte indessen guten Gebrauch von Gurfeins Erklärung, die Hogan ihm unter der Hand zugespielt hatte. Er nahm ein zweites Mal Fühlung mit Breitel – er konnte sich nicht entsinnen, ob persönlich oder telephonisch –, um sich davon zu überzeugen, daß der Rechtsberater sich der Bedeutung der Erklärung und der Ablehnung der Freigabe durch die Marine im klaren sei. So wurde die Marine abermals umgangen, aber wieder nur unter der Hand.

Das Bewährungsverfahren wurde nun Joseph F. Healy übergeben, einem Beamten, der seit 1943 in der Bewährungsabteilung tätig war. Dies war sein erster Begnadigungsfall, und Healy war entschlossen, seine Aufgabe gründlich und objektiv auszuführen. Es sei nicht seine Aufgabe gewesen, sagte Healy vor der Herlands-Kommission, Schlüsse zu ziehen: »Ein Bewährungsbeamter, der eine Untersuchung führt, zieht selbst keine Schlüsse. Er sammelt die Unterlagen, ordnet sie, legt die Berichte vor. Es ist Sache seiner Vorgesetzten, Schlußfolgerungen zu ziehen.« Im Fall Luciano, sagte Healy, »gab es keine fremde Einflußnahme. Es wurde mir gestattet, die Untersuchung nach eigenem Ermessen zu führen, aber nach jeder Befragung berichtete ich meinem Vorgesetzten und erklärte ihm, was ich erreicht hatte. Auch dann gab er mir keine Weisungen, sondern sagte nur, ich solle weiterhin mein Bestes tun und völlig objektiv sein.«

Man befand, daß die telephonische Unterredung zwischen Haffenden und Robertson unbefriedigend gewesen sei, und so setzte sich Healy am 22. Juni nochmals mit Haffenden in Verbindung. Diesmal wurde das Interview persönlich geführt, aber wieder brachte Haffenden die zeitliche Reihenfolge der Ereignisse durcheinander. Er war noch nicht ganz wiederhergestellt und erzählte Healy, zuerst habe Gurfein sich an ihn gewendet und gesagt, da die Marine Informationen über Sizilien benötige, könnte es nützlich sein, Kontakt mit Luciano aufzunehmen, »der seinerzeit als maßgebliche Persönlichkeit in der *Unione Siciliana* gegolten habe«. Danach sei Polakoff zu ihm, Haffenden, gekommen und habe ihm berichtet, daß Luciano den Militärbehörden gefällig zu sein wünsche. Dann habe Luciano angeboten, mit dem Fallschirm über Sizilien abzuspringen, aber »dieser Vorschlag fand bei der Marine keinen Gefallen«. Danach habe man begonnen, bei amerikanischen Sizilianern in New York strategische Informationen zu sammeln, und Commander Haffenden habe angegeben, daß mindestens 85 Prozent aller Informationen über Sizilien durch diese Personen beschafft worden seien.

Healy beendete seinen Bericht über das Gespräch folgendermaßen:

> Commander Haffenden stellte fest, daß er weder den Häftling persönlich gekannt noch von dessen Straftaten genaue Kenntnis gehabt habe. Er fügte jedoch hinzu, daß er wegen der Bereitschaft des Genannten, vor den amerikanischen Gruppen mit dem Fallschirm über Sizilien abzuspringen, und wegen der mit Hilfe des Genannten erlangten Informationen diesem auch aus militärischen Gesichtspunkten gewogen sei.

Der nächste, den Healy drei Tage später befragte, war Distriktstaatsanwalt Hogan. Er hatte in seinem Büro einen wichtigen Zeugen, Distriktstaatsanwalt Sol Gelb. Gelb hatte mit dem Unternehmen Luciano nichts zu tun gehabt, aber eine führende Rolle im Verfahren gegen Luciano im

Jahre 1936 gespielt. Von Hogan erhielt Healy nun eine genaue, umfassende und unwiderlegliche Darstellung der Ursprünge und der Entwicklung des Marineabwehrprojekts. Wie Healy berichtete, erklärte Hogan jedoch, »daß ihm der Wert der durch Luciano beschafften Informationen im einzelnen nicht bekannt sei. Herr Hogan sagte ferner, er habe zum Gnadengesuch des Genannten nichts zu bemerken«.

Am selben Tag befragte Bewährungsbeamter Healy den Rechtsanwalt Moses Polakoff, dessen Darstellung mit der des Distriktstaatsanwalts übereinstimmte. Polakoff sagte, man habe Luciano keine Protektion versprochen. Healy berichtete: »Herr Polakoff habe es, wie er sagte, abgelehnt, die Angelegenheit als ›Geschäft‹ zu betrachten, er habe aber Herrn Gurfein versichert, daß jede Hilfe, die der Gesuchsteller zu geben vermöge, aus patriotischen Gründen geleistet werden würde.« Was die Besuche im Gefängnis Great Meadow anlangte, habe Polakoff sich nicht näher über die Identität der Besucher geäußert. Auf Befragung gab er jedoch zu, daß einer davon Meyer Lansky gewesen sei. Lansky sei als Mittelsmann verwendet worden, da die als Konfidenten in Frage kommenden Personen laut Polakoff Lanskys Anweisungen befolgt hätten.

Polakoff selbst sagte über diese Zusammenkunft, Healy habe ihn gefragt, ob Lucianos Informationen für die Marine von Wert gewesen seien. »Ich antwortete«, sagte Polakoff, »daß ich die Ergebnisse nicht abschätzen könne, daß aber meiner Meinung nach Luciano sich bemüht habe, alles, was man von ihm verlangte, ehrlich und gewissenhaft auszuführen.«

Bewährungsbeamter Healy hatte nun die grundlegenden Fakten in bezug auf das Marineabwehrprojekt festgestellt, aber seine wichtigste Quelle war nicht die Marine, sondern der Distriktstaatsanwalt von New York County. Mit eigenen Befragungen in Albany nagelte der Vorsitzende der Bewährungskommission, Moran, auf ähnliche Weise die Fakten fest, und auch seine Quelle war nicht die Marine, sondern der Strafvollzugskommissar. Da die Version der Marine nur bruchstückhaft und inkohärent von einem rekonvaleszenten Offizier dargestellt worden war, meinte Healy, nun sei die Zeit gekommen, einen energischen Versuch zu unternehmen, vom Dritten Marinedistrikt eine eindeutige Bestätigung zu erlangen.

Im Lauf seines Gespräches mit Haffenden hatte Healy erfahren, daß es im Distriktabwehrbüro Akten gab und daß Haffenden seine eigenen Notizen über die Unterweltkonfidenten dort zurückgelassen hatte, als er an die Front gegangen war. Diese beiden Dinge sollten als Bestätigung ausreichen. Also ging Healy zum Dritten Marinedistrikt, um Commander John A. Murphy, den früheren FBI-Beamten und den Leiter der Abteilung B-1 für die Einschätzung und Verteilung von eingelangtem Material, aufzusuchen. Dieser war nun Verwaltungsassistent des Distriktabwehroffiziers. Healy hatte auch die Absicht, Haffendens Nachfolger, Lieutenant-Commander MacDowell, aufzusuchen. Wenn aber Healy glaubte, seine Beweiskette bald geschlossen zu haben und seinen Bericht rechtzeitig bis zum 2. Juli fertigstellen zu können, irrte er.

Healy berichtete vor der Herlands-Kommission über seinen Besuch im Dritten Marinedistrikt:

> Commander Murphy veranlaßte eine Durchsicht seiner Akten und stellte fest, daß unter dem Namen des Antragstellers Luciano keine Unterlagen vorhanden waren. Er fügte hinzu, daß ihm persönlich über die Vorgänge oder über die Informationen, die Commander Haffenden von Luciano erhalten habe, nichts bekannt sei.
>
> Weiter stellte er fest, er wisse von keinem System seines Büros, wonach die Namen von Informanten unter Decknummern festgehalten worden seien, wie Commander Haffenden dies von den Personen, die durch die Kooperation Lucianos Informationen geliefert hätten, angegeben habe.
>
> Lieutenant-Commander MacDowell bestätigte diese Feststellungen von Commander Murphy und führte dem Unterzeichneten das in Verwendung stehende Ablagesystem vor. Er erklärte, daß über 3000 Namen und

Adressen von Personen, die als Informationsquellen dienten, in dieser Ablage enthalten seien, daß aber der Name Lucianos darin nicht aufscheine.

Lieutenant-Commander MacDowell wies dann darauf hin, daß im Jahre 1942, zur Zeit, als die Marinebehörden angeblich von und durch Luciano Unterstützung erhielten, das Ablagesystem in diesem Büro nicht besonders gut funktioniert haben dürfte und daß es infolgedessen möglich sei, daß die erwähnte Information wohl eingegangen, aber im Hauptquartier des Dritten Marinedistrikts nicht schriftlich festgehalten worden sei. Er fügte hinzu, Commander Haffenden sei häufig nach Washington gefahren und habe möglicherweise seine Informationen den vorgesetzten Stellen mündlich übermittelt.

Commander Murphy schlug vor, die Bewährungsbehörde möge, um die Angelegenheit ordnungsgemäß abzuschließen, sein Büro ersuchen, einen Bericht über die Sache zu verfassen. Er selbst würde eine Untersuchung im Marinehauptquartier in Washington in die Wege leiten.

Commander MacDowells Erinnerung an diese wichtige Begegnung unterschied sich von der Healys in mehreren Punkten. MacDowell erklärte, daß Healy, der zuerst mit ihm gesprochen habe, ihm sagte, Haffenden habe ein »schwarzes Büchlein« im Safe, im Schreibtisch oder bei MacDowell zurückgelassen. »Ich sagte dem Bewährungsbeamten«, erklärte MacDowell, »daß mir solch ein ›schwarzes Büchlein‹ mit Decknummern verschiedener Konfidenten nie untergekommen ist. Da der Beamte darauf beharrte, daß es bei mir gelassen worden sei, was ich bestritt, hielt ich es für klug, Commander Murphy beizuziehen. Ich sagte Commander Murphy, der Besucher hätte verlangt, die Zentralablage zu durchsuchen, und da sagte mir Commander Murphy, ich solle den Besucher zu ihm bringen. Der Bewährungsbeamte schlug vor, alle möglichen Ablagen durchzusehen, und alle möglichen Ablagen bedeutete meiner Meinung nach die Zentralablage.« Auf die Frage, ob Healy verlangt habe, das ganze Distriktabwehrbüro zu durchsuchen, antwortete MacDowell nur: »Jawohl.« MacDowell ließ Healy bei seinem Vorgesetzten zurück.

Als Healy später gebeten wurde, seine Erinnerung zu präzisieren, sagte er, Commander Murphy habe ihm die Ablage beschrieben: »Ich glaube, es war Commander Murphy, der mich ins Archiv der Marineabwehr im Dritten Distrikt mitnahm und mir die Ablagesysteme erklärte, die für diese Zwecke eingerichtet worden waren. Und er sah unter ›L‹ nach und fand dort nichts mit dem Namen Luciano.« Was Commander Murphy anlangt, so sagte er später – sogar unter Eid vor der Herlands-Kommission –, er könne sich nicht erinnern, jemals einem Bewährungsbeamten namens Healy begegnet zu sein.

Als der Aufsichtsbeamte Robertson von Healy über die Situation im Distriktabwehrbüro hörte, schrieb er an Commander Murphy: »Da die Untersuchung sich hauptsächlich mit dem Problem der Hilfe, die Luciano den Streitkräften geleistet hat, befaßt, werden Sie gebeten, uns wenn möglich über die Art der eingeholten Informationen, ihre Menge und ihren Wert für die Streitkräfte Mitteilung zu machen. Die Sache ist für uns von dringender Wichtigkeit, und daher wären wir Ihnen für baldige Erledigung dankbar.«

Am 5. Juli, drei Tage nach dem gesetzten Termin, sandte Robertson das Original und vier Kopien des Berichtes über die Luciano-Untersuchung nach Albany. Der Bericht war nur soweit vollständig, wie er es unter den gegebenen Umständen sein konnte. Robertson teilte dem Vorsitzenden Moran in einem Begleitschreiben folgendes mit:

> Wir benötigen noch einige zusätzliche Informationen vom Marineministerium, aber derzeit weiß ich nicht, wann und ob wir sie bekommen werden. Das Marineministerium ist wahrscheinlich im Besitz von Informationen, die unseren Fall beeinflussen könnten, will sie aber nicht herausgeben, wenn wir nicht ein Ansuchen ans Ministerium stellen, in dem wir unsererseits Informationen mitteilen, die Herr Healy im Zug seiner Unter-

suchungen herausgefunden hat. Ich habe Herrn Healy angewiesen, dieses Ersuchen an Sie weiterzuleiten, damit Sie entscheiden, ob es angebracht ist, Informationen zu enthüllen.

Ein interessanter Handel bahnte sich an: die Marine war anscheinend bereit, zu enthüllen, was sie über das Luciano-Projekt wußte, unter der Bedingung, daß die Bewährungskommission bekanntgab, was sie bereits selbst in Erfahrung gebracht hatte. Die Bewährungskommission gab nach. Am 7. Juli schickte der Vorsitzende der Bewährungskommission, Moran, dem Rechtsberater Charles Breitel einen Bericht über die Luciano-Untersuchung mit einem Begleitbrief, in dem es unter anderem hieß:

> Sie werden bemerken, daß Commander John A. Murphy uns mitgeteilt hat, in den Akten ihres New Yorker Büros gebe es keine offiziellen Unterlagen über die Dienste, die der Gesuchsteller geleistet hat. Commander Murphy erklärte, er werde, sobald er von dieser Abteilung Informationen erhalten habe, beim Marinehauptquartier in Washington eine Untersuchung einleiten.
> Die Bewährungskommission ist der Ansicht, daß die von Commander Murphy gewünschte Zusammenarbeit erweitert und ein offizieller Bericht von ihm abgewartet werden soll, bevor weitere Schritte unternommen werden.

Die Marine wollte offenbar herausbekommen, was die Bewährungskommission wußte. Am 11. Juli schrieb Aufsichtsbeamter Robertson an Vorsitzenden Moran, Commander Murphy habe angerufen, um genauere Information von der Bewährungskommission zu verlangen. »Er (Murphy) verlangte genauere Angaben über unseren Auftrag, Details über Commander Haffendens Verbindung mit dem Fall, über mündliche oder schriftliche Erklärungen Commander Haffendens und über die Rolle Meyer Lanskys im Zusammenhang mit dem Fall.« Robertson bat Moran um Rat bezüglich des Vorgehens in weiteren Verhandlungen mit der Marineabwehr.

Nicht lang danach rief Bewährungsbeamter Healy Commander Haffenden an, mit der Bitte um Klarstellung seiner früheren Aussagen. Die Antwort, die er bekam, war schockierend. Laut Healys Bericht:

> Haffenden sagte, er könne sich über den Fall Luciano weder vom Unterzeichneten noch von sonst jemandem befragen lassen, ohne vorher die Erlaubnis der Marinebehörde erhalten zu haben. Es wurde dann der Versuch gemacht, telephonisch Auskunft über die Identität der Beamten der Marineabwehr zu erhalten, die selbst die Informanten befragt hatten, welche angeblich durch Vermittlung Lucianos zu Commander Haffenden gekommen waren. Commander Haffenden gab zu, daß er diese Beamten zwar nennen könne, es aber keinesfalls ohne vorherige Einwilligung seines vorgesetzten Offiziers zu tun gedenke.

Die Marine hatte Commander Haffenden plötzlich Stillschweigen geboten, und Healy wollte herausfinden, warum. »Ich setzte mich mit Captain Phillips in Verbindung«, erinnert er sich, »der damals Leiter der Marineabwehr im Gebiet New York war, oder mit Commander Murphy, der Captain Phillips unterstellt war, wegen der Erlaubnis, Haffenden abermals zu befragen, und man sagte mir, das könnte nicht bewilligt werden, weil irgendeine Stelle – den Namen habe ich vergessen – im Marineministerium in dieser Angelegenheit Stillschweigen befohlen habe.« Healy teilte seinen Vorgesetzten in aller Form mit: »Die Erlaubnis wurde verweigert, und Captain Phillips erklärte, auf Befehl des Personaloffiziers des Stabschefs dürfe Haffenden sich keinen weiteren Befragungen durch Zivilbehörden stellen.«

Ganz offensichtlich gibt es keine Grundlage für die phantastischen Geschichten, die in späteren Jahren ausgestreut wurden, daß nämlich eine Bewährungskommission, die bestenfalls willfährig, schlechtestenfalls korrupt gewesen sei, nur formal ihr Placet zu Lucky Lucianos Entlassung gegeben habe. In Wahrheit war genau das Gegenteil der Fall. Die Beamten der Bewährungskommission hatten in ihren normalen Erhebungen zumindest von Distriktstaatsanwalt Hogan bereits eindeutige Aussagen über die Natur des Marineabwehrprojekts erhalten, aber weil eine Bestätigung seitens des Marineministeriums fehlte, hielten sie das ganze Verfahren zurück. Aus irgendeinem Grund versuchte das Marineabwehrbüro eine offizielle zivilrechtliche Ermittlung zu verhindern, die sogar im Krieg völlig legitim gewesen wäre. Das war sowohl unrealistisch als auch unklug. Wie konnte die Marine hoffen, das Luciano-Projekt geheimzuhalten, da doch Hunderte von Personen damit zu tun gehabt hatten?

Die Vertuschungsaktion der Marine

Hätte die Marine versucht, jemanden zu finden, der den Dritten Marinedistrikt auf den Kopf stellen konnte, wäre Captain Wallace B. Phillips der Richtige gewesen. Phillips, ein abgebrühter Berufsoffizier kurz vor der Pensionierung, wurde am 5. Juli 1945 zum Distriktabwehroffizier ernannt, keine zwei Wochen nach dem Besuch des Bewährungsbeamten Healy, dem damals Commander Murphy die Akten gezeigt hatte, ohne unter »L« etwas zu finden. Phillips hatte denselben Posten schon vor dem Krieg innegehabt, war aber 1940 zum Leiter der Inlandsabteilung des Marineabwehramtes in Washington bestellt worden. Danach befehligte er Marinetransporter im Pazifik und erreichte vorübergehend den Rang eines Flottenadmirals. Nun war er zurückgekehrt, und es war ihm bestimmt, bloß vom 5. Juli bis zum 10. September 1945 Distriktabwehroffizier zu sein – ein Zeitraum von nur zwei Monaten und fünf Tagen, in dem aber sehr viel geschehen konnte.

1940 war Captain Phillips kein Bewunderer des eigenwilligen Commander Haffenden gewesen. Nun trat er sein neues Amt damit an, daß er Commander Murphy, dessen Büro vielleicht dreißig Meter von seinem entfernt lag, zu sich befahl, um ihm den Brief zu zeigen, den Haffenden an Rechtsberater Breitel über Lucianos Kriegseinsatz geschrieben hatte. Wo hatte Phillips ihn her? Als die Herlands-Kommission Murphy diese Frage stellte, bemerkte er: »Ich weiß es nicht. Ich weiß nicht, ob der Brief mit der Post oder auf anderem Weg gekommen ist.« In den Akten steht nichts, was dieses Rätsel lösen könnte. Wußte Phillips etwas über Lucianos Rolle im Krieg?

Murphy sagte: »Anscheinend nicht.« Phillips zeigte Murphy den Brief und fragte ihn, ob er etwas darüber wisse. Murphy erinnert sich: »Ich glaube, ich habe ihm gesagt, daß mir nichts darüber bekannt sei, daß Luciano irgend etwas mit der Lieferung von Informationen an den Dritten Marinedistrikt zu tun gehabt habe.«

Murphy beschrieb, was daraufhin im Distriktabwehrbüro vor sich ging:

> Ich glaube, Captain Phillips verlangte daraufhin eine Überprüfung unserer Akten oder andere Schritte, um herauszufinden, ob Luciano wirklich der Marine Informationen geliefert hat. Ich kann mich nicht erinnern, ob ich persönlich dabei mitgewirkt habe. Ich weiß nicht, wer die Suche übernommen oder wer sie geleitet hat. Aufgrund meiner Kenntnis der Akten würde ich annehmen, daß die Zentralablage überprüft wurde, die – wie schon vorher erwähnt – ursprünglich in einem Safe unter Verschluß war. Angenommen, es waren Angaben über Informationsquellen und Konfidenten enthalten, glaube ich – schließe ich, daß diese Akten überprüft wurden. Ich weiß nicht, was wirklich geschah.
>
> Irgendwie kann ich mich erinnern, daß entweder am selben Tag oder an einem der folgenden Tage darüber entweder dem Captain oder sonst jemandem Bericht erstattet wurde. Letztlich erfuhr ich, daß sich in unseren Akten keine Unterlagen gefunden haben, aus welchen hervorging, daß Luciano der Marine wertvolle Informationen gegeben hat. Das war vielleicht am selben Tag oder am nächsten. Innerhalb von ein oder zwei Tagen, ich würde sagen, in relativ kurzer Zeit. Am selben Tag, am nächsten, am übernächsten, ich weiß es wirklich nicht.

Bald darauf – das genaue Datum ist nicht bekannt – ordnete die Marine die Vernichtung von Akten im Distriktabwehrbüro an. Da die Vernichtung solchen Beweismaterials ein sehr bedenklicher Schritt war, wurden später die Aussagen von nicht weniger als drei Augenzeugen eingeholt, um zu beweisen, daß die Marine dies tatsächlich getan hatte.

Captain MacDowell, Leiter der Abteilung F, bestätigte die Abmachung, derzufolge Berichte der Abteilung F ans Amt der Marineabwehr in Washington geschickt und Kopien dieser Berichte in der Zentralablage in New York aufbewahrt wurden. Er bestätigte auch, daß diese Unterlagen vernichtet worden sind:

> Einmal wurden die Akten gesiebt, und es ist mir nicht bekannt, ob diese Berichte damals vernichtet wurden oder später. Jedenfalls geschah es, kurz nachdem Captain Phillips Distriktabwehroffizier geworden war. Es war auch vor meinem Abschied (MacDowell beendete seinen aktiven Marinedienst am 29. August 1944). Es war vor dem 29. August. Nicht sehr lang vor diesem Zeitpunkt. Ich nahm damals an, Captain Phillips habe die Weisung aus Washington mitgebracht.
> Ich kann mich an die Einzelheiten der Siebung oder der Vernichtung nicht erinnern. Ich weiß nur, daß es mir als ein ziemlich radikaler Schritt erschien, sowohl was die Menge als auch was den Inhalt des zur Vernichtung bestimmten Materials anlangt. Mit eigenen Augen sah ich die Vernichtung verschiedener Akten – die tatsächliche Vernichtung – vielleicht ein oder zwei Monate vor meinem Abgang.

Besonders darauf angesprochen, ob die Unterlagen über Informanten des Dritten Marinedistrikts oder die Kopien der Berichte der Abteilung F an Washington vernichtet worden seien, antwortete MacDowell in beiden Fällen: »Das weiß ich nicht.« War ihm bekannt, ob die Weisung aus Washington, auf die Captain Phillips sich stützte, schriftlich ergangen sei? »Das weiß ich nicht, ja, ich weiß nicht einmal, ob die Weisung vom Leiter der Marineabwehr gekommen ist, ich nehme es nur an.« Waren die Anordnungen von Captain Phillips, die Akten zu sieben, mündlich oder schriftlich erfolgt? »Ich erfuhr davon bei einer Stabssitzung, wo diese Anordnung mitgeteilt wurde, und da ich damit nichts zu tun hatte, sah ich keinen Grund, dazu Stellung zu nehmen oder mich für die tatsächliche Vernichtung zu interessieren. Ich wünschte nur, es wäre nicht dazu gekommen.« War das der erste Fall von Aktenvernichtung im Distriktabwehrbüro? Es könnte gelegentlich das eine oder andere Stück vernichtet worden sein, weil es »dafür Gründe gegeben haben mag, die damals als gute Gründe gegolten haben«, sagte MacDowell, aber das war »der erste Fall von Vernichtung in großem Maßstab«.

Der zivile Geheimagent Tarbox ordnete die Vernichtung der Akten etwas später ein, nämlich nach der Kapitulation Japans am 2. September. Er bestätigte, daß seine meisterhaften Landkarten bis Kriegsende als Index für Tausende strategische Geheimberichte dienten. Von diesen gab es auch Kopien im Amt der Marineabwehr. Tarbox sagte auf die Frage, was aus seiner Karte von Italien und Sizilien geworden sei: »Nachdem sie ausgedient hatte, wurde sie vernichtet. Ich weiß nicht mehr genau, wann das war, aber ziemlich lang nach der Invasion von Sizilien.« War ihm bekannt, auf wessen Befehl die Karte vernichtet worden sei? »Nein, Sir.« Wie wurde sie vernichtet? »Ich weiß, daß diese und andere Karten, die ausgedient hatten, verbrannt wurden.« Wo wurden sie verbrannt? »Im Bundesgebäude in der Church Street.« Bewahrte der Dritte Marinedistrikt die Berichte auf, die als Unterlagen für die Eintragungen auf den Karten dienten? »Keiner dieser Berichte existiert mehr«, sagte Tarbox. War ihm bekannt, was mit diesen Berichten geschehen war? »Sie wurden zusammen mit anderem Material verbrannt, das seinen Zweck erfüllt hatte, und es geschah, um Platz zu gewinnen.« War ihm bekannt, wann das war? »Nach der Kapitulation Japans.«

Tarbox sagte, eine Ausnahme sei mit den Landkarten, Photographien, Blaupausen und Ansichtskarten gemacht worden, die Privatleute der Marineabwehr geliehen hatten, in der Hoffnung, sie würden den Alliierten in ihren Feldzügen zustatten kommen: »Sie wurden den Leuten zurückgegeben, die sie uns geliehen hatten.« Aber in den Fällen, wo Privatpersonen das Material gespendet hatten, wurde es nicht zurückgegeben. Was die Akten im Büro der Marineabwehr in Washington anlangte, wußte Tarbox nicht, was mit ihnen geschehen war.

Da war also eine Diskrepanz zwischen den Versionen

MacDowells und Tarbox' bezüglich des Zeitpunktes der Aktenvernichtung, aber es stand außer Zweifel, daß es nach dem 5. Juli gewesen war, also nachdem Captain Phillips die Leitung des Distriktabwehrbüros übernommen hatte. Der Zeitpunkt war signifikant, denn Captain Phillips hatte sein Amt nach dem Besuch des Bewährungsbeamten Healy am 26. Juni angetreten, nachdem genügend Zeit vergangen war, damit der Dritte Marinedistrikt dem Amt der Marineabwehr in Washington berichten konnte, daß eine zivile Dienststelle, die New Yorker Bewährungsbehörde, sich für die Akten interessierte. Von da an hielt sich der Dritte Marinedistrikt die mit dem Fall Luciano befaßten Bewährungsbeamten diskret vom Leibe, bis Captain Phillips auf der Bühne erschien. Irgendeinmal nach diesem Zeitpunkt wurden die Akten vernichtet.

Der dritte Zeuge für die Aktenvernichtung war die Flottenhelferin Unteroffizier Kathleen Mitchell, die Haffenden im Frühjahr 1943 aufgenommen hatte, um die rauhen Mengen von Informationen, die von seinen italo- und sizilo-amerikanischen Kontaktleuten hereinkamen, zu sichten und zu ordnen. Ihr späterer Bericht in der eidesstattlichen Erklärung für die Herlands-Untersuchung bestätigte Commander MacDowells Version in bezug auf das Datum, stand aber im Widerspruch zu seiner Behauptung, nur ein Zuschauer gewesen zu sein. »Einige Zeit, nachdem Commander MacDowell die Nachfolge Commander Haffendens angetreten und die Abteilung F übernommen hatte, ich glaube, es war nach dem Kriegsende in Europa«, so berichtete Unteroffizier Mitchell, »bekam ich sowohl schriftlich als auch mündlich von Commander MacDowell den Auftrag, den rechtmäßigen Eigentümern alle Unterlagen zurückzustellen, die sich in den Ordnern der sogenannten Bibliothek befanden, oder – in Fällen, wo die Eigentümer uns nicht bekannt waren – diese Akten zu verbrennen. Ich kam diesem Auftrag nach.«

Unteroffizier Mitchell schloß: »Commander MacDowell befahl auch zur angegebenen Zeit, alle Kopien der Abteilung F, die sich auf den ›Zielfall‹ bezogen, durch Verbrennen zu vernichten.« In den »Zielfall«-Ordnern wurden

Informationen über bestimmte Ziele gesammelt. »Mir ist bekannt, daß Commander MacDowells Adjutant, an dessen Namen ich mich leider nicht mehr erinnere, diesen Befehl ausgeführt hat.«

Unteroffizier Mitchell beschloß jedoch, mit MacDowells Erlaubnis achtzehn Dokumente vor dieser Massenvernichtung zu bewahren und in ihrem eigenen Geheimfach in einem braunen Umschlag aufzuheben. Und 1954 übergab sie diese achtzehn Dokumente, noch in ihrem ursprünglichen Umschlag, Untersuchungsrichter Herlands und lieferte ihm damit den absoluten Beweis für den Charakter des Materials in den Ordnern der Abteilung F, die sie während des Krieges betreut hatte. Aber nicht eines dieser Dokumente findet sich heute in den Akten der Herlands-Untersuchung.

Wo sind sie geblieben? Vielleicht hat Herlands die achtzehn Dokumente vernichtet, oder er hat sie selbst übernommen und unter besserer Geheimhaltung, als in seinen Akten gegeben war, aufbewahrt. Oder er hat die Dokumente unter dem Wust der vielen Papiere verlegt, oder aber ihren ursprünglichen Besitzern wiedergegeben. Oder er hat sie vielleicht der Marine zurückerstattet, als Teil des gegenseitigen Übereinkommens, das es Angehörigen der Marine, darunter Kathleen Mitchell, gestattete, vor der Kommission auszusagen. Warum Mitchell gerade diese besonderen Dokumente vor der Vernichtung bewahrt hat und was später mit ihnen geschehen ist, gehört zu den wichtigsten unbeantworteten Fragen des Unternehmens Luciano. Nach dem Krieg hat Kathleen Mitchell geheiratet und sich in Melrose, New York, niedergelassen, aber dort wohnt sie nicht mehr. Herlands starb 1969.

Der Tag, an dem die Marine begann, Commander Haffenden die Daumenschrauben anzulegen, läßt sich genau feststellen. Am 20. Juli 1945 unterzeichnete Captain Phillips einen Brief an Haffenden auf dem Briefpapier seines Vorgesetzten, Konteradmiral Monroe Kelly, des Kommandanten des Dritten Marinedistrikts. Der Brief trug den Vermerk »vertraulich«, und Phillips erinnerte darin Haffenden vor allem an »einen anonymen Brief, den der Kommandant des Dritten Marinedistrikts am oder um den 17. Juli 1945 erhalten hatte«. Eine Abschrift dieses anonymen Briefes lag bei, und darin stand unter anderem:

> Sie werden hiermit auf eine jüngst stattgefundene verräterische und schandbare Handlung aufmerksam gemacht, die sich ein Marineoffizier hat zuschulden kommen lassen, der zur Abwehrabteilung, Dritter Marinedistrikt, gehören soll. Dieses teilt Ihnen einer mit, der große [sic] in dieser Organisation und selbst einen Bruder im Südpazifik hat.
>
> Der Unterzeichnete und ein paar andere Zeitungsleute und Mitglieder der Distriktstaatsanwaltschaft haben von einer kürzlich stattgefundenen Fehlgeburt auf dem Altar der Gerechtigkeit gehört, wie sie in der Geschichte nicht ihresgleichen hat.
>
> Eines der bösartigsten Individuen, das die Gosse New Yorks oder irgendeiner anderen Stadt je ausgespien hat, »Lucky« Luciano, ist kürzlich vor der Bewährungskommission des Staates New York erschienen und hat versucht, seine Freiheit wiederzuerlangen. Die wichtige Behauptung zu seinen Gunsten, die seine Entlassung rechtfertigen sollte, war, daß er – Luciano – in großem Maß zum Erfolg unseres Landes bei der Invasion Europas beigetragen hat, besonders in Italien, und daß er direkt von der *Marine der Vereinigten Staaten* als Entschädigung für geleistete Dienste durch die Person eines Commander Haffenden unterstützt werde, der Luciano bei seinen falschen und ekelhaften Ansprüchen hilft.
>
> Amtspersonen im Besitz aller Fakten betreffend Luciano stellen unangenehme Mutmaßungen darüber an, welche Beziehungen oder Verlockungen einen Marineoffizier dazu veranlassen können, solche widerwärtige Meineide zu schwören.
>
> Diese Sache wird leider wahrscheinlich auf den Titelseiten erscheinen, wenn das nicht schon geschehen ist.

Dieser Bericht wird vorgelegt mit der Hoffnung, daß die geeigneten Leute das Gefühl des Abscheus und der bitteren Enttäuschung abwehren können, das die Öffentlichkeit erzittern lassen wird, sollte selbiges im Druck erscheinen.
Der Schreiber dieses legt aus offenliegenden Gründen keinen Wert darauf, mit seinem Namen zu unterzeichnen – er zieht es vor, den Inhalt für sich selbst sprechen zu lassen.

Captain Phillips, der anscheinend beschlossen hatte, diesen anonymen Brief ernst zu nehmen, und ihn als »Beilage A« bezeichnete, erklärte kühn: »Das Distriktabwehrbüro, Dritter Marinedistrikt, stellt anhand seiner Unterlagen fest, daß die genannte Person (Luciano) diesem Büro oder dem Amt der Marineabwehr nie irgendwelche Hilfe geleistet oder Informationen geliefert hat.« Und weiter: »In Anbetracht dessen übermittle ich Ihnen Beilage A zum Zweck einer Äußerung, falls Sie eine solche abgeben wollen. Sollten Sie aber nicht wünschen, sich zu äußern, teilen Sie mir auch das schriftlich mit.« Dann wurde Phillips konkret:

Es wird gewünscht, daß Sie die folgenden Fragen im einzelnen beantworten: a) Sind Sie vor der Bewährungskommission des Staates New York erschienen oder wurden Sie von einem Mitglied derselben in bezug auf das Gnadengesuch des Genannten befragt? b) Haben Sie irgendwelche Briefe an irgendwelche Stellen des Staates New York gerichtet, in denen Sie empfohlen haben, den Genannten auf Bewährung zu entlassen? Wenn ja, dann übersenden Sie eine Kopie an den Kommandanten, Dritter Marinedistrikt, zusammen mit der Antwort auf diesen Brief. c) Sollte Ihnen zu Ohren gekommen sein, daß der Genannte der U.S. Marine irgendwelche Informationen von Wert geliefert hat, dann zählen Sie auf, woraus diese Informationen bestanden haben.

Am 25. Juli schickte Commander Haffenden, der als

rekonvaleszenter Offizier im Gebiet von New York dem Dritten Marinedistrikt, aber nicht Captain Phillips unterstand, eine fünf Seiten lange Antwort an den Distriktkommandanten. Er schickte auch eine Kopie davon an den Distriktabwehroffizier, für Captain Phillips zur Kenntnisnahme. Haffenden schrieb, er sei weder vor der Bewährungskommission erschienen, noch habe er schriftlich um Lucianos Entlassung auf Bewährung angesucht. Er sei von Herrn Healy, dem Bewährungsbeamten, befragt worden, aber »ich habe mit dem genannten Ermittlungsbeamten weder konkrete Fälle noch detaillierte Fakten besprochen, sondern ihn an den Distriktabwehroffizier verwiesen.« Er habe keiner Behörde des Staates New York einen Brief geschrieben, in dem er die Begnadigung Lucianos »empfahl«. Nur an den Rechtsberater Breitel habe er geschrieben – und Haffenden schloß eine Kopie dieses Briefes bei, den Phillips natürlich schon in Händen hatte. »Dieser Brief«, schrieb Haffenden, »gibt in allgemeinen Zügen meine Verbindung mit dem genannten Charles Luciano wieder und zieht die Marineabwehr nicht mit hinein, erlaubt mir aber gleichzeitig, früheren Verpflichtungen, die ich mit der Billigung von Captain MacFall auf mich genommen habe, nachzukommen. Zur Zeit der Abfassung dieses Briefes war ich Patient im Brooklyner Marinekrankenhaus.«

Haffenden erklärte weiter, Moses Polakoff habe ihn gebeten, an Breitel zu schreiben, und er habe in dem Brief eine Begnadigung Lucianos weder vorgeschlagen noch Interesse daran bekundet. Polakoff habe ihm gesagt, es werde ein ähnliches Schreiben von Oberst Gurfein eintreffen, und er habe »Grund zu der Annahme, daß dieses Schreiben im Besitze der Distriktstaatsanwaltschaft für New York County« sei. Er fügte hinzu, Polakoff habe ihm »von Herrn Hogan ausgerichtet«, die Marineabwehr habe die Zustimmung zur Freigabe der eidesstattlichen Erklärung Gurfeins verweigert.

Dann gab Haffenden, wie Phillips es verlangt hatte, an, welche »wertvollen Informationen« Luciano der Marine gegeben hatte, und erzählte in Kürze die Geschichte des

Unternehmens, gegliedert in drei Kapitel: Fischereiflotte, Hafengebiet, Sizilien-Aktion. Außerdem verfaßte er einen ausführlichen Kalender der Ereignisse, brachte aber wieder die Dinge durcheinander, indem er angab, Gurfein habe zuerst MacFall und ihn selbst dem Distriktstaatsanwalt Hogan vorgestellt, und die vorangegangene Beziehung zu Joe »Socks« Lanza, die ja schon vor der Aufnahme der Verbindung mit Luciano durch die Vermittlung Polakoffs bestanden hatte, verschwieg. Interessanterweise betonte Haffenden wieder: »Ich führte ein persönliches Verzeichnis aller Konfidenten, deren jeder mit einer Decknummer bezeichnet wurde. Diese Nummer wurde dem Akt des jeweiligen Konfidenten beigelegt, so daß die Akten jederzeit greifbar waren. Die Akten mit diesen Angaben und der Schlüssel dazu blieben in meinem Büro zurück, als ich vom Distriktabwehrbüro abberufen und in die Südsee abkommandiert wurde.«

Haffenden äußerte sich in diesem Schreiben noch über eine andere Aktion der Marineabwehr. Es war das der geheimnisvolle Fall des »Senators Walsh«, der im Frühjahr 1942 angeblich ein Bordell in der Nähe der Brooklyner Marinewerkstätten frequentiert hatte. In diesem Bordell, so hatte man angenommen, hätten feindliche Agenten Verbindungen mit Matrosen aufgenommen und ihnen Informationen entlockt. Besorgt, es könnte sich bei diesem Mann um David I. Walsh, Senator für Massachusetts, handeln, rief Haffenden Polakoff an und bat ihn, Erkundigungen einzuziehen. Polakoff holte sich Meyer Lansky und Mikey Lascari, die aber feststellten, daß es nicht *der* Senator Walsh war. Haffenden schrieb in seinem Brief an Phillips: »Der ›Senator‹ in diesem verrufenen Haus war nicht Senator Walsh, sondern ein siebenundachtzigjähriger Mann, der einmal Senator für den Staat New York gewesen war und in dem verrufenen Haus ›der Senator‹ genannt wurde. Diese Information wurde an Captain MacFall weitergegeben und, wie ich glaube, dem FBI zugeleitet, das in diesem Fall Ermittlungen führte.«*

* C. A. Tripp (der im Zweiten Weltkrieg Kontakte zur Marineabwehr hatte), erzählt in seinem jüngst erschienenen Buch *The Homosexual*

Seiner Beschreibung des Unternehmens Luciano fügte Haffenden einen interessanten Vorbehalt bei: »Die obige Erklärung erfolgt rein aus dem Gedächtnis; es ist durchaus möglich, daß mir später andere Fakten einfallen werden, die hier nicht enthalten sind.« Er betonte auch, daß er nie auf eigene Faust gehandelt habe:

> Während aller meiner Verhandlungen mit Informanten, die aufgrund der Verbindung mit Luciano zu mir kamen, und bei der Verarbeitung der von ihm gelieferten Informationen habe ich stets alles mit meinem vorgesetzten Offizier, Captain Roscoe MacFall, besprochen. Wenn die Information für meine eigene Abteilung nicht von Nutzen war, habe ich sie an Captain MacFall weitergegeben, der sie wieder entweder dem Amt der Marineabwehr oder anderen Regierungsstellen, die sich dafür interessierten, zuleitete. Meine Identität als Empfänger der Informationen wurde von Captain MacFall

Matrix die »Senator-Walsh«-Story anders, als Haffenden sie in Erinnerung hatte. In der zweiten Hälfte des Jahres 1942 meldeten einige New Yorker Zeitungen, Senator Walsh habe dieses Bordell, das ein Männerbordell gewesen sei, frequentiert. Seine Besuche endeten abrupt, als die Marineabwehr das Haus unter ständige Überwachung nahm. Die Polizei habe eine Razzia in diesem Bordell gemacht, und dem Besitzer, einem Deutschamerikaner, sei vom FBI und der Marineabwehr nahegelegt worden, er würde es in Hinkunft leicht haben, wenn er mit den Behörden zusammenarbeitete. Der Mann verschaffte Beweise, die zur Verhaftung und Verurteilung von drei Spionen führten. Für seine Mitarbeit wurde er mit der Höchststrafe von zwanzig Jahren Gefängnis für gemeine Sodomie bestraft. »Endlich entließen ihn die Klauen des Gesetzes am 1. April 1963 im Alter von 78 Jahren«, schreibt Tripp.
Was Senator Walsh anlangt, so war es allgemein bekannt, daß der demokratische Senator für Kentucky, Alben Barkley, Vorsitzender der Mehrheitsfraktion und später Vizepräsident der Vereinigten Staaten, ihm zu Hilfe kam. Barkley erklärte: »Das Bundeskriminalamt hat berichtet, es gebe nicht die mindesten Gründe für die Beschuldigung, wonach Senator Walsh ein Freudenhaus besucht und dort Umgang mit Naziagenten gehabt habe.« Damit sagte Barkley die Wahrheit. Der Senator hatte keinen Umgang mit Naziagenten gehabt. Es war die Methode, eine Anklage so hochzuspielen, daß sie dann bestritten werden konnte.
Haffendens Dokumente, die sich unter den Akten der Herlands-Untersuchung fanden, enthielten keine dieser Enthüllungen.

stets geheimgehalten, so daß andere Offiziere im Distriktabwehrbüro die Informationsquelle nicht kannten. Als Captain MacFall sein Kommando zurücklegte und Captain W. B. Howe Distriktabwehroffizier wurde, wurde auch er über die obengenannten Aktionen voll informiert.

Zum Schluß verlangte Haffenden noch, daß eine Kopie dieser Mitteilung an Captain MacFall in Kalifornien geschickt werde, er selbst aber tat dies nicht.

Ungefähr zur gleichen Zeit, als er diesen Brief verfaßte, ließ Haffenden den Bewährungsbeamten Healy wissen, daß er mit ihm nicht sprechen dürfe. Außerdem befahl Captain Phillips tatsächlich Commander MacDowell von der Abteilung F, jedes Gespräch mit Haffenden zu unterlassen. Daraufhin, sagte MacDowell, sei es ihm nicht mehr möglich gewesen, Beziehungen oder Kontakte mit Haffenden aufrechtzuerhalten. Haffenden stand faktisch unter Quarantäne, und es war Captain Phillips, der am 30. Juli den Bewährungsbeamten Healy in seinem Büro in der Church Street zu einer förmlichen Unterredung empfing. Phillips sagte zu Healy, Lucianos Hilfe für die Marine sei gerade Gegenstand einer Untersuchung des Marineministeriums, und sobald Informationen eingelangt seien, werde man die Bewährungskommission davon in Kenntnis setzen. Healy interessierte sich auch für Haffendens Befinden, und Phillips sagte, Haffenden sei am Strand von Iwo Jima ungefähr vier Stunden unter Feuer gewesen und dann auf ein Spitalsschiff gebracht worden, weil er an einer Darmblutung litt. Spätere Untersuchungen – sagte Phillips – hätten aber nicht gezeigt, daß Haffenden von einem Geschoß getroffen worden sei. Auf unerklärliche Weise sei ein altes, tumorähnliches Gewächs an Haffendens Magenwand aufgebrochen und habe zu Blutungen geführt.

Healy befragte Phillips dann über die eidesstattliche Erklärung Gurfeins und berichtete dazu dem Aufsichtsbeamten Robertson: »Captain Phillips erklärte, dieselbe könne auf Befehl der Marine nicht freigegeben werden. Er fügte jedoch hinzu, sie enthalte ohnehin keine Bestätigung der früheren Behauptungen anderer Personen über Wesen und Wert der angeblichen Hilfe Lucianos.«

Kurz zuvor waren abermals Nachrichten über eine Verbindung zwischen der Marine und Luciano in den Zeitungen erschienen, und Healy machte Phillips auf eine Meldung in den *New York Daily News* vom 25. Juli 1945 aufmerksam, in der Ed Sullivan schrieb: »Die Marine meldete nach Albany, Lucky habe einen drohenden Hafenarbeiterstreik verhindert, der wichtige Kriegslieferungen zurückgehalten hätte.« Phillips sagte, die Marine habe keine solche Meldung freigegeben, und sie könne daher nur von außerhalb der Marine durchgesickert sein. »Damit gab Captain Phillip zu verstehen«, berichtete Healy, »daß die obengenannte Nachricht aus Informationen stammen müsse, die ›unsere Seite‹ ausgeplaudert habe. Als ich ihn um weitere Angaben bedrängte, sagte Captain Phillips, ihm sei die Quelle bekannt, er werde sie aber nicht preisgeben.«

Letztlich wurde Phillips noch einmal von Healy um die Erlaubnis gebeten, Haffenden zu sprechen, aber wieder wurde die Bitte abgeschlagen.

Nachdem Phillips Haffenden für Healy unerreichbar gemacht hatte, unternahm er einen weiteren Schritt, um jede Information, die Haffenden der Bewährungskommission schon gegeben haben mochte, zu diskreditieren. Am 2. August erhielt der Aufsichtsbeamte Robertson von der Bewährungsbehörde einen Brief von Phillips, in dem dieser schrieb, sein Büro sei eifrigst bemüht, festzustellen, ob überhaupt jemals irgendwelche Informationen beim Distriktabwehrbüro in New York oder beim Amt der Marineabwehr in Washington »durch Vermittlung« von Lucky Luciano eingegangen seien. Dann fügte Phillips spitz hinzu:

> Commander Haffendens Brief an den Rechtsberater des Gouverneurs wurde weder durch offizielle Kanäle geleitet, noch wurde der Inhalt vom Kommandanten des Dritten Marinedistrikts oder von Mitgliedern seines Stabes gebilligt oder autorisiert. Außerdem wird angenommen, daß das Erscheinen Commander Haffendens

> vor Richter McCook im Jahre 1943 in Verbindung mit diesem Fall gleichfalls keine offizielle Billigung hatte.
> Ihre Briefe wurden dem Amt der Marineabwehr übermittelt. Mit einer Beantwortung ist in naher Zukunft zu rechnen.
> Bis dahin wird Ihnen jedoch mitgeteilt, daß die Aussagen Commander Haffendens in seinem Schreiben vom 17. Mai (an Rechtsberater Breitel) durch die Akten, die in diesem Büro vorliegen, nicht bestätigt werden.

Am 7. August erhielt Aufsichtsbeamter Robertson einen zweiten Brief von Phillips, der klar zeigte, daß die Vertuschungsaktion der Marine erfolgreich abgeschlossen worden war. Phillips schrieb:

> Bitte, nehmen Sie zur Kenntnis, daß der Kommandant des Dritten Marinedistrikts dahingehend informiert wurde, daß die Akten des Amtes der Marineabwehr im Marineministerium die Aussagen, die Commander Charles R. Haffenden gemacht hat, nicht bestätigen. Sie zeigen auch keineswegs, daß ein gewisser Charles Luciano Informationen von Wert für den Kriegseinsatz geliefert hat.
> Die Ansichten, die Commander Haffenden in seinem Brief an Sie vom 17. Mai ausgedrückt hat, können daher nur als die einer Privatperson gewertet werden, da sie durch offizielle Aufzeichnungen nicht bestätigt werden.

Gleichzeitig damit wurde Oberst Angelo Cincotta, der inzwischen vom Pazifik zurück war, von einem Abwehroffizier des Zwölften Marinedistrikts in San Francisco befragt. Er wurde gefragt, ob und welche Informationen Haffenden von Luciano erhalten habe, und Cincotta, der frühere Chef der Abteilung B-7-I im Amt der Marineabwehr in Washington, dem »Italien-Dezernat«, antwortete: »Soviel ich weiß, hat Luciano weder Commander Haffenden noch das Distriktabwehrbüro, den Dritten Marinedistrikt oder das Amt der Marineabwehr jemals mit Informationen versorgt, die im Zusammenhang mit Auslandsspionage oder sonstwie von Wert waren.«

Inzwischen ließ sich der Bewährungsbeamte Healy weder von der Obstruktion der Marine noch von einem Gefühl, am Ende seiner Weisheit zu sein, abschrecken. Der junge Beamte, der bemüht war, seinen ersten Begnadigungsfall mit Auszeichnung zu erledigen, war immer noch entschlossen, eine Bestätigung für Frank Hogans Behauptung über die Existenz des Luciano-Projekts zu finden. Von Captain Phillips und Commander Murphy abgewiesen, von Haffenden ferngehalten und ohne zu ahnen, daß in der Church Street Beweismaterial verbrannt wurde, beschloß er, neue Hinweise in einem weiteren Gespräch mit Lucianos Rechtsanwalt, Moses Polakoff, zu suchen.

Healy ging in Polakoffs Kanzlei in der Fifth Avenue 475 und ersuchte den Anwalt um die Namen anderer Leute, die in Lucianos Rolle beim Kriegseinsatz eingeweiht sein könnten. Polakoff war zuerst ein wenig zurückhaltend. Er erinnert sich:

> Wieder fiel der Name Lansky, und ich sagte, ich hätte nichts dagegen, daß er Herrn Lansky befrage. Ich wollte aber nicht, daß er in Lanskys Büro ging, sich dort als Beamter der Bewährungskommission vorstellte und den Eindruck erweckte, Herr Lansky könnte etwas Unrechtes getan haben. Ich glaubte, daß Herr Lansky sich so etwas nicht verdient hatte, besonders in Anbetracht der Tatsache, daß er seine Dienste völlig freiwillig geleistet hatte und ihm aus dem Dienst für das Vaterland kein Vorteil erwachsen war – und deshalb sollte man ihn nicht in Verlegenheit bringen. Ich sagte Healy ferner, ich sei überrascht, daß seine Dienststelle oder das Amt des Gouverneurs auf diese Weise vorgingen, denn, so erklärte ich ihm, ich hätte dem Rechtsberater des Gouverneurs das Wesen und die Art der geleisteten Arbeit erläutert und ihm mitgeteilt, daß man den Konfidenten bei allem, was heilig ist, versprochen hatte, ihre Namen und ihre Identität niemals preiszugeben und sie nie in Verlegenheit zu bringen, nur weil sie versucht hatten, dem militärischen Zweig der Regierung auf ihre Art zu helfen.

Da er die Angelegenheit mit dem Rechtsberater des Gouverneurs besprochen hatte, konnte Polakoff nicht verstehen, warum Healy so auf Namen bestand, »die ich ihm auf keinen Fall gegeben hätte, und daher sagte ich ihm abermals, wenn er an der Richtigkeit meiner Informationen zweifle, könne er sich das ersparen, denn es sei doch praktisch alles gerichtsbekannt. Daher wäre es für ihn am besten, die Richtigkeit dessen, was ich ihm erzählt hatte, erstens bei Oberst Gurfein und zweitens bei Commander Haffenden und der Marineabwehr zu überprüfen.«

Wieder einmal rannte Healy gegen eine Mauer an. Aber in diesem Moment, aus Gründen, die von keinem der Beteiligten je erklärt wurden, begann Polakoff auszupakken. Vielleicht war es sein Instinkt für den richtigen Augenblick, den er als erfahrener Anwalt hatte; vielleicht war es sein Gerechtigkeitsgefühl; oder aber einfach eine Reaktion auf Healys Initiative. Sei dem, wie es sei, Polakoff hielt die Zeit für gekommen, um die eidesstattliche Erklärung Oberst Gurfeins ins Gespräch zu bringen.

Healy wußte von dieser Erklärung, er wußte auch, daß die Marine sie nicht freigegeben hatte, aber Phillips hatte ihm gesagt, sie enthalte keinen Beweis für Lucianos Mitwirkung am Kriegseinsatz. Nun aber bekam er von Polakoff etwas anderes zu hören. Healy erinnert sich:

> Herr Polakoff war sehr erbost über das Vorgehen der Marinebehörden. Er sagte, ihre Weigerung sei unbegründet. Dann las er mir Auszüge aus der Erklärung Oberst Gurfeins vor. Der Kern davon war eine Bestätigung der Aussagen, die Commander Haffenden und Polakoff selbst über die Grundlagen und die Entwicklung des Übereinkommens mit Luciano und über die Hilfe, die er den Marinebehörden geleistet haben soll, gemacht hatten.

Natürlich wollte Healy eine Kopie dieser eidesstattlichen Erklärung haben. Aber Polakoff erklärte, da diese Erklärung von der Marine nicht freigegeben worden sei, besitze er »offiziell« gar keine Kopie. Er fügte jedoch hinzu, Rechtsberater Breitel sei vollständig informiert, und nichts könne also Healy daran hindern, »inoffiziell die in der Erklärung enthaltene Information zu bekommen«.

Polakoffs Enthüllung ermöglichte es Healy, die Erklärung in seinem Bericht an die Bewährungsabteilung zu erwähnen, und dieser Bericht würde im normalen Aktenlauf an den Vorsitzenden der Bewährungskommission weitergeleitet werden. Healys Vorbehalt, daß er die Erklärung nicht mit eigenen Augen einsehen durfte, würde den Vorsitzenden sicherlich dazu veranlassen, eine eigene Ermittlung in die Wege zu leiten. Es wäre dann nur eine Frage der Zeit, bis der Vorsitzende herausfand, ob so eine Erklärung vorhanden war oder nicht. Eigentlich brauchte er nur Gurfein oder Hogan zu fragen. Er konnte sich auch gleich nach dem Inhalt erkundigen, und da sie beide Zivilisten waren, konnte die Geheimhaltungsvorschrift der Marine sie nicht an der Aussage hindern. Damit wäre die Blockade der Marine durchbrochen gewesen.

Aber das war noch nicht das Ende des bemerkenswerten Gesprächs, das Polakoff mit Healy führte. Healy:

> Herr Polakoff tadelte die Leitung des Abwehrbüros im Dritten Marinedistrikt auch, weil sie es verabsäumt hatte, die Aussage von Commander Haffenden über Lucianos Hilfe zu bestätigen. Er bezeichnete die Herren Offiziere als »aristokratische Snobs« und meinte, es sei durchaus möglich, daß sie sich deshalb geweigert hätten, Haffendens Aussagen zu bestätigen, weil sie es unter der Würde ihres Amtes gehalten hätten, bei der Unterwelt Hilfe zu suchen.

Polakoff ging sogar noch weiter. Healy berichtete:

> Polakoff deutete auch an, daß er anläßlich der (ersten) Unterredung am 19. Juni »überrumpelt« worden sei. Er habe die Sache so verstanden, daß das Amt des Gouverneurs über die ganze Angelegenheit ohnehin im voraus informiert gewesen sei und daß der Ermittlungsbeamte daher in seinen Bericht nur die Fakten hätte aufzunehmen brauchen, die dem Gouverneur schon bekannt waren. Er wurde gebeten, zu erklären, was seine Gründe

für diese Annahme seien, und er sagte, er gründe diese Annahme darauf, daß sowohl Gouverneur Dewey als auch die Herren Breitel und Frederick A. Moran, der Vorsitzende der Bewährungskommission, über die Fakten dieses Falles im voraus informiert gewesen wären und wünschten, die Untersuchung sollte in der oben beschriebenen Weise geführt werden.

Wie der Bericht zeigt, ließ Healy sich nicht aus der Ruhe bringen. Er sagte zu Polakoff, er habe »keine Kenntnis von einem solchen Wunsch seitens der obengenannten Beamten, worauf Herr Polakoff meinte: ›Nun, Sie können sich darauf verlassen, so wollten sie es haben.‹ «

Healy reagierte auf interessante Weise: Er befragte Polakoff einfach nochmals über den Ablauf des Unternehmens Luciano. Offensichtlich war ihm daran gelegen, Polakoff zu zeigen, daß hier kein Prominenter, sondern ein ganz gewöhnlicher Bewährungsbeamter eine ganz gewöhnliche Ermittlung führte. Alle Details wurden noch einmal durchgekaut, aber als er Polakoff über die Namen der Personen – mit Ausnahme Meyer Lanskys – befragte, die ihn ins Gefängnis Great Meadow begleitet hatten, weigerte Polakoff sich, sie preiszugeben.

Plötzlich, mitten im Gespräch, läutete das Telephon. Es war Meyer Lansky persönlich. Einer Eingebung folgend, fragte Polakoff Healy, ob er mit Lansky reden wolle. Er wollte. Polakoff bat Lansky, gleich in sein Büro zu eilen.

Healy hatte der Marine die Stirn geboten und eine Durchsicht ihrer Akten gefordert. Er hatte Polakoffs Anspielung, die ganze Begnadigungsprozedur sei ein abgekartetes Spiel, hinweggefegt. Nun schickte er sich an, einen der geheimsten Führer der Mafia auszufragen. Und dieses Gespräch, so berichtete Healy, war eine wahre Fundgrube:

Lanskys Geschichte von der Entwicklung und Durchführung des Planes, den Marinebehörden mittels der Hilfe Lucianos unter die Arme zu greifen, bestätigte die Angaben, die Commander Haffenden und Polakoff gemacht hatten. Lansky erklärte, er selbst sei einer der

Männer gewesen, die im April 1942 im Hotel Astor zusammentrafen, um die Grundlagen für die folgenden Unternehmungen zu schaffen. Er sagte, seine Aufgabe sei es gewesen, als Mittelsmann zwischen Luciano und den Personen zu fungieren, die von Luciano beauftragt wurden, den Marinebehörden Informationen zu verschaffen.

Healy fragte Lansky nach den Namen einiger dieser Personen. Lansky antwortete ausweichend. Dann fragte Healy, warum Lansky nach Great Meadow gefahren war und nicht jemand von der Marine oder irgendein Beamter. Lansky antwortete – und Polakoff stimmte ihm zu –, sie hätten »das Gefühl gehabt, wenn jemand anderer zu Luciano gegangen wäre, hätte er nicht kooperiert; andererseits hätte auch keine andere Person als eben Lansky die Möglichkeit gehabt, die Aufträge oder Ratschläge Lucianos so weiterzugeben, daß die Leute, die diese Aufträge erhielten, sie auch ausführen würden«. Hatte Healy je von Lansky Namen der Personen bekommen können, denen Luciano Aufträge schickte? »Nein, die habe ich nicht bekommen«, berichtete Healy.

Am 31. Juli erschien Healy im Stadtamt von Manhattan, um die Protokolle und andere Akten der Verhandlung vom Februar 1943 vor Richter Phillip McCook über Lucianos Gnadengesuch einzusehen. Das war wieder ein interessanter Fingerzeig, denn Healy berichtete, daß »Richter McCooks Entscheidung darauf schließen ließ, daß gewisse Behörden von ihm privat befragt wurden, deren Identität und Aussagen aber unerwähnt blieben«. McCook war damals als Oberst in der Militärjustizkanzlei in Washington tätig, und Healy hatte vor, seinem Fingerzeig zu folgen und auch ihn zu befragen. Er konnte jedoch nicht nach Washington fahren, weil seine Frau, die ein Kind erwartete, plötzlich einen Blutsturz erlitt und eiligst ins Krankenhaus gebracht werden mußte. Healy machte keinen Versuch mehr, McCook zu befragen, der ein großer Schweiger war. Die Bewährungskommission versuchte auch nicht, Captain MacFall in Kalifornien zu befragen. In Anbetracht der

Nachrichtensperre der Marine bestand nicht die geringste Aussicht, daß MacFall etwas gesagt hätte.

Trotzdem meinte Healy, nun die wesentlichen Punkte beisammen zu haben, und legte am 13. August seinen Ergänzungsbericht zum Fall Luciano vor. Der Bericht war sachlich und objektiv und enthielt vorschriftsgemäß keinerlei Empfehlungen. Später faßte Healy seine Arbeit zusammen, die man als eine energische und anerkennenswerte Arbeit bezeichnen muß: »Alles, was in meinem Bericht enthalten war, fußte auf meinen eigenen Wahrnehmungen. Keine öffentliche staatliche oder städtische Behörde hat versucht, mich in irgendeiner Weise zu beeinflussen. Mein gesamtes Wissen über die Sachlage war in meinem Bericht enthalten.«

Der letzte Teil von Healys Auftrag hatte darin bestanden, die Einwanderungsbehörden aufzusuchen und Lucianos Ausweisung zu besprechen. Und irgendwo gegen Ende des Berichtes fand sich eine lakonische Beschreibung dieses Gesprächs, das vielleicht mehr als alles andere in die Zukunft wies. Healy schrieb:

> Ein Deportationsbefehl vom 20. November 1936 mit der Nummer 55933-844 liegt gegen den Gesuchsteller vor.
>
> Am 23. Juni 1945 befragte der Unterfertigte Herrn Gioaosa, den Leiter der Bewährungsabteilung für Ausländer im Einwanderungsbüro, Columbus Avenue 70, New York City, und dieser erklärte, daß der Deportationsbefehl aufrecht sei und nach Entlassung des Betreffenden aus dem Gefängnis zur Durchführung gelangen werde.
>
> Herr Gioaosa stellte weiter fest, die Ausweisung Lucianos sei rechtskräftig, und sollte er jetzt aus dem Gefängnis entlassen werden, würde es keine Schwierigkeiten geben, die Deportation des Gesuchstellers nach Sizilien auszuführen, zumal Sizilien und ganz Italien derzeit unter der Verwaltung unserer Streitkräfte stünden.

Weil sein Vater in den USA erst eingebürgert wurde, als

Luciano schon erwachsen und ungefähr 27 Jahre alt war, so fügte Healy hinzu, bekam Luciano die Staatsbürgerschaft nicht automatisch als Sohn eines Eingebürgerten. »Der Gesuchsteller hat selbst nie um die Staatsbürgerschaft angesucht.«

Arrivederci, Laura Keene!

Der Vorsitzende der Bewährungskommission, Frederick A. Moran, fuhr am 13. Juni 1945 erstmals zum Gefängnis Great Meadow, um mit Charles »Lucky« Luciano zu sprechen. Moran hatte die Gewohnheit, einen Großteil der Außenarbeit selbst zu erledigen. Er war von dem demokratischen Gouverneur Herbert H. Lehmann 1938 in die Bewährungskommission berufen und vier Jahre später zu ihrem Vorsitzenden gewählt worden. Der Republikaner Dewey sollte ihn noch zweimal wiederernennen. Moran hatte mehrere Arbeiten und Artikel über Bewährungsprobleme verfaßt, gehörte verschiedenen einschlägigen Gremien an und galt als einer der ersten Fachleute für Resozialisierung von Gesetzesbrechern.

Luciano wollte begnadigt werden, und Moran beschrieb die Verantwortlichkeiten seines Amtes in solchen Fällen:

> Es war bei Gouverneur Dewey ausnahmslos üblich, alle Gnadengesuche an die Bewährungsbehörde zu verweisen. Das traf im Falle von Charles Luciano ebenso zu wie in allen anderen Fällen. Gouverneur Dewey hat einem derartigen Ansuchen stets erst nach einer unabhängigen Ermittlung und einstimmiger Befürwortung durch die Bewährungskommission stattgegeben.

Moran fand Luciano wortkarg, wenn es um die Art seines Beitrages zum Kriegseinsatz ging, keineswegs aber auf den Mund gefallen beim Einfordern seiner Belohnung dafür. Nach der ersten Zusammenkunft schrieb Moran in seinem offiziellen Bericht:

Der Strafgefangene war freundlich, hatte aber offensichtlich nicht die Absicht, aus eigener Initiative irgendwelche Informationen zu geben. Seine Haltung blieb während der ganzen Diskussion vorsichtig. Er sagte ausdrücklich, er habe nicht um Gnade angesucht, weil er sich unschuldig fühle oder mildernde Umstände im Zusammenhang mit seinem Verbrechen geltend machen wolle. Sein Ansuchen gründe sich nur auf die Hilfe, die er den Beamten der Regierung gewährt habe.

Luciano weiß entweder nicht oder will nicht sagen, warum Regierungsbeamte überhaupt mit ihm Verbindung aufgenommen haben. Er sagte, Kommissar Lyons sei mit allen Details vertraut, und Commander Haffenden sei der einzige Regierungsbeamte gewesen, mit dem er gesprochen habe. Weiters erklärte er, der Regierung sehr gern geholfen zu haben.

»Zu einer möglichen Deportation«, fügte Moran hinzu, »nimmt er eine stoische Haltung ein.«

Gegen Luciano lagen noch sechs Anzeigen wegen Zuhälterei und Steuerhinterziehung im Kreis New York sowie zwei Anzeigen wegen Steuervergehen im Kreis Albany vor, zusätzlich zum Deportationsbefehl. Luciano schien sich darüber wenig Sorgen zu machen, ebensowenig wie über die drohende Abschiebung. Er sagte zu Moran, es wäre ihm möglich, sich Geld zu borgen, um die Steuerschulden zu bezahlen, und erklärte, seine Schwester in White Plains würde ihn bei sich aufnehmen und sein Schwager würde ihm einen Posten verschaffen. Er erwähnte jedoch, daß er sich im Fall seiner Freilassung lieber in einer Gemeinde außerhalb des Gebietes von New York niederlassen möchte.

Moran berichtete, Luciano sei ein »ausgezeichneter Gefangener und hat nie Vergünstigungen verlangt. Er kümmert sich um seine eigenen Angelegenheiten, und da die anderen Gefängnisinsassen ihn für ein ›großes Tier‹ halten, hat er wenig Kontakt mit ihnen und hat es vermieden, Beziehungen zu ihnen anzuknüpfen«. Aber ähnlich wie der Bewährungsbeamte Healy war auch Moran durch Lucianos Behauptung, der Regierung geholfen zu haben, neugierig geworden. Er hatte eine gewisse Bestätigung dieser Behauptung in Commander Haffendens Erklärung und kehrte am 18. August nach Great Meadow zurück, um in einem zweiten Gespräch mit Luciano einen Widerspruch zu klären: Luciano sagte, er habe mit Haffenden geredet; Haffenden erklärte, Luciano nie persönlich getroffen zu haben. Moran berichtete: »Luciano erklärte, er habe der Regierung alle Dienste erwiesen, die er ihr erweisen konnte; dann bestritt er, Commander Haffenden je gesehen zu haben, und fügte hinzu, daß er über Transaktionen, die außerhalb des Gefängnisses stattgefunden haben mochten, nichts wisse.«

Am 23. August fuhr Moran zum Gefängnis Auburn, um persönlich die Bestätigung von einem anderen wichtigen Häftling – Joe »Socks« Lanza – zu erhalten. Lanza hatte damals zweieinhalb seiner siebeneinhalb Jahre wegen Nötigung abgesessen; er erzählte Moran alles über den Ursprung des Marineabwehrprojekts und sagte, nach dem Besuch bei Luciano im Jahre 1942 habe »Meyer Lansky sich Commander Haffenden zur Verfügung gestellt und sich bereit erklärt, alles auszuführen, was Haffenden verlangte«.

Am 6. September war Moran wieder in Albany und sprach mit Strafvollzugskommissar Lyons, und dieser hohe Beamte bestätigte ihm, daß das Marineabwehrprojekt in der Tat existiert hatte. Er entdeckte auch, daß schon vor ihm jemand dagewesen sei. Lyons berichtete ihm, daß einige Wochen zuvor, im Sommer 1945, ein Marineoffizier ihn besucht habe und wissen wollte, ob irgend jemand im Namen der Marine Lucianos Überstellung ins Gefängnis Great Meadow verlangt habe. Moran berichtete: »Diesem Marineoffizier teilte Kommissar Lyons mit, die Überstellung des Häftlings sei von Herrn Gurfein verlangt worden, und Distriktstaatsanwalt Hogan habe den Antrag gebilligt.« Moran fand also mehr Beweise, als er erwartet hatte. Bisher wußte er vom Bewährungsbeamten Healy, daß die Marine die Ermittlung der Bewährungskommission behinderte. Jetzt wußte er, daß die Marine selbst ermittelte.

Moran bat Lyons um die Namen aller jener, die Luciano in Great Meadow besucht hatten, jene Namen, die Healy in New York vergeblich zu erfahren versucht hatte. Lyons schrieb an Morhous, den Vorsteher von Great Meadow, er solle die Namenliste direkt an Moran schicken, und das tat jener denn auch am 10. September; eine Kopie ging an Lyons. Seit Polakoff am 8. Mai das Gnadengesuch eingereicht hatte, waren noch zweimal Besucher bei Luciano gewesen. Am 31. Mai hatten Polakoff, Lansky und Mikey Lascari von 9.30 bis 14 Uhr mit ihm konferiert, und am 21. August war Polakoff »mit Freunden« von 9.45 bis 14 Uhr bei ihm gesessen. Die Besucherliste umfaßte, abgesehen von Lucianos Verwandten, Polakoff, Lansky, Lascari, Lanza, Moretti, Costello, Miranda, Siegel, ferner einige unbekannte Namen wie M. Einsberg, J. Martini, Roseman, Franks und Filkins. Polakoff konnte sich nicht erinnern, wer diese Leute waren und was sie in seiner Delegation zu schaffen gehabt hatten. Auf der Liste stand auch ein Anwalt mit Namen Contra oder Contis, der Luciano in Dannemora vierundzwanzigmal besucht hatte. Ihn kannte Polakoff ebenfalls nicht.

Was andere, alltäglichere Aspekte seiner Ermittlung betraf, fand Moran Lyons Aussage, daß Luciano ein vorbildlicher Gefangener sei, bestätigt. Moran hielt sich an die Berichte der Gefängnisbeamten von Great Meadow. Der Oberaufseher W. A. Cointot sagte: »Luciano wurde nie wegen einer Verletzung der Gefängnisvorschriften angezeigt und kann daher als überdurchschnittlicher Gefangener bezeichnet werden.« Der Gefängnisgeistliche, Hochwürden Lenahan, bemerkte: »Charles nahm sehr selten am Gottesdienst teil, seit er nach Amerika gekommen ist. Er hat nie daran teilgenommen, seit er im Mai 1942 hierher gebracht wurde.« Der Erziehungsaufseher E. P. Murray sagte, Luciano habe an der Gefängnisschule nicht teilgenommen. Andererseits war seine Arbeit beim Aufräumen der Gefängnisgänge und im Zementschuppen zufriedenstellend. Per 12. Juni hatte Luciano auf seinem Konto ein Guthaben von 323.52 Dollar, berichtete die Buchhaltung und fügte wie üblich hinzu, daß »dieser

Betrag sich bei Lucianos Entlassung um einen staatlichen Zuschuß von zwanzig Dollar erhöhen dürfte. Wahrscheinlich werde es auch noch einen kleinen Mehrbetrag an zusätzlichem Verdienst geben.«

Der Gefängnisarzt, Doktor Leo A. Thume, berichtete über den Gesundheitszustand Lucianos im Detail:

Kopf: Normal, Kopfhaut sauber.
Augen: Normal. Sehstärke rechts 90%, Sehstärke links 90%. Beide korrigiert. Pupillen reagieren auf Licht und passen sich an.
Nase: Frei. Keine Mißbildung, kein Verschluß.
Mund: Zähne gut, Zunge ohne Belag, Schlund frei, Mandeln nicht sichtbar.
Hals: Aussehen normal. Schilddrüse normal.
Ohren: Normal. Gehör 36/36 beide Ohren.
Brustkorb: Normale Form und Ausdehnung. Lungen frei bei Auskultation und Perkussion.
Herz: Klang normal. Kräftig. Keine Geräusche.
Bauch: Flach. Keine empfindlichen Stellen, keine Verspannungen, Tumore.
Leistenbruch: Negativ.
Geschlechtsteile: Keine Penisnarben, kein Ausfluß.
Rektum: Keine Hämorrhoiden.
Rückgrat: Normal.
Haut: Sauber.
Knochen und Gelenke: Normal.
Extremitäten: Normal. Keine Schäden.
Puls: 72. Nach körperlicher Belastung (50mal hüpfen auf einem Fuß) 92. Zwei Minuten danach 76.
Blutdruck: Systolisch 128, diastolisch 86.
Körpergröße: Fünf Fuß achteinviertel Zoll (173 cm).
Gewicht: 158 Pfund (71 kg).
Wassermann: Negativ am 8. Oktober 1943 und am 9. Juni 1944.

Dr. Thume faßte auch Lucianos Krankengeschichte zusammen. Er zählte auf: Iritis, Geschlechtskrankheit, Tabakkonsum – »bestreitet Konsum von Alkohol und

Drogen« – und eine Knöchelzerrung in Dannemora im Jahre 1940.

Moran sah auch die psychiatrischen Befunde von Sing Sing und Dannemora. In Great Meadow lag kein weiterer psychiatrischer Befund vor. Und schließlich schenkte er dem Bericht von Aufseher Morhous größte Aufmerksamkeit. Mit der Bemerkung, Lucianos Führung sei »vorbildlich« und er sei seinen Pflichten »jederzeit zufriedenstellend nachgekommen«, begründete Morhous seine Empfehlung: »Wenn die Untersuchung ergibt, daß die Umstände dieses Falles eine Begnadigung erlauben, dann werden von dieser Dienststelle keine Einwände erhoben werden.«

Luciano hatte erklärt, er würde im Falle seiner Entlassung eine Unterkunft und einen Arbeitsplatz haben. Der Bewährungsbeamte Healy suchte sich davon zu überzeugen. Schon zu Beginn seiner Ermittlungen hatte er Fanny und Michael Galasso, Lucianos Schwester und Schwager, in White Plains aufgesucht und berichtete darüber: »Beide versicherten, der Gesuchsteller wäre ihnen willkommen.« Luciano würde ein eigenes Schlafzimmer in einem »geräumigen, sauberen, geschmackvoll eingerichteten Haus« haben. Und welche Arbeit würde Lucky Luciano bekommen? Healy berichtete: »Dem Gesuchsteller wird eine Anstellung als Klempnergehilfe von Herrn Galasso angeboten, der seine eigene Klempnerei als Subunternehmer betreibt. Er will dem Gesuchsteller den üblichen Lohn von sieben Dollar pro Tag bezahlen und sagt, dies werde eine feste Anstellung sein, und der Gesuchsteller brauche nicht der Gewerkschaft beizutreten.«

Es war jedoch sehr unwahrscheinlich, daß Luciano, sollte er entlassen werden, Klempnergehilfe werden würde. Moran erweiterte seine Ermittlung nun auf die Einzelheiten einer möglichen Deportation, und am 24. September reiste Healy nach Philadelphia, um mit Allen H. Devaney, dem Hauptprüfer im Revisionsamt der Einwanderungs- und Naturalisierungsbehörde, zu sprechen. Der Deportationsbefehl für Luciano war 1936 in Philadelphia ausgestellt worden. Healy berichtete, daß er Lucianos Deportation mit Devaney besprochen habe, der sagte, Luciano würde im Fall seiner Entlassung sofort abgeschoben werden. Healy verlangte und erhielt von Devaney die Zusicherung, daß Luciano bei einem Strafnachlaß deportiert werden würde. Außerdem wurde Healy mündlich garantiert, daß Luciano weder Entlassung gegen Kaution noch einen Aufschub der Deportation erhalten würde.

Devaney sagte Healy dann noch, er wisse nicht, was geschehen könnte, falls es Luciano gelingen sollte, einen richterlichen Vorführungsbefehl aufgrund des *Habeas Corpus* zu erlangen. Er fügte aber hinzu, sofern Luciano in den Gewahrsam der Einwanderungsbehörden übergeben werde, wenn gerade ein Schiff mit Ausgewiesenen abgehe, könnte man ihn noch vor Ausstellung eines Vorführungsbefehls abschieben.

Solch ein leichtfertiger Umgang mit dem geheiligten *Habeas Corpus* war atemberaubend, und Healy hielt diese Information für so bemerkenswert, daß er darüber einen Zusatzbericht zum Akt Luciano verfaßte, datiert vom 25. September. Er ließ sich den Bericht von seinem unmittelbaren Vorgesetzten, Joseph Pincus, unterzeichnen und schickte ihn dann an Oberaufseher Robertson, der das Original und vier Kopien an Vorsitzenden Moran weiterleitete. Zwei Tage später wurde der Ergänzungsbericht von Morans Sekretärin, Margaret M. Grogan, an Rechtsberater Breitel geschickt. Sie schrieb einen Begleitbrief an Breitel: »Kommissionsvorsitzender Moran hat mir aufgetragen, Ihnen diesen Bericht zu senden.«

Am 3. Dezember 1945 wurde Commander Haffenden ohne weitere Beförderung in den Ruhestand versetzt. Die Marineärzte befanden, er sei wegen seines Magenleidens, das er sich in der Schlacht von Iwo Jima zugezogen hatte, wegen seiner nachfolgenden Operation und seines extrem hohen Blutdrucks nicht mehr zum aktiven Dienst tauglich. Zu allem übrigen erhielt Haffenden vier Tage später einen Brief von Commander Scarritt Adams, dem Leiter der Disziplinarkommission im Hauptquartier des Dritten Marinedistrikts in New York, der ihm ein Schreiben des Leiters der Marinepersonalabteilung zur Kenntnisnahme weiterleitete, das von Captain C. J. Cater unterzeichnet war:

> In Anbetracht der Information, die [in Ihrer früheren Korrespondenz] enthalten war und Ihre Verbindung mit dem Fall von Charles »Lucky« Luciano betrifft, werden Sie angewiesen, den Leiter der Marinepersonalabteilung und den Kommandanten des Dritten Marinedistrikts darüber zu informieren, ob Sie aufgefordert worden sind oder die Absicht haben, als Zeuge für Luciano bei der Verhandlung über sein Ansuchen um Bewährung oder um Aufhebung des Urteils aufzutreten.
> Sie werden weiters angewiesen, den Leiter der Marinepersonalabteilung und den Kommandanten des Dritten Marinedistrikts darüber zu informieren, ob Sie aufgefordert worden sind, oder die Absicht haben, im Fall irgendeiner anderen Person, über welche Sie während der Ausführung Ihrer Aufgaben als Abwehroffizier des Dritten Marinedistrikts zwischen 1940 und 1944 Informationen erlangt haben, als Zeuge aufzutreten.

Am 12. Dezember antwortete Haffenden dem Leiter der Marinepersonalabteilung in Washington, mit Kopie an den Dritten Marinedistrikt, daß er diesen Weisungen nachkommen wolle. Er fügte hinzu: »Seit der Brief [an Rechtsberater Breitel] geschrieben wurde, hat niemand mir vorgeschlagen oder von mir verlangt, bezüglich des Genannten oder irgendwelcher Konfidenten, die die Abwehraktionen im Dritten Marinedistrikt unterstützt haben mögen, zu kooperieren oder Informationen zu geben. Sollte ich im Rahmen der Ziviljustiz gezwungen sein, vor Gericht zu erscheinen und auszusagen, werde ich die Interessen der Marine nach besten Kräften schützen.«

Was war wirklich bei der Marineabwehr los? Captain Phillips war am 10. September als Abwehroffizier ausgeschieden, aber trotzdem hörte man fortwährend das Echo einer intensiven Untersuchung – und Vertuschung. Warum wohl? Das Unternehmen Luciano war vom Marineabwehrbüro in Washington sanktioniert worden; sowohl der Leiter als auch der Spionagemeister und der »Empfangsbürochef« waren in die Sache verwickelt. Haffenden hatte immer gewissenhaft an MacFall und Howe Bericht erstattet. Und am 9. August hatte MacFall selbst in einem Memorandum an seinen vorgesetzten Offizier beim Elften Marinedistrikt in San Diego bestätigt, daß es tatsächlich eine Zusammenarbeit mit der Unterwelt in New York gegeben hatte. Die Marine konnte doch nicht ernstlich versuchen wollen, sich selbst zu beweisen, daß diese Zusammenarbeit, so unglaublich sie war, nie stattgefunden habe? Was führte die Marine innerhalb ihrer eigenen Organisation im Schilde?

Was insbesondere hatte die Marine mit Commander Haffenden vor? War er zum Prügelknaben ausersehen, falls das Luciano-Projekt doch an die Öffentlichkeit gelangen sollte? Ohne Zweifel war Haffenden insoweit schuldig, als er seinen Brief an Breitel direkt abgeschickt hatte, ohne vorher die Erlaubnis seiner Vorgesetzten einzuholen. Das wurde in der Marine mit Recht als ernstes Vergehen betrachtet. Wie konnten denn die Vereinigten Staaten schlagkräftige, gut funktionierende Streitkräfte unterhalten, wenn ihre Herren Offiziere nach freiem Ermessen an Zivilbehörden Briefe schickten, wann und wie es ihnen paßte? Haffenden mochte in diesem Fall für besonders tadelnswert gelten – obwohl das nie so formuliert worden ist –, weil dieser Brief wahrscheinlich nicht gutgeheißen worden wäre. Hatte die Marine vielleicht auch etwas Ehrenrühriges über Commander Haffenden erfahren – zum Beispiel sein Bedauern über die harte Strafe, die Joe »Socks« Lanza aufgebrummt worden war, oder von den Hummern und Krabben, die Lanza ihm geschickt hatte?

Abgesehen von diesen Meerestieren gab es keinen Beweis – und sollte auch später keinen geben –, daß Haffenden je einen Wertgegenstand von seinen Unterweltkontaktleuten angenommen hatte. Polakoff bestätigte das ohne jede Einschränkung unter Eid in seiner Zeugenaussage in der Herlands-Untersuchung:

F: Herr Polakoff, ich möchte Ihnen eine Frage stellen, die Sie hoffentlich nicht mißverstehen, aber Sie wissen ja, wir führen hier eine Untersuchung durch. Ich möchte also diese Aussage, so oder so, festhalten: Ist Ihnen bekannt oder haben Sie gehört, daß Haffenden jemals irgendwelche Geldbeträge oder irgendeinen anderen Wertgegenstand . . .
A (unterbricht): Nein, Sir.
F: . . . direkt oder indirekt, von Ihnen oder Luciano oder von irgendeiner anderen Person in Verbindung mit Ihnen oder Luciano erhalten hat?
A: Nein, Sir.

Was immer die Marine auch gegen Haffenden haben mochte, nachdem er die Warnung wegen eines Auftretens als Zeuge erhalten hatte, wurde es weniger wahrscheinlich, daß man ihn vor ein Kriegsgericht stellen würde, und sei es auch nur wegen des Briefes an Breitel. Der Leiter der Disziplinarkommission hatte Haffenden Beschränkungen in bezug auf weitere Zeugenaussagen und Aktionen in der Angelegenheit Luciano auferlegt. Haffenden hatte sich schriftlich verpflichtet, sich daran zu halten. Die Folge davon war, daß ein verschreckt stillhaltender Haffenden der Vertuschungsaktion der Marineabwehr viel nützlicher war als eine Kriegsgerichtsverhandlung. Vor einem Kriegsgericht könnte Haffenden sich verteidigen und die ganze Geschichte von der Zusammenarbeit mit der Unterwelt erzählen. Möglicherweise würde er dann als bedrängter Abwehroffizier dastehen, der sein Bestes für das Vaterland getan hatte, oder gar als subalterner Reserveoffizier, der von einer gehässigen Elite verfolgt wurde. Da die Marine aber offensichtlich das ganze Unternehmen Luciano geheimzuhalten wünschte, war Einfrieren auf jeden Fall vernünftiger als ein Kriegsgericht.

Im Dritten Marinedistrikt tauchte eines Tages, einige Zeit nach dem Abgang Captain Phillips, Commander Lindsay Henry auf. Warmherzig und jovial wie eh und je, war er eben von einer Dienstreise durch Westeuropa zurückgekehrt. Henry war zum Flaggenoffizier des Kommandanten, Konteradmiral Monroe Kelly, befördert worden. Ihm war Haffendens Anteil am Luciano-Projekt bekannt, und er war in der Lage, eine allfällige Untersuchung gegen Haffenden zu beobachten. Henry wurde von der Herlands-Kommission gefragt, ob die Marine wirklich gegen Haffenden in Verbindung mit dem Luciano-Projekt eine Untersuchung geführt habe. Henry erinnerte sich: »Na ja, gehört habe ich das. Ich weiß nicht, wie genau diese Information war, aber ich habe es gehört. Darf ich hinzufügen, daß ich als Flaggenoffizier den Tresor des Dritten Marinedistrikts unter Aufsicht hatte, wo Marinebefehle und ähnliches verwahrt wurden. Dort gab es einen Akt über Commander Haffenden in meiner Verwahrung.«

Wußte Henry, ob die Marine aufgrund dieser Untersuchung zu einem Schluß gekommen war, was Haffendens Beteiligung an einem Projekt mit Hilfe Lucianos betraf? Henry antwortete: »Darauf kann ich nicht antworten, das unterliegt der Geheimhaltung.« War ihm bekannt, zu welchem Ergebnis die Untersuchung geführt hatte? Henry antwortete: »Auch das ist geheim«, fügte aber hinzu: »Ich hatte mit der Untersuchung nichts zu tun.«

Henry wurde dann gefragt, ob er inoffiziell gehört habe, daß die Marine die Angelegenheit lieber fallenließ, als einen Skandal zu verursachen? Henry antwortete: »Ja, das stimmt.« Habe er das ganz inoffiziell gehört? »Richtig.« Aber, fuhr Henry fort, »lassen Sie mich dazu eines sagen: Bei allen diesen Gesprächen und Gerüchten, die uns zu Ohren kamen, habe ich nie gehört, daß die Marine je geglaubt hat, Haffenden hätte etwas getan, das Anlaß zu einem Disziplinarverfahren gewesen wäre, obwohl man die Möglichkeit in Betracht gezogen hat. Ich habe nie gehört, Haffenden hätte Marinevorschriften verletzt.«

Haffenden stand vielleicht auf der schwarzen Liste der Marine, aber nach Kriegsende ging er einen anderen Weg.

Anfang November 1945 wurde der Demokrat William O'Dwyer zum Bürgermeister von New York gewählt, und am 1. Januar 1946 ernannte er Commander Haffenden auf Vorschlag des demokratischen Parteiobmanns in seinem Wahlbezirk Queens, James A. Roe, zum Beauftragten für

Marine und Flugwesen der Stadt New York. Natürlich gab es Gerüchte, Frank Costello mit seinen Verbindungen zur demokratischen Parteiführung habe etwas damit zu tun. Aber Haffenden und Costello waren einander nie begegnet. Haffenden war für diesen Posten genauso geeignet wie die übrigen vom Bürgermeister berufenen Personen. Er war ein Marineveteran, der sich im Hafen auskannte, und stand in hohem Ansehen bei Beamten der Exekutive, die ihn seit vielen Jahren kannten.

Am 22. Januar 1946, nur drei Wochen nach seiner Ernennung, erschien Commander Haffenden in der Church Street Nr. 90, unterhielt sich mit Flaggenoffizier Henry und ersuchte dann um ein Gespräch mit dem Kommandanten, Admiral Kelly. Henry führte ihn sofort in Kellys Büro und ließ die beiden allein. Ungefähr nach zehn Minuten war die Besprechung vorüber, und Kelly erzählte Henry, was gewesen war. Henry berichtete darüber: »Er sagte: ›Nun, er schaute nur vorbei, um sich vorzustellen. Ein sehr sympathischer Kerl.‹ Ich sagte: ›Das ist er wirklich‹, und er meinte: ›Man muß freundlich zu ihm sein. Er hat irgendeine wichtige Stellung in der Stadtverwaltung von New York.‹ «

In Wirklichkeit war Haffendens Gespräch mit Kelly sehr viel inhaltsreicher gewesen. Haffenden hatte nämlich wissen wollen, ob er ein Kriegsgerichtsverfahren zu erwarten habe. Am nächsten Tag, dem 23. Januar, schrieb Admiral Kelly an Haffenden einen Brief, der für lange Zeit das letzte Wort der Marine zum Luciano-Projekt sein sollte:

> Nach unserem Gespräch vom 22. ds. bin ich der von Ihnen aufgeworfenen Frage, ob Sie ein Kriegsgerichtsverfahren zu erwarten haben oder nicht, nachgegangen. In unseren Akten habe ich nichts gefunden, aus dem hervorginge, daß ein solches Verfahren gegen Sie erwogen wird. Ich weiß nicht, wer hier im Hauptquartier gesagt haben könnte, daß Sie sich in einer solchen Lage befinden, und soweit mir bekannt ist, liegt dafür auch keinerlei Grund vor.

Der letzte Akt des Dramas spielte in Albany. Die erschöpfende Ermittlung der Bewährungsbehörde über Luciano war nun beendet und wurde dem Begnadigungsbüro zur Begutachtung unterbreitet. Anfangs war John Early der Leiter dieses Amtes, aber im Lauf der Monate, die sich die Untersuchung hinzog, übernahm Thornton F. Blaauboer diesen Posten. Sein Büro hatte die Aufgabe, alle Gnadengesuche zu kontrollieren; zu bestimmen, ob alle Faktoren in den Berichten behandelt worden waren, und diese, falls in Ordnung befunden, an den Vorsitzenden der Bewährungskommission weiterzureichen. Üblicherweise kontrollierte Vorsitzender Moran die alltäglichen Fälle und sandte seine Empfehlungen für Gewährung oder Ablehnung an den Gouverneur. Aber es stand ihm frei, sich mit den beiden anderen Mitgliedern der Bewährungskommission zu besprechen, bevor er seinen Bericht und seine Empfehlung weitergab. Das wurde besonders im Fall Luciano so gehandhabt. Morans Sekretärin, Margaret M. Grogan, erinnert sich: »Herr Moran verlangte den Akt, und ich weiß noch, daß er den anderen Herren Gelegenheit geben wollte, den Akt durchzusehen. Soweit ich mich erinnere, brachte Herr Blaauboer die Mappe in das Büro des Herrn Vorsitzenden.«

Obwohl die beiden anderen Kommissionsmitglieder erst kurz zuvor ernannt worden waren, hatten sie doch schon beträchtliche Erfahrung. Louis F. Costuma gehörte seit 1906 der New Yorker Polizeidirektion an und war bis zu seiner Berufung in die Bewährungskommission am 24. Juli 1945 stellvertretender Polizeidirektor gewesen. Reginald B. Taylor, der am 25. Oktober 1945 in die Kommission berufen wurde, hatte in beiden Weltkriegen gedient. Er war ein prominenter Geschäftsmann aus Buffalo und saß im Aufsichtsrat der First National City Bank of New York, der Erie Savings Bank of Buffalo und der Lackawanna-Eisenbahn.

Die Bewährungsbehörde empfahl einstimmig, dem Gnadengesuch Lucianos stattzugeben. Am 3. Dezember 1945 verfaßte Vorsitzender Moran im Namen der Kommission das entscheidende Dokument für Gouverneur

Dewey. Nach einer kurzen Übersicht über Lucianos Verbrecherlaufbahn und seine Führung während der neuneinhalb Jahre seiner Strafhaft schrieb Moran abschließend:

> Der stellvertretende Distriktstaatsanwalt hat wissen lassen, daß die vier Anzeigen wegen Zuhälterei, die gegen den Strafgefangenen erstattet wurden, fallengelassen werden. Vier andere Anzeigen, die Steuerdelikte des Gesuchstellers zum Gegenstand haben, werden nicht weiter verfolgt werden, wenn der Gesuchsteller eine Zahlung von rund 8000 Dollar leistet. Dies wurde uns von einem Beamten des Finanzministeriums mitgeteilt. Die Einwanderungsbehörde hat definitiv zugesichert, daß der Gesuchsteller um den 15. Januar 1946 herum deportiert werden wird, vorausgesetzt, daß er aus dem Gefängnis entlassen ist.
> Die Bewährungsbehörde empfiehlt daher, die Strafminderung nur zum Zwecke der Deportation zu gewähren.

Das war für Luciano der Erfolg, wenn es auch Deportation bedeutete. Aber merkwürdigerweise zog die Bewährungskommission für ihre Empfehlung nicht alle Gründe heran, die man hätte erwarten können. Vorsitzender Moran und die Mitglieder Costuma und Taylor vermieden jede Erwähnung von Lucianos Kriegseinsatz. Vielleicht dachten sie, es sei nicht nötig, die Angelegenheit breitzutreten, weil sie meinten, Luciano verdiene den Strafnachlaß mit anschließender Deportation ohnehin, ganz abgesehen von seiner Mitwirkung am Kriegseinsatz. Vielleicht glaubten sie, ein Hinweis auf seinen Kriegseinsatz könnte die Frage heraufbeschwören, warum er nicht einfach begnadigt werde – ohne nachfolgende Deportation. Vielleicht hatten sie aber das Gefühl, daß das Marineabwehrprojekt ein zu heißes Eisen war, das man lieber nicht anfaßte, wenn man nicht unbedingt mußte – und sollte es später einmal notwendig sein, dann würde man immer noch einen Berg von Berichten zur Verfügung haben, auf die man sich stützen konnte. Also beendete Vorsitzender Moran seine mühevolle Arbeit mit einer einfachen Empfehlung: Strafnachlaß nur in Verbindung mit Deportation, ohne Wenn und Aber.

Gouverneur Dewey entsprach der Empfehlung der Kommission. Es gab zahlreiche Präzedenzfälle für Strafaussetzung zwecks Deportation und für Strafnachlaß wegen Hilfeleistung an die Behörden. Gouverneur Al Smith hatte elfmal Strafnachlaß zum Zweck der Deportation gewährt, Gouverneur Franklin D. Roosevelt einundzwanzigmal und Gouverneur Herbert H. Lehman fünfundzwanzigmal, mit der Bemerkung, er habe es nur getan, »damit sie abgeschoben werden und der Staat sich die Kosten für ihren Unterhalt erspart«. Was den Strafnachlaß für Hilfeleistung an die Behörden betrifft, so hatten die Gouverneure Smith, Roosevelt und Lehman ihn insgesamt vierundsiebzigmal gewährt, darunter in zweiunddreißig Fällen von langjährigen Haftstrafen wegen Mordes. Jedoch waren viele Beamte im Stab Gouverneur Deweys der Meinung, die Gründe für eine Strafaussetzung zwecks Deportation seien im Fall Lucianos, der bereits zehn Jahre abgesessen hatte, ausreichend, so daß eine Erwähnung seiner Hilfe für die Behörden sich erübrige. Trotzdem zog Dewey es vor, die Fakten beim Namen zu nennen. Also verfaßte er die berühmte Botschaft an die Legislative, mitsamt dem umstrittenen Absatz:

> Nach dem Eintritt der Vereinigten Staaten in den Krieg wandten sich die Streitkräfte um Hilfe an Luciano: er sollte andere Personen veranlassen, Informationen über möglicherweise geplante feindliche Angriffe zu beschaffen. Er scheint kooperiert zu haben, wenn auch der tatsächliche Nutzen der auf diese Weise erlangten Informationen nicht geklärt ist.

Gouverneur Dewey betonte in bezug auf Luciano und sechs andere zur Deportation bestimmte Ausländer: »Sollte eine dieser Personen die Vereinigten Staaten je wieder betreten, dann sind sie gemäß den Bedingungen des Strafnachlasses als entsprungene Sträflinge zu betrachten und müssen die Strafe im vollen Ausmaß ohne Abzug für gute Führung verbüßen.«

Am 4. Januar 1946 schrieb Thornton F. Blaauboer vom Begnadigungsbüro an Aufseher Morhous im Gefängnis Great Meadow, daß Gouverneur Dewey dem Gesuch des Strafgefangenen Nr. 15.684, Charles Luciano, um Strafminderung stattgegeben habe. Der Gefangene sei in den Gewahrsam eines Vertreters der Einwanderungs- und Einbürgerungsbehörde zwecks Deportierung zu übergeben. Aber Luciano wurde noch weitere vier Wochen und vier Tage lang nicht deportiert, und von Great Meadow wurde er nicht weiter als bis ins Gefängnis Sing Sing in Ossining bei New York überstellt.

Dort, in einem Zimmer neben dem des Gefängnisaufsehers, hatte Luciano am 9. Januar zwei unerwartete Besucher: den stellvertretenden Distriktstaatsanwalt Louis A. Pagnucco, einen der fähigsten Assistenten von Distriktstaatsanwalt Hogan, und Chefinspektor Glynn von der Distriktstaatsanwaltschaft. Pagnucco erklärte den Grund des Besuchs: »Mein Interesse an Herrn Luciano erwachte, als ich hörte, daß er zwecks Deportation aus dem Gefängnis entlassen werden sollte, und mit Erlaubnis des Distriktstaatsanwaltes besuchte ich ihn in Begleitung des Chefinspektors, um von ihm etwas über den Fall Tresca zu erfahren.«

Pagnucco, der seit 1938 in der Distriktstaatsanwaltschaft arbeitete, zuletzt im Morddezernat, bezog sich auf den ungeklärten Mord an dem italo-amerikanischen Gewerkschaftsführer Carlo Tresca, der am 11. Januar 1943 in New York erschossen worden war. Pagnucco hatte keinen Grund, Luciano mit diesem Mord in Verbindung zu bringen, doch er erklärte: »Ich wußte, daß ›Lucky‹ Luciano seinerzeit mit Frank Costello und anderen Unterwelttypen in Verbindung gestanden war. Als ich Frank Costello abhören ließ, sammelte ich Informationen über die Unterwelt im allgemeinen. Wir versuchten, verschiedene verdächtige Personen und auch ihre Kumpane auszufragen, ganz gleich, wie lose der Zusammenhang war.«

Wieder einmal, buchstäblich am Vorabend seiner Deportation, wurde Luciano von den Behörden um Kooperation ersucht. Er war zwar zur Zeit des Verbrechens im Gefängnis gewesen, aber Pagnucco meinte, er könnte ja dort etwas über den Fall Tresca erfahren haben, oder es könnte »für ihn leichter sein als für einen Beamten, solche Informationen von ihm nahestehenden Personen zu erlangen«.

Das Schicksal gab Lucky Luciano noch eine Chance. Er sagte zu Pagnucco, der Mord an Tresca habe ihn nicht interessiert, und er wisse nichts darüber. Aber – und dieses »Aber« war wichtig – er »könnte schon versuchen, von einigen seiner Freunde herauszufinden, was sie wußten, doch nur unter der Bedingung, daß er frei im Lande bleiben könne«.

Pagnucco war in seiner Antwort vorsichtig. »Ich sagte ihm, das falle meiner Meinung nach nicht in die Kompetenz der Distriktstaatsanwaltschaft, eine Deportation sei Sache der Bundesregierung.« Pagnucco versprach jedoch, sich mit Distriktstaatsanwalt Hogan zu beraten, und meinte: »Das einzige, was wir tun könnten, wäre eine Empfehlung zu Lucianos Gunsten an die zuständige Stelle, falls er für uns die gewünschte Information besorgen könnte.« Luciano wollte mehr als das. Er sagte, er würde keinen Finger rühren, ohne vorher sicher zu wissen, daß er im Land bleiben dürfe.

Hätte man Luciano versprochen, daß er in den Vereinigten Staaten bleiben könne, wäre er dann willens und imstande gewesen, Informationen über die Mörder Carlo Trescas zu liefern? »Er sagte, er würde versuchen, diese Information von seinen Freunden zu bekommen«, erinnerte sich Pagnucco. Es war klar, Luciano befand sich nicht in einer starken Verhandlungsposition.

Es dauerte eine volle Woche, bis Pagnucco am 16. Januar zum zweiten Mal nach Sing Sing kam, um Luciano aufzusuchen. Er sagte ihm, daß »Herr Hogan genau denselben Standpunkt vertrat wie auch ich in meiner ersten Besprechung mit ihm, nämlich: Sollte Luciano uns Informationen liefern, dann würden wir den zuständigen Behörden mitteilen, daß Luciano uns wertvolle Informationen in einem wichtigen Falle gegeben habe und daß dieser Dienst gebührend berücksichtigt werden sollte«.

Luciano sagte: »Damit seift ihr mich nicht ein«, und das war das Ende des Gesprächs. Er denke nicht daran, sagte Luciano zu Pagnucco, seinen Freunden Fragen zu stellen, während er im Gefängnis sitze ohne eine Zusage, in den Vereinigten Staaten bleiben zu dürfen. Pagnucco beendete seine beeidete Aussage vor der Herlands-Kommission mit folgenden Worten:

> Seit damals habe ich keinen Kontakt mehr mit Luciano gehabt, und das ist die erste Stellungnahme, die ich zu irgend jemandem in dieser Angelegenheit abgegeben habe, mit Ausnahme des Distriktstaatsanwaltes von New York County.

Erst am ersten Wochenende des Monats Februar, einen Monat, nachdem der Strafnachlaß in der Presse bekanntgegeben worden war, bewilligte die Bewährungskommission formell Lucianos Entlassung zwecks Deportation. Moses Polakoff wurde nicht offiziell davon verständigt, daß sein Klient deportiert werden sollte, und so blieb ihm wenig Zeit, etwas zu unternehmen, falls er dies tun wollte. Polakoff sagte: »Als wir erfuhren, daß seine Strafe herabgesetzt worden war, rief ich bei Kommissar Lyons an, um zu fragen, ob Lansky, Lascari und ich ihn ein letztes Mal da oben [im Gefängnis Great Meadow] besuchen könnten, um ihm seine Sachen und Kleider zu bringen. Kommissar Lyons rief mich zurück und sagte, er sei schon nach Sing Sing überstellt worden. Wir riefen Sing Sing an und erfuhren, daß er bereits auf Ellis Island war.«

Luciano sollte ohne viel Umstände aus dem Land verschwinden. Aber Polakoff rief das Einwanderungsamt auf Ellis Island an. »Ich erklärte ihnen die Lage. Ich sagte ihnen, wir wollten ihm seine persönlichen Sachen übergeben, da er doch deportiert werden sollte – er hatte ja nichts als seine Gefängniskleidung –, und sie gestatteten daraufhin Herrn Lascari, Herrn Lansky und mir, ihn auf Ellis Island aufzusuchen.« Distriktdirektor W. F. Watkins von der Einwanderungs- und Einbürgerungsbehörde in New York sagte, Besuche von Verwandten und Freunden auf Ellis Island seien zwar normalerweise an Wochenenden nicht gestattet, aber im Falle Lucianos wolle er eine Ausnahme machen, weil Luciano vor der Deportation stehe.

Etwas später traf Polakoff in Moore's Restaurant am Broadway, Ecke 46. Straße West, zufällig Frank Costello. Costello erinnerte sich: »Wir kamen ins Gespräch. Er erzählte mir, daß Luciano deportiert werden sollte und daß er sich am folgenden Tag von ihm verabschieden wollte. Also sagte ich: ›Darf ich mit Ihnen kommen und ihm Adieu sagen?‹ Er sagte: ›Klar‹, und so bin ich hingegangen.«

Früh am Nachmittag des 2. Februar besuchten Polakoff, Lansky und Lascari Luciano zum letzten Mal. Polakoff beschrieb die Szene:

> Wir drei nahmen uns ein Taxi. Wir hatten zwei oder drei schwere Taschen mit Kleidung und anderen Sachen. Wir fuhren zur Fähre nach Ellis Island, und dort lag ein Passierschein für uns drei, Lansky, Lascari und Polakoff, samt Gepäck. Im Gebäude, aber nicht mit uns, war auch Costello. Ich hatte für Costello keinen Besuch arrangiert. Es gibt dort einen großen Wartesaal, wo man auf die Fähre wartet. Costello war in diesem Raum, ist aber nicht mit uns gekommen.

Irgendwie verschaffte Costello sich den notwendigen Passierschein. Polakoff fuhrt fort:

> Als wir auf Ellis Island ankamen, waren wir zu viert. Zwei Wachen kamen uns entgegen und führten uns in ein Zimmer. Dort waren drei Wachen. Sie ließen jeden von uns unterschreiben, dann nahmen sie das Gepäck und durchsuchten es. Sie nahmen es mit. Wir verbrachten ungefähr zwanzig Minuten mit Luciano. Wir sagten ihm Adieu. Dann fuhren wir nach New York zurück. Das war das letzte Mal, daß ich ihn in Amerika gesehen habe.

Es gab einen wilden Tumult an der Fährenstation, als in den Zeitungsredaktionen bekannt wurde, daß Charles »Lucky« Luciano plötzlich aus dem Nichts aufgetaucht sei und aus dem Lande hinausgeschafft werden sollte. Ein

Journalist, Robert R. Dwyer von der *New York Daily News,* versuchte, Costello in der Fährenstation auszufragen. Der Wachtposten der Einwanderungsbehörde, Ward Mathewson, warf ihn hinaus. Distriktdirektor Watkins erklärte, Mathewson sei übereifrig gewesen und werde zum Wachtdienst auf der Insel versetzt werden. Er fügte jedoch hinzu, Dwyers Versuch, ohne Bewilligung in einem staatlichen Gebäude ein Interview durchzuführen, sei ein Verstoß gegen die guten Sitten gewesen. Der Wachtposten Mathewson sagte, er habe von seinen Vorgesetzten die ausdrückliche Weisung gehabt, nicht zu gestatten, daß Reporter in der Station Interviews oder Aufnahmen machten. Die Einwanderungs- und Einbürgerungsbehörde kündigte auch an, daß es keinem Reporter gestattet sei, Luciano auf Ellis Island zu interviewen, daß auch niemand Ellis Island ohne spezielle Erlaubnis betreten dürfe. Diese Erlaubnis wurde niemandem gegeben.

Lansky und Lascari besuchten Luciano noch zweimal kurz auf Ellis Island. Am Nachmittag des 5. Februar gab Luciano ihnen Geld, das sie für ihn in Reiseschecks umwechseln sollten. Woher war dieses Geld gekommen? Außer von Polakoff, Lansky, Lascari und Costello war er nur von seinen Brüdern Joseph und Bert Luciano besucht worden. Das Geld mußte von einem oder mehreren dieser sechs Besucher stammen. Am 7. Februar waren Lansky und Lascari wieder auf Ellis Island, um Luciano sein Geld zu bringen – Reiseschecks im Werte von 2500 Dollar. Von Beobachtern des Einwanderungs- und Einbürgerungsamtes wurde mitgeteilt, Luciano sei im Besitze von 388 Dollar in bar.

In der finsteren Nacht vom 8. zum 9. Februar wurde Luciano von Ellis Island an Bord der *Laura Keene* gebracht. Die *Laura Keene* war ein umgebauter Kriegsfrachter und lag an der Mole Nr. 7 im Brooklyner Hafen vor Anker. Sie sollte bald auslaufen und nahm eben eine Ladung Mehl, das nach Genua gebracht werden sollte, an Bord. Luciano war im Achtern des Schiffes untergebracht und wurde Tag und Nacht bewacht von Harry A. Ratzke, dem Sicherheitsaufseher des Einwanderungs- und Einbürgerungsamtes, und von den Wachen Sessa, Scanlon, Incarnato, Caravello, Bernstein, Brosnan, Erhart und Giarcarlo.

Aber die letzte Szene stand noch aus. Am Morgen des 9. Februar gab es in New York einen der häßlichsten Tumulte seit Jahren, als eine Schar enttäuschter Journalisten versuchte, die Mole Nr. 7 zu stürmen, um ein Interview mit Luciano zu ergattern. Sie fanden, die Presse werde von einer anmaßenden Regierungsbehörde verhöhnt, die einen Schwerverbrecher heimlich aus dem Lande schmuggle. Manche meinten sogar, sie hätten ein Recht darauf, zu Luciano zu gehen, und sie drohten, sie würden schon noch an Bord kommen. Beim Eingang zur Mole bot sich ihnen jedoch ein Anblick, den sie niemals vergessen sollten, ein Anblick, der nicht zu Amerika paßte, wie viele von ihnen meinten, aber das war eben der New Yorker Hafen. Ein Kordon von Hafenarbeitern bewachte die Mole. Sie schwangen gefährlich spitze Bootshaken. Sie standen nur so da, ein schweigendes Spalier. Niemand sollte Luciano sehen.

Drei Reporter stürzten davon, um ein dringendes Telephongespräch mit August Gill von der Schiffahrtsverwaltung zu führen, der das Schiff unterstand. Sie schworen Gill, daß die Hafenarbeiter die Presseleute mit Bootshaken bedrohten, und Gill versprach, die Hafenbehörden zu verständigen, sie sollten den Reportern Interviews mit Luciano ermöglichen. Er sagte sogar, er sei selbst einmal Reporter gewesen. Aber Gill fügte hinzu, die Hafenarbeiter seien ihm nicht unterstellt, auch nicht dem Einwanderungs- und Einbürgerungsamt, und es sei ihm völlig unmöglich, Luciano zu veranlassen, Interviews zu geben oder für Photos zu posieren, wenn er das nicht tun wolle.

Nun kam Sicherheitsaufseher Ratzke den bedrohten Reportern auf Mole Nr. 7 zu Hilfe. Er eilte ins Büro von David N. Board, dem Manager der Universal Terminal Stevedoring Company und damit Arbeitgeber der Hafenarbeiter. Ratzke fragte Board, was ihm einfalle und warum er die Journalisten fernhalte. Board erinnerte sich: »Er rief seinen Chef an, und auch der machte mir die Hölle heiß.«

Board erklärte später, wie er die Situation sah:

Es handelte sich um ein Frachtschiff, nicht um ein Passagierschiff. Die Leute verluden Mehl, und es regnete. Wir wollten das Schiff so schnell wie möglich beladen. Wenn Photographen an Bord kamen, mußten sie an offenen Luken vorbei, denn Luciano war im Achtern. Wäre einer von ihnen in eine offene Luke gefallen oder hätte einer der Verladearbeiter sich verletzt, weil er den Zeitungsleuten zuschaute, anstatt seine Arbeit zu tun, hätte man mich sowohl für die Arbeitsverzögerung als auch für die Verletzung verantwortlich gemacht. Hätte ich sie an Bord gelassen – die Reporter hatten ja keine Passagierscheine von den Schiffseigentümern, also habe ich mich geweigert, sie hereinzulassen. Befehle hat mir in diesem Fall keiner erteilt, und daß die Männer die Arbeit unterbrechen und den Photographen zuschauen würden, hatte nichts mit Luciano zu tun. Es war nur Neugierde. Kein Hafenarbeiter hat jemanden mit Bootshaken bedroht, soweit ich weiß, und ich bin sicher, daß der Boß der Hafenarbeiter, Mike Minichino, so etwas gar nicht erlaubt hätte.

Mike Minichino, seit sechzehn Jahren bei der Universal Terminal Stevedoring Company angestellt, beaufsichtigte an jenem Tag fünf Trupps, insgesamt 125 Mann, an der Mole Nr. 7. Er war der Vorarbeiter und leitete die Beladung der *Laura Keene.* Er erinnert sich zwar an irgendeinen Tumult vor der Mole, aber soviel er wußte, waren seine Verlader nicht in der Nähe des Tores, als die Reporter mit Bootshaken bedroht wurden. Das war auf jeden Fall unwahrscheinlich, denn die Männer luden ja Mehl, und wer würde Bootshaken verwenden, um Mehl zu laden? Minichino sagte, er habe Luciano nicht gekannt, nur von ihm gehört, und er bestritt, an jenem Tag den Gewerkschaftsboß Albert Anastasia gesehen zu haben.

James Reardon war David Boards Vorgesetzter, ihm unterstanden sämtliche Molen der Universal Terminal Stevedoring Company. Er sagte, die Verladearbeiter an der Mole Nr. 7 seien durch die Bank schwerarbeitende Familienväter, und er hätte sich eine Arbeitsunterbrechung oder eine Ablenkung der Leute nicht leisten können. Nicht lang vorher habe es an einer der Molen einen scheußlichen Unfall gegeben, bei dem ein Arbeiter von einem Fünftonner zermalmt worden sei. Ein oder zwei Sekunden Ablenkung genügten manchmal, und schon passiere etwas Schreckliches, erklärte Reardon. Er berichtete auch von einer Reporterin am Eingang, die sich unflätig und gemein ausgedrückt habe. Wenn Verladearbeiter sich darüber beschwerten, mußte diese Frau schon eine sehr arge Sprache geführt haben. Hatten die Verladearbeiter die Zeitungsleute mit Bootshaken bedroht? Reardon lachte. Er meinte, wenn so etwas vorgekommen sei, hätte er bestimmt davon erfahren, und er wisse nichts davon.

Walter J. Fickinger hatte an jenem Tag dafür zu sorgen, daß mit der *Laura Keene* alles in Ordnung ging. Er war Assistent des Hafenkapitäns im Auftrag der Waterman Steamship Corporation. Er konnte sich nicht erinnern, Zeitungsleute gesehen oder gehört zu haben, und wußte auch nichts von einer drohenden Haltung der Hafenarbeiter. Er sagte, es wäre sehr schwierig, wenn nicht unmöglich gewesen, ohne Bewilligung an Bord der *Laura Keene* zu gehen. Zollbeamte hätten Dienst gemacht, und alle Personen, die kamen oder gingen, mußten sich ausweisen.

Ganz eindeutig ausgewiesen haben sich später an jenem Nachmittag andere, so Frank Costello, der das Wohlwollen eines Kronprinzen unmittelbar vor Antritt der Thronfolge ausstrahlte, und eine Gruppe von Männern, die dem zweiten Maat Daniel F. Frawley von der *Laura Keene* dadurch auffielen, daß sie sehr gut gekleidet waren und Diamantringe trugen. Costello geleitete seine Delegation durch die Verladearbeiter hindurch zur Mole Nr. 7 und zückte seine Mitgliedskarten, um Maat Frawley zu zeigen, daß sie Mitglieder der Hafenarbeitergewerkschaft waren. Sie gingen an Bord der *Laura Keene* und strebten achtern auf Lucianos Kabine zu.

Um vier Uhr nachmittags kamen die Einwanderungswachen David Incarnato und Nick Caravello in den Dienst, um die Wachen Sessa und Scanlon bei der vierundzwanzigstündigen Bewachung des Mafiaführers abzulösen. Sie gingen in Lucianos Kabine und plauderten mit ihm und seinen Besuchern fünfviertel Stunden lang, bis die Essensglocke der *Laura Keene* läutete. Dann marschierten Incarnato, Caravello, Luciano, Costello und die anderen in den Speisesaal. An jenem Abend gab es Kalbskoteletten. Incarnato meinte, die seien aber sehr fett, und Luciano konnte nach neuneinhalb Jahren Gefängniskost die Kalbskoteletten nicht anrühren und wollte nichts essen. Heimlich glitten zwei oder drei Personen aus der Gruppe von Bord der *Laura Keene,* schlüpften durch den Kordon der Verladearbeiter, begaben sich auf den Fultoner Fischmarkt, dann zurück durch den Kordon der Verladearbeiter wieder an Bord der *Laura Keene* und in die Gesellschaft von Luciano und Costello. Nun gab es Hummer, Spaghetti und einige Flaschen Wein. Die Hummer waren schon gekocht, und Steward Eugene Querbal kochte die Spaghetti. Luciano aß von den Spaghetti, wollte aber keinen Wein trinken, weil, wie er sagte, sein Magen dem nicht gewachsen sei.

Nach der üppigen Mahlzeit gingen Luciano, Costello und die anderen wieder zurück in Lucianos Kabine auf der *Laura Keene.* Incarnato erinnerte sich an die nostalgische Stimmung: Die Männer unterhielten sich über Ereignisse, die zehn bis fünfzehn Jahre zurücklagen. Sie waren alte Freunde und Freunde von Freunden. Incarnato, der keinen einzigen der Gäste auf einem Photo identifizieren konnte, meinte, es sei nichts Böses, einem ausgewiesenen Kriminellen so ein »letztes Abendmahl« zu gestatten. Schließlich seien die Männer alle schon dagewesen, als er seine Wache antrat. Außerdem habe er Luciano immer im Auge gehabt, und das war doch der Zweck der Bewachung, nämlich eine Flucht Lucianos zu verhindern. Um Mitternacht, als die Wachen Incarnato und Caravello abgelöst wurden, plauderten Luciano und seine Freunde immer noch an Bord der *Laura Keene* über die alten Zeiten. Als Incarnato und Caravello den Landesteg hinuntergingen, bemerkten sie, daß immer noch zehn bis fünfzehn Verladearbeiter herumstanden, obwohl es nach Mitternacht war.

Sonntag, den 10. Februar 1946, um 8.15 Uhr, verließ

Charles »Lucky« Luciano Amerika auf der *Laura Keene* unter dem Kommando von Kapitän R. H. Salter, bereit, im alten Land ein neues Leben zu beginnen, immer aber noch voll Hoffnung, einmal zurückzukehren. Der Sicherheitsaufseher Ratzke und die Wachen Sessa und Scanlon begleiteten Luciano bis zur Haufenausfahrt, draußen am Sandy Hook, wo sie das Schiff mit dem Lotsen verließen und sicher an Land zurückkehrten.

NACHSPIEL

1954: Die Welt im Frieden

Trotz des jähen Endes seiner Karriere und einer rapiden Verschlechterung seines Gesundheitszustands versuchte Radcliffe Haffenden in den restlichen sechs Jahren und zehn Monaten seines Lebens, Haltung und Würde zu wahren. In seiner Stellung als Beauftragter für Marine und Flugwesen der Stadt New York konnte er nicht einmal sechs weitere Monate verbleiben. »Man könnte es persönliche Zwistigkeiten nennen«, war seine Erklärung, als er am 24. Mai 1946 aus der Verwaltung von Bürgermeister William O'Dwyer ausschied. Tatsächlich hatte der Bürgermeister Haffendens sofortigen Rücktritt gefordert, ihm ein Telegramm gesandt, in dem er ihm mitteilte, daß er ab nächsten Freitag Mitternacht nicht mehr auf der Gehaltsliste der Stadtverwaltung aufscheinen werde, und außerdem einen Polizisten zu Haffenden in die Wohnung geschickt, der ihm einen Brief gleichen Inhalts überbrachte. Haffenden reagierte entsprechend: »Ich erkläre hiemit, daß ich nicht mehr bereit bin, der gegenwärtigen Stadtverwaltung zu dienen; dieser mein Entschluß gilt ab sofort, da hier Dinge geschehen, die mit einer vernünftigen Verwaltungspolitik unvereinbar sind, und ich erkläre hiemit ferner alle am Flughafen Idlewild angekündigten Kontrakte für ungültig; diese müssen unter meinem Nachfolger in üblicher Form neu ausgeschrieben werden, sobald mein Rücktritt in Kraft getreten ist.«

Mayor D'Dwyer ernannte unverzüglich an Stelle von Haffenden Fred J. Reinicke, der nach 39 Jahren Dienst in der Marine im Rang eines Commodore in den Ruhestand getreten war. O'Dwyer weigerte sich, die Andeutungen

Haffendens, am Flughafen Idlewild sei nicht alles in Ordnung gewesen, ernst zu nehmen, und argumentierte, alle Kontrakte seien vom New Yorker Schätzungsamt gebilligt worden und könnten unter keinen Umständen von einem Abteilungsleiter rückgängig gemacht werden. »Der Fall ist abgeschlossen«, sagte O'Dwyer. Weder James A. Roe, der demokratische Parteiobmann von Queens, der Haffenden immer gefördert hatte, noch Frank Costello oder irgend jemand anderer intervenierte, um Haffenden zu halten.

CommanderMacDowell, Haffendens alter Freund in der Marine, sagte: »Haffenden war seit seiner Rückkehr aus dem Pazifik ein kranker Mann, und es wurde viel über seinen Gesundheitszustand gemunkelt. Obwohl er gut aussah, hatte ich immer das Gefühl, daß etwas mit ihm nicht in Ordnung war.« Im November 1946, sechs Monate nach seinem Rücktritt, suchte Haffenden um seine Entlassung aus der Marinereserve an wegen der Gesundheitsschäden, die er sich in den Kämpfen auf Iwo Jima zugezogen hatte. Ein Marinearzt untersuchte ihn, und die Pensionsanstalt für Marineangehörige stellte in einem Bericht fest, daß Haffenden wegen hohen Blutdrucks und eines Leistenbruchs – einer Folge der Magenoperation, der er sich wegen eines Myosarkoms hatte unterziehen müssen – permanent dienstuntauglich sei. Die Anstalt erklärte ferner, diese Untauglichkeit sei »die Folge eines Vorfalls, der sich während seiner Dienstzeit nach dem 8. Juli 1940 ereignete und auf Krankheit oder Verletzung während des aktiven Dienstes zurückzuführen ist«.

Haffenden, der so gut wie keine Ersparnisse hatte, arbeitete eine Zeitlang als Selbständiger für eine Firma, die Räder für die Industrie erzeugte. Als Techniker und Verkaufer stellte er seinen ehemaligen zivilen Geheimagenten Y an, der das Geschäft wie folgt beschrieb: »Einmal verkauften wir Aluminiumräder für Handkarren, dann ging's zurück zum Fischmarkt – und wir verkauften dort Räder für Handkarren.«

Indessen war Haffenden weiterhin Thema der Gespräche, die im Amt der Marineabwehr hinter den Kulissen geführt wurden. Die Gerüchte über eine Zusammenarbeit mit Luciano während des Krieges wollten nicht verstummen, und nachdem im Februar 1947 eine Zeitungsnotiz, wonach Luciano für seine Verdienste im Krieg die Ehrenmedaille des Kongresses erhalten solle, allgemeine Bestürzung hervorgerufen hatte, entsandte das Rauschgiftdezernat des Finanzministeriums einen Beamten ins Amt der Marineabwehr, um die Sache zu untersuchen. Captain H. E. Keisker, Leiter der Inlandsabteilung der Marineabwehr, erklärte dem Untersuchungsbeamten, das Marineministerium werde niemals eine Auszeichnung Lucianos befürworten. Keisker fügte dann noch hinzu, ein bereits verabschiedeter Offizier, dessen Name nicht genannt wurde, habe »völlig nach eigenem Gutdünken« gehandelt, und auch alle seine Mitteilungen an Behörden im Staate New York seien nur »seine eigene persönliche, private und individuelle Angelegenheit« gewesen. Keisker meinte außerdem, der verabschiedete Offizier sei ebenso ein »Gangster« wie Luciano. Schließlich erklärte er noch, das Marineministerium habe keine wie immer gearteten Unterlagen über angeblich von Luciano erbrachte Informationen, und der Dritte Marinedistrikt habe »die Tatsache«, daß Luciano dorthin keinerlei Informationen geliefert habe, bestätigt.

Der Untersuchungsbeamte des Rauschgiftdezernates bemerkte in seinem Bericht an seine Vorgesetzten: »Es sollte noch erwähnt werden, daß der Fall Charles Luciano, alias Lucky, ein äußerst ›heikles‹ Thema im Marineministerium ist und daß der Leiter der Inlandsabteilung der Marineabwehr, mit dem ich gesprochen habe, mich dringend ersuchte, seinen Namen in keinem Bericht, der im Zusammenhang mit der von ihm erhaltenen Auskunft verfaßt wird, zu erwähnen.«

Als er von der Herlands-Kommission befragt wurde, was er mit dem Wort »heikel« gemeint habe, antwortete der Untersuchungsbeamte: »Das erkläre ich gerne. Wann immer ich zu irgend jemandem – und das gilt für alle Personen, auch für jene, die nicht in meinen Notizen aufscheinen – den Namen ›Lucky‹ Luciano erwähnte, trat ein betretenes Schweigen ein, auch wenn noch einen Augenblick zuvor eine Atmosphäre kollegialer Zusammenarbeit geherrscht hatte. Der Name Luciano provozierte eine Reaktion, als hätte man seinen Gesprächspartner mit einem Krug eiskalten Wassers übergossen. Manchmal kam ich mir wie ein Aussätziger vor.«

Ende Februar 1947 brach Haffenden aus unbekannten Gründen sein Schweigen und erzählte der Zeitung *New York World Telegram and Sun* zumindest einen Teil der Geschichte des Unternehmens Luciano. Der dreispaltige Titel und die Meldung, mit Bildern von Luciano und Lanza, lauteten:

Offizier versichert,
Luciano hat im Krieg geholfen
Lanza, genannt Sicily,
war Verbindungsmann

Während Armee, Marine und OSS bestreiten, daß Charles »Lucky« Luciano, der deportierte Bordell-Boß, der Regierung im Krieg Hilfe geleistet hat, erzählte ein Offizier der Marinereserve heute eine gegenteilige Geschichte.

Der Reserveoffizier ist Charles R. Haffenden, der als Lieutenant-Commander in der Abwehr gedient hat. Er ist nicht mehr im aktiven Dienst. Er erklärte heute, daß Luciano in Zusammenarbeit mit Joseph »Socks« Lanza, einem verurteilten Gewerkschaftsgangster, im Krieg die Unterwelt zur aktiven Kooperation mit der Regierung veranlaßt habe.

Aus ebenfalls unbekannten Gründen brach auch Captain MacFall am nächsten Tag die Geheimhaltung, um Haffenden in der *New York Post* zu widersprechen. Titel und Meldung, dreispaltig aufgemacht, lauteten:

Luciano hat nichts für
die USA getan, erklärt Marinekapitän

Captain Roscoe C. MacFall, Leiter der Marineabwehr während des Krieges, nun im Ruhestand, hat heute einen Bericht seines ehemaligen Untergebenen Charles

R. Haffenden scharf zurückgewiesen, worin dieser behauptet hatte, es sei die Idee MacFalls gewesen, Charles »Lucky« Luciano und andere Gangster als Informanten für die Marine zu gewinnen.
In einem telephonischen Interview an seinem Wohnsitz in La Jolla, Kalifornien, erklärte Captain MacFall der *Post,* die gestrige Behauptung Haffendens, er sei von MacFall angewiesen worden, sich mit dem Distriktsstaatsanwalt Hogan in Verbindung zu setzen, um die Mitarbeit der Unterwelt zu gewinnen, sei völlig unwahr. MacFall sagte, Luciano habe für den Kriegseinsatz nichts getan.

New York World-Telegram ließ dem ersten Bericht ein Interview mit Captain MacFall folgen und brachte es unter folgender Schlagzeile heraus:

Keine Angaben über Luciano
in Marineakten
Namen von Informanten wurden nicht registriert
Ohnehin keine Hilfe, sagt Offizier

In den Akten der Marineabwehr gibt es keine Aufzeichnungen über eine angebliche Kriegshilfe von Charles »Lucky« Luciano und Joseph »Socks« Lanza, weil es keine solche Hilfe gegeben hat.
Diese Enthüllung kam von Captain Roscoe MacFall, Marineoffizier im Ruhestand, bis 1944 Leiter der Marineabwehr und Vorgesetzter von Commander Charles R. Haffenden, zu einer Zeit, als die Führer der Unterwelt Kriegshilfe geleistet haben sollen.

Am 30. April 1948 billigte der Präsident der Vereinigten Staaten routinemäßig das Vorgehen der Pensionsanstalt für Marineangehörige und die Empfehlungen des Marineministers, und am 1. Mai wurde der Name von Commander Haffenden offiziell auf die Liste der pensionierten Offiziere gesetzt. Am 17. Mai erhielt Haffenden vom Marineminister, John Nicholas Brown, darüber eine offizielle Bestätigung und ein formelles Dankschreiben, das unter den gegebenen Bedingungen ironisch klingen mußte:

> In ihrer langen Laufbahn haben Sie miterlebt, wie unsere Marine zur mächtigsten der Welt wurde. Sie haben einen wertvollen Beitrag dazu geleistet. Ich bedaure, daß Sie beschlossen haben, in den Ruhestand zu treten, und möchte diese Gelegenheit wahrnehmen, um Ihnen meinen Glückwunsch und Dank für die unserem Staat geleisteten treuen Dienste auszusprechen. Ich wünsche Ihnen Glück und Gesundheit für viele weitere Jahre.

Vom 21. November bis zum 7. Dezember 1949, eineinhalb Jahre später, war Haffenden im Marinekrankenhaus in Bethesda, Maryland, zur Behandlung. Die Diagnose lautete: »Hypertonie und kardiovaskuläre Erkrankung.« Im März 1951 erhielt Haffenden ein Telegramm, das nach Saluda, North Carolina, dem Heimatort seiner Frau, einem kleinen Gebirgsdorf mit rund 600 Einwohnern, adressiert war. Gelegentlich zogen sich Haffenden und Gattin dorthin zurück, gaben aber ihr Haus in Flushing nie auf. Haffenden wurde nach Washington zitiert, um als Zeuge bei einer Verhandlung vor dem von Senator Estes Kefauver geleiteten Sonderausschuß zur Untersuchung des organisierten Verbrechertums im zwischenstaatlichen Handel zu erscheinen. Frau Haffenden erinnert sich an diese Reise:

> Wir fuhren hin. Mein Mann litt unter sehr hohem Blutdruck, um 250, er war auch anämisch und wurde von einem Arzt in Greenville, South Carolina, behandelt. Er war nervös, angespannt und hatte – wahrscheinlich infolge der Anämie – zeitweise Schwächeanfälle. Sobald er sich niedersetzte, schlief er ein. Er schien völlig erschöpft, zwang sich aber immerfort, etwas zu tun. Das Ergebnis waren Schwindel- und erneute Schwächeanfälle. Schwindelanfälle quälten ihn ständig, er konnte kaum gehen, er stolperte. Er fühlte sich niemals wohl. Es kam zu inneren Blutungen, und er war sehr geschwächt. Vor anderen Menschen tat er, als wäre alles

in Ordnung, er versuchte, sich zu überwinden. Nur seine Familie und sein Arzt wußten, wie es um ihn stand.

Nach der Ankunft in Washington, so erinnert sich Frau Haffenden, aß ihr Mann zu Mittag »mit einem Herrn, ich glaube, er gehörte zu dem Ausschuß, zum Kefauver-Ausschuß, und ich glaube, er besprach mit ihm Fragen im Zusammenhang mit seiner Zeugenaussage«.

Wie Frau Haffenden angab, habe dieser Herr für den Brief, den ihr Mann an Rechtsberater Breitel geschrieben hatte, Interesse gezeigt. »Und dieser Mann sagte, daß der Brief – daß mein Gatte in dem Brief gesagt hätte, Lucky Luciano sei für die Marine von großem Wert gewesen. Mein Gatte erklärte, nicht ›groß‹ gesagt zu haben, aber der andere Mann sagte, er hätte ›groß‹ gesagt. Da mein Gatte den Brief nicht mithatte, schlug der andere Mann ihm vor, bei seiner Zeugenaussage zu erklären, daß er mit ›groß‹ in dem Brief wahrscheinlich die Tätigkeit Lucky Lucianos überbewertet habe. Er habe nur gemeint, daß er seinem Vaterland gedient habe, und das Adjektiv ›groß‹ habe keine besondere Bedeutung gehabt.«

Haffenden erschien am Nachmittag des 15. März 1951 vor dem Kefauver-Ausschuß. Laut Protokoll wurde an jenem Nachmittag nachstehendes Gespräch geführt, das deutlich zeigt, wie die Aussage von Haffenden »manipuliert« worden war. Es beleuchtet und bestätigt außerdem die spätere Aussage von Frau Haffenden. Haffenden sagte genau das, worauf man ihn gedrillt hatte.

> Mr. (Rudolph) Halley (Anwalt): Haben Sie das Wort *groß* verwendet? Commander Haffenden: Anscheinend ja, man hat mir gesagt, daß ich das Wort *groß* verwendet habe. Ich muß das Ganze überschätzt haben. Ich habe mir allerdings nichts weiter gedacht. Sie·haben den Brief doch, oder nicht?

Die Zeugenaussage von Haffenden inmitten der grellen Lichter und der Fernsehkameras war eine Katastrophe. Wieder einmal erzählte er die Geschichte in völlig falscher zeitlicher Reihenfolge. Er sagte aus, der stellvertretende Distriktstaatsanwalt Gurfein sei auf die Idee der Zusammenarbeit mit der Unterwelt gekommen, obwohl Dutzende Menschen genau wußten, daß der ursprüngliche Anstoß dazu von der Marineabwehr stammte. Er sagte ferner aus, daß er Meyer Lansky erst 1950, bei der Hochzeit von Moses Polakoffs Tochter, kennengelernt habe, obwohl ebenfalls Dutzende Menschen sich genau daran erinnerten, daß er Lansky schon während des Krieges häufig getroffen hatte. Zu den Besuchen bei Luciano im Gefängnis sagte Haffenden: »Wenn überhaupt, so wurde das über das Büro von Herrn Hogan organisiert.« Mit phantastischen Anspielungen um sich werfend, erklärte er, es sei ihm nicht bekannt, ob Lucianos Informationen vor der Landung in Sizilien so wichtig gewesen seien, daß man ihm dafür eine »Gegenleistung« habe bieten müssen. Lucianos Informationen seien keine »große Sache« gewesen, sagte Haffenden. Schließlich meinte er, der Strafnachlaß sei Luciano wohl nicht nur aufgrund seines, Haffendens, Briefes gewährt worden, doch kenne er keinen anderen Umstand, der zu Lucianos Entlassung geführt haben könnte. Auf die Frage, ob die von Luciano gelieferten Informationen die Begnadigung gerechtfertigt hätten, antwortete Haffenden, das wisse er nicht, das sei »Sache des Gouverneurs«.

Nachdem Senator Kefauver zu Haffenden gesagt hatte: »Das genügt, vielen Dank«, unterbrach ihn Haffenden noch mit einem Wortschwall: »Ach, Herr Senator, ich möchte, daß Sie eine Tatsache ganz klar und deutlich zu Protokoll geben. Alle Erklärungen, die ich hier abgegeben habe – und ich glaube, daß dies klare und präzise Erklärungen waren –, sind meine Ansichten, sie spiegeln in keiner Weise die des Marineministeriums, ich meine des Abwehrbüros wider. Sie verstehen doch, weshalb ich das betonen möchte?«

»Jawohl, wir verstehen sehr wohl, daß Sie hier einzig und allein als Privatperson zu uns sprechen«, sagte Kefauver.

»Ich möchte eben betonen«, sagte Haffenden, »daß ich

hier als Privatperson und nicht als Vertreter des Ministeriums spreche.«

Rudolph Halley, der Anwalt des Ausschusses, fragte daraufhin: »Haben Sie den Brief im Zusammenhang mit einer vorzeitigen Entlassung ebenfalls als Privatperson geschrieben?«

Haffenden bejahte.

»Es handelte sich also nicht um einen Brief des Marineministeriums?«, fragte Kefauver.

»Nein«, antwortete Haffenden, »ich habe diesen Brief nicht als Marineoffizier geschrieben. Ich habe den Brief nicht einmal, Sie müssen ihn haben.«

Darauf gab es keine Reaktion mehr.

Versuchte Commander Haffenden in seinem nun völlig verwirrten Zustand die Marine zu decken, obwohl er dadurch zum Sündenbock wurde? Wollte er die Marine und ihre Interessen, wie die Marine sie damals verstand, schützen und seine eigene Person dabei vor die Hunde gehen lassen? Über die weiteren Verhandlungen vor dem Kefauver-Ausschuß sagte Haffendens Witwe, Mary Coates Haffenden, in der Herlands-Untersuchung traurig:

> Es scheint, daß er vor seiner öffentlichen Zeugenaussage die Angelegenheit (seinen Wunsch, die Marine zu schützen) mit diesem Herrn besprochen hat, daß er ihm die Sachlage erklärt hat. Aber während des eigentlichen Verhörs wurden ihm nicht die Fragen gestellt, die er erwartet hatte. Er dachte nicht, daß man ihm öffentlich die gleichen Fragen stellen würde wie in den privaten Gesprächen.
>
> Die Marine bestritt jede Kenntnis davon, daß Luciano in irgendeiner Weise benützt worden war. Sie hat meinen Mann in dieser Angelegenheit in keiner Weise gedeckt. Er hat den Leuten von der Marine immer versichert, daß er, sollte er je aussagen müssen, peinlich darauf achten werde, der Marine nicht zu schaden. Ich bin der Ansicht, daß alle, mit denen er in diesem Zusammenhang in Kontakt kam, Decknamen trugen und er ihre Namen nicht angeben konnte. Und weil er sie nicht mit der

Marine in Zusammenhang bringen und die Marine den Namen Luciano nicht erwähnen wollte, wollte auch er keine Unterweltleute mit der Marine in Zusammenhang bringen. Ich glaube, das war sein dringendster Wunsch.

Der Kefauver-Ausschuß beschäftigte sich auch weiterhin mit dem Luciano-Projekt und erhielt vom ehemaligen Distriktstaatsanwalt Gurfein eine korrekte Darstellung vom Ursprung des Projekts und von der zeitlichen Reihenfolge der Ereignisse. Doch der zweite Anwalt des Ausschusses, Roswell B. Perkins, bemerkte: »Gurfein behauptet, die Aussage Haffendens vor dem Ausschuß (im März) sei äußerst irreführend und in gewissen Punkten völlig falsch.« Er fügte noch hinzu: »Gurfein ist verärgert über die Tatsache, daß Halley nicht mit ihm gesprochen hat, bevor man Haffenden im Fernsehen erscheinen ließ. Trotzdem möchte er die ganze Angelegenheit lieber ruhen lassen und keine Richtigstellung vorbringen.«

Da man ihn entweder ignorierte oder ihm widersprach, war Haffenden im letzten Jahr seines Lebens kaum mehr bereit, über seine Tätigkeit im Zweiten Weltkrieg zu sprechen. Einmal traf er in New York zufällig Commander MacDowell. MacDowell berichtet: »Er hat den Ausschuß nicht einmal erwähnt. Er sagte nur, einmal werde es schon ans Licht kommen, daß er von seiner Quelle, nämlich von Luciano, wirklich Informationen erhalten hatte und daß diese Informationen für die Marine wertvoll waren. Ich sagte darauf, daß ich über die Angelegenheit lieber nicht sprechen würde, aber ich hatte den Eindruck, daß er das Gespräch deshalb begonnen hatte, weil er der Ansicht war, daß sein Ruf durch die ganze Publizität gelitten habe. Direkt hat er das allerdings nicht ausgesprochen.«

Frau Haffenden beschrieb das Dilemma ihres Mannes folgendermaßen: »Er wies alle Geschichten zurück, die im Zusammenhang mit seiner Person erzählt wurden. Zuerst behauptete er immer, daß er ›Lucky‹ Luciano benützt habe und daß ›Socks‹ Lanza der Mittelsmann gewesen sei. Washington – das Marineministerium – hat diese Behauptungen dementiert. Aber die Gerüchte häuften sich. Mein

Mann wollte gegen diese Gerüchte auftreten, sie dementieren, zögerte aber dann immer wieder, weil die Marine nicht bereit war, ihn zu decken.«

Frau Haffenden faßte ihre bemerkenswerte Aussage vor der Herlands-Kommission folgendermaßen zusammen: »Die Marine wollte es einfach nicht, daß ›Lucky‹ Luciano oder ein anderer Unterweltler mit der Marine in irgendeinen Zusammenhang gebracht werde.«

Sie wurde gefragt, ob die Bemühungen ihres Mannes von der offiziellen Haltung der Marine beeinflußt worden seien.« So war es«, antwortete sie.

Auf die Frage, ob diese Tatsachen bewiesen, daß ihr Mann unter allen Umständen die Politik der Marine unterstützen wollte, selbst auf die Gefahr hin, daß ihm daraus persönliche Schwierigkeiten erwachsen sollten, antwortete Frau Haffenden: »So war es, Schwierigkeiten nicht nur für ihn, auch für seine Familie.«

Vom 30. November bis zum 15. Dezember 1952 mußte sich Haffenden wegen innerer Blutungen zur Behandlung in das Marinekrankenhaus in St. Albans begeben. Vor Weihnachten kam er nach Flushing zurück und starb am 24. Dezember im Alter von 60 Jahren. In den Akten der Marine wird als Todesursache »Koronarthrombose, Arteriosklerose, Hypertonie« angegeben.

In der letzten Zeit vor seinem Tod arbeitete Haffenden als Handelsreisender für Diktaphone in New York, und da ihm hundertprozentige Invalidität attestiert worden war, erhielt er außerdem eine Invalidenrente. Sein Vermögen, darunter das Haus in Flushing, Versicherungspolizzen und ein zweitüriger Hudson, Baujahr 1951, belief sich auf insgesamt 27.061,66 Dollar. Das Verdienstkreuz hatte Radcliffe Haffenden nicht erhalten.

In der Zeit, als die Herlands-Kommission ihre Untersuchung durchführte, nämlich vom Januar bis September 1954, arbeiteten die meisten Personen, die am Luciano-Projekt beteiligt gewesen waren, in irgendeiner Form am Aufbau einer friedlichen Welt mit. Captain MacFall hatte sich vom Elften Marinedistrikt in San Diego zurückgezogen und lebte nun in dem angenehmen, am Meer gelegenen Vorort La Jolla, Monte Vista Avenue 7330. Sein Freund und ehemaliger Offizierskamerad, Captain Howe, bewohnte eine Ranch in den nahe gelegenen südkalifornischen Bergen. In La Jolla diktierte MacFall für Untersuchungsrichter Herlands seine grundlegende eidesstattliche Erklärung zum Luciano-Projekt und bekräftigte darin die Aussage, die er im August 1945 beim Elften Marinedistrikt gemacht hatte, wodurch natürlich alle seine im Februar 1947 der Presse gegebenen Dementis widerlegt wurden. MacFalls Erklärung wurde schließlich dem ehemaligen Marineoberst Angelo Cincotta in Gegenwart von Untersuchungsrichter Herlands vorgelegt. Cincotta sagte:

»Ich kann es nicht fassen, ich bin ganz bestürzt.«

Captain MacFall, der Leiter des Unternehmens Luciano, schrieb über die Angelegenheit an Herlands in einem letzten, sehr zurückhaltend formulierten Brief:

> Ich danke Ihnen vielmals für die bestätigte Kopie meiner Erklärung in der Angelegenheit Haffenden–Luciano. Ich hoffe, daß von mir nichts weiter verlangt wird. Ich habe nicht den Wunsch, in den Osten zu reisen, wenn es nicht unumgänglich notwendig ist.
>
> Vielleicht kommen Sie und Ihre Familie einmal hierher. Das Land ist interessant, selbst wenn man hier auf die Dauer nicht wohnen möchte. In meinem Garten blühen gerade jetzt die Blumen in ihren schönsten Farben, die Berge sind grün und prächtig anzusehen.

Die Marineabwehroffiziere, die unter Captain MacFall gedient hatten, am ersten Tag in Sizilien gelandet waren und an den Kämpfen in Italien teilgenommen hatten, hatten es alle weit gebracht. Commander Marsloe leitete die Ermittlungsabteilung der Spirituosenbehörde des Staates New York. Commander Alfieri war Chefinspektor der New Yorker Hafenbehörde, nachdem er stellvertretender Chefinspektor der Kriminalkommission des Staates New York gewesen war. Commander Titolo war Staatsanwalt, nach einer Zeit als stellvertretender Distriktleiter des

Preiskontrollamtes und als stellvertretender Staatsanwalt im Süddistrikt von New York. Leutnant Murray, ebenfalls Staatsanwalt, gehörte dem Senat des Staates New Jersey an.

Von den anderen Abwehroffizieren des Dritten Distrikts, die am Unternehmen Luciano teilgenommen hatten, war Commander Murphy, der frühere FBI-Beamte und Verantwortliche für Auswertung und Weiterleitung, einer der Leiter des Detektivbüros Pinkerton und überwachte die Rennplätze; Lieutenant-Commander MacDowell, Haffendens Nachfolger, war Dozent an der Wirtschaftsfakultät der Universität New York; Lieutenant-Commander Kelly, der Streifenpolizist aus New Rochelle, ließ sich 1953 im Rang eines Captains pensionieren und wurde Chef der Werkswache bei ACF Industries Incorporated, ehemals American Car and Foundry Company. Lieutenant-Commander Kemp, der Marineingenieur, arbeitete wieder auf seinem alten Posten als Zollinspektor im New Yorker Hafen.

Commander Kaitz, der am 6. Juni 1944 am sogenannten »Omaha Beach« in der Normandie gelandet war, leitete erst die Ermittlungsabteilung der Hafenkommission und wurde dann Chefinspektor der Kriminalkommission des Staates New York. Lieutenant-Commander Cowen, der Kommissar Lyons den ersten geheimen Brief über die Verlegung Lucianos überbracht und den Brief nachher in seinem Büro verbrannt hatte, heiratete nach dem Krieg. Seine Frau war die Marinehelferin Kathleen Mitchell, die Hüterin der Akten in der Abteilung F in New York, und sie ließen sich im Nordwesten des Staates New York nieder.

Captain Lindsay Henry, der bald da, bald dort in unserer Geschichte aufgetaucht ist, wurde 1947 zum Distriktstaatsanwalt von Suffolk County gewählt. 1950 wurde er wiedergewählt und blieb bis 1953 im Amt. Als aktiver Reserveoffizier war Captain Henry auch 1954 noch berechtigt, Schiffe auf See zu befehligen.

Captain MacFalls Zivilagent X verbrachte eine Zeitlang als Schlösser- und Schlüsselspezialist beim OSS und danach beim Detektivbüro Schindler; nun war er beim Arbeitsamt des Staates New York beschäftigt. Agent Y wurde nach seiner Partnerschaft mit Haffenden im Industrierädergeschäft Hausinspektor der Stadt New York. Agent H ging in Pension. Agent George Tarbox, der Künstler und Kartograph, der die Karte der Sizilien-Invasion geschaffen hatte, begann eben sein zwölftes Dienstjahr beim Distriktabwehrbüro des Dritten Marinedistrikts. Agent Willis George, der im Krieg beim OSS und auch auf dem europäischen Kriegsschauplatz gedient hatte, traf eines Tages im besetzten Deutschland zufällig Commander Kaitz; dieser war damals eben mit geheimen Ermittlungen über Kriegsverbrechen beschäftigt und bat George im Scherz, keinen seiner Tresore zu sprengen.

Captain MacFalls Vorgesetzte im Amt der Marineabwehr waren 1954 schon alle pensioniert. Der Spionagemeister ging im Rang eines Captains in Pension und hinterließ ein Erbe von rund 500.000 Namen in den Akten der Gegenspionage; er zog sich in einen kleinen Ort im Staat Oregon zurück. Der »Empfangsbürochef« trat als Konteradmiral in den Ruhestand und ließ sich in einer kleinen Gemeinde in Massachusetts nieder. Captain Wallace B. Phillips, der die Vernichtung der Akten des Dritten Abwehrdistrikts veranlaßt hatte, ging ebenfalls im Rang eines Konteradmirals in Pension und übernahm ein Spirituosengeschäft in Long Beach auf Long Island.

Von den zivilen Beteiligten am Unternehmen Luciano waren Strafvollzugskommissar Lyons und der Vorsitzende der Bewährungskommission, Moran, 1954 nicht mehr am Leben. Distriktstaatsanwalt Hogan, bereits zwölf Jahre im Amt, sollte noch weitere zwanzig Jahre lang der Justiz im Kreis New York den Stempel seiner anspruchsvollen Integrität aufdrücken. Der stellvertretende Distriktstaatsanwalt Gurfein beendete den Krieg als Abwehrchef der Abteilung für psychologische Kriegführung im Obersten Hauptquartier der Alliierten. Er erhielt die amerikanischen Auszeichnungen »Legion of Merit« und »Bronze Star«, das französische »Croix de Guerre« und den »Order of the British Empire«; 1954 war er Anwalt in der Kanzlei Judd und Gurfein in New York, später wurde er Richter beim

Appellationsgericht der Vereinigten Staaten. Ein anderer, der unter Haffenden Truppführer gewesen war, Lieutenant-Commander J. V. Keogh, wurde Mitglied des Obersten Gerichtshofs in Brooklyn. Der stellvertretende Distriktstaatsanwalt Pagnucco, der letzte Amerikaner, der Lucky Luciano offiziell befragt hatte, war Polizeirichter in New York.

1954 bekleidete Joseph F. Healy immer noch seinen alten Posten in der New Yorker Bewährungsbehörde. Gleichzeitig studierte er an der Universität New York klinische Kriminologie und Strafvollzugsmethoden und schrieb Abhandlungen über Gefängnisse, bedingten Strafnachlaß und Bewährung. Herlands bemerkte: »Für seine hervorragende Pflichterfüllung wurde er viele Male offiziell belobigt.« Auch Oberaufseher Vernon A. Morhous hatte immer noch denselben Posten im Gefängnis Great Meadow inne wie zur Zeit des Unternehmens Luciano.

Lieutenant-Commander James O'Malley jr., der am 7. März 1942 zusammen mit MacFall zum ersten Geheimtreffen in Hogans Büro gekommen war, hatte sich dank seinem Eifer oder dank der Achtung, die er genoß, vielleicht auch aus beiden Gründen, zum Hüter der Schicksale und Erinnerungen aller Teilnehmer am Unternehmen Luciano entwickelt. Nach Tätigkeit in der Justizabteilung des Marineministeriums und bei der amerikanischen Anklagebehörde für Kriegsverbrechen trat er als Teilhaber in die Anwaltskanzlei Leboeuf, Lamb, Leiby und Macrae in der Wall Street ein. Auf dem Bücherbord in seinem Büro stand eine signierte Photographie Captain MacFalls.

Die zweite geachtete Hüterin der Schicksale und Erinnerungen war Lilian G. Rosse, Gouverneur Deweys Privatsekretärin; sie behielt jene jungen Männer im Auge, nicht als ehemalige Marineoffiziere, sondern als frühere, noch jüngere Mitarbeiter Thomas E. Deweys während der großen Schlachten gegen das organisierte Verbrechertum in den dreißiger Jahren.

Am 17. September 1954 war der Herlands-Bericht zwar abgeschlossen, aber noch nicht veröffentlicht. Damals befand sich Lucianos außergewöhnliche Karriere bereits in unaufhaltsamem Niedergang. Der stolze Mann war in Italien systematischen Demütigungen ausgesetzt. Erst wurde der ehemalige Mafiaführer wegen Devisenvergehens, der illegalen Einfuhr von 57.000 Dollar nach Italien, verurteilt. Dann folgte eine Anzeige wegen illegaler Einfuhr eines ausländischen Automobils mit einem Kennzeichen von New Jersey, Anmeldungsjahr 1948. Luciano investierte in ein völlig legales sizilianisches Handelsunternehmen. Es wurde ein Verlustgeschäft; dazu wäre es nie gekommen, hätte die Mafia es nicht so gewollt.

Luciano, der nichts mehr liebte, als sich frei zu bewegen, fand sich von allen Seiten eingeschränkt. Ein Besuch in der westlichen Hemisphäre, nämlich in Havanna im Jahre 1947, war von kurzer Dauer. Im Januar angekommen, mußte er Kuba am 11. Februar wieder verlassen, weil der Beauftragte des amerikanischen Rauschgiftdezernats, Harry J. Anslinger, dem kubanischen Staatspräsidenten Ramon Grau San Martin mitteilte, daß die Vereinigten Staaten alle amerikanischen Medikamentenlieferungen nach Kuba einstellen würden, solange sich Luciano auf der Insel befinde. Er wurde des Landes verwiesen, und die Medikamentenlieferungen wurden wieder aufgenommen. Als Luciano nach Italien zurückgekehrt war, verweigerte die italienische Polizei ihm eine Aufenthaltsbewilligung für Rom. Auch in Mailand und in Sizilien war er unerwünscht, also ließ er sich in Neapel nieder. Zwar ein schöner Ort, doch für Luciano der einzige Ort.

Unter seinem ursprünglichen Namen Salvatore Lucana mietete er eine komfortable Wohnung in einem zweitklassigen Haus in der Via Tasso 464. Er wurde ständig von drei italienischen Behörden belästigt: von der *questura* (der Polizei), von der *finanza* (dem Finanzamt) und von den *carabinieri,* den Hütern der Staatsinteressen, einer Mischung aus amerikanischem FBI und britischer Palastwache. Das amerikanische Rauschgiftdezernat unterstützte die italienischen Behörden bei ihrer Überwachung durch einen ihrer besten Männer in Italien, Charles Siragusa, und durch einen FBI-Agenten an der amerikanischen Botschaft in Rom, der sich hauptsächlich um Luciano kümmerte. Auch die berühmte Interpol beobachtete die Wohnung in der Via Tasso 464. Fast unglaublich, aber wahr ist die Tatsache, daß auch die Marineabwehr vom amerikanischen Flottenstützpunkt in Neapel sich an der Überwachung Lucianos beteiligte. Ein gewisser Leutnant Clement sandte an das Rauschgiftdezernat einen Bericht von Giorgio Florita, *questore* (Polizeichef) von Neapel:

> Im Lauf des vergangenen Jahres hat Luciano insgesamt rund 5,400.000 Lire, ungefähr 8640 Dollar, bei Pferderennen verloren. Die Polizei von Neapel ist außerdem überzeugt, daß Luciano in den letzten Wochen Zahlungen als Anteil an Gangstergeschäften in Amerika erhalten hat. Diese Gelder wurden ihm von zwei oder drei Matrosen, die nicht identifiziert werden konnten, übergeben. Diese Matrosen waren Besatzungsmitglieder der amerikanischen Passagierschiffe *Independence* und *Constitution.* Die Polizei hofft, diese Matrosen zu einem späteren Zeitpunkt identifizieren zu können.

Am 5. Mai 1951, nachdem Luciano durch die Kefauver-Vernehmungen unerwünschte Publizität erhalten hatte, wurde er zum Finanzamt in Rom vorgeladen. Luciano, der in diesem Zusammenhang praktisch über alles befragt werden konnte, wurde von der *finanza* in einem Geheimbericht folgendermaßen zitiert:

> Von meiner letzten Reise nach Mailand kehrte ich nach Neapel zusammen mit (Joseph) Biondo zurück, den ich dann nach Messina begleitete. Biondo wollte dort Essigsäure kaufen. Der Kauf wurde nicht getätigt, weil der Preis zu hoch war. Von Messina kamen wir nach Neapel, Biondo fuhr nach Rom und von dort nach Amerika.

Diese Information war ein nützlicheres Beweismittel als der Großteil der Dinge, die im Kefauver-Ausschuß über die Bühne gegangen waren, da Luciano sich selbst mit dem geplanten Ankauf von Essigsäure, einem Grundstoff für

Heroin, in Zusammenhang gebracht hatte. Wie dem auch sei, diese und andere Hinweise konnten nicht so weit verfolgt werden, daß es für eine Anklage gegen Luciano gereicht hätte.

Presseberichte aus Amerika gaben klar und deutlich zu verstehen, daß man, sollte Luciano die Haftentlassungsbedingungen verletzen, seine Auslieferung nach Amerika verlangen könnte. Und sollte Luciano ausgeliefert werden, müßte er den Rest seiner Strafe von dreißig bis fünfzig Jahren verbüßen und wahrscheinlich bis 1986 im Gefängnis bleiben. Ein Verstoß gegen das Rauschgiftgesetz war gemäß dem zwischen den USA und Italien bestehenden Auslieferungsvertrag vom 23. März 1868 kein Grund zur Auslieferung. Ebensowenig konnte man für eine Verletzung der Strafentlassungsbedingungen ausgeliefert werden. Allerdings sah der Vertrag die Auslieferung für eine Reihe von Delikten vor, darunter Mord, Mordversuch, Einbruch, Raub, Fälschung, Herstellung oder Verbreitung gefälschter Banknoten sowie Veruntreuung zum Schaden eines Arbeitgebers und zum Schaden der Öffentlichkeit.

Luciano muß in den fünfziger Jahren auch das Schicksal seiner Kumpel drüben in Amerika als demoralisierend empfunden haben. Frank Costello war am Fernsehschirm zu sehen, wie er vor dem Kefauver-Ausschuß würdelose Versuche anstellte, sich aus der Klemme zu ziehen. Die Fernsehkameras zeigten seine ruhelosen Hände, und endlich hatte auch er in der Unterwelt einen Spitznamen: Frank »Hands« Costello. Joe Adonis wurde schließlich zum ersten Mal zu einer Gefängnisstrafe von acht bis 24 Monaten verurteilt, weil er vor dem Kefauver-Ausschuß fälschlicherweise geschworen hatte, amerikanischer Staatsbürger zu sein. Willie Moretti wurde vor einem Restaurant in New Jersey von vier Schlägern ermordet.

Von den Drahtziehern der Hafenarbeitergewerkschaft ILA wurde Johnny »Cockeye« Dunn im Alter von 38 Jahren im Gefängnis Sing Sing, wegen Mordes auf dem elektrischen Stuhl hingerichtet. Ein anderer Mörder, Jeremiah Sullivan, starb im Alter von 50 Jahren eines natürlichen Todes, nachdem er in Sing Sing weitere drei Jahre und vier Monate wegen Nötigung und Gelöbnisbruch abgesessen hatte. Beide Brüder Mangano waren verschwunden: Phillip war ermordet worden, Vincenzo war verschollen, wobei ebenfalls Mordverdacht vorlag.

Joe »Socks« Lanza saß mehr als sieben Jahre wegen Erpressung im Gefängnis, bis er schließlich auf Bewährung entlassen wurde. Er war durch seine Erfahrungen im Gefängnis Auburn dermaßen eingeschüchtert, daß er, als er vor die Herlands-Kommission geladen wurde, anfragte, ob er seinem Bewährungshelfer sagen müsse, daß er mit anderen Exekutivbeamten sprechen werde. Herlands überprüfte die Sachlage mit Hilfe von Margaret Grogan, die immer noch bei der Bewährungskommission beschäftigt war, und stellte fest, daß dem nicht so sei, was sie Lanza mitteilte. Ben Espy, der in Meyer Lanskys Vertriebsgesellschaft Emby gearbeitet hatte, wurde Büromanager in einer Brooklyner Hundefutterfirma. William »Tough Willie« McCabe starb am 28. Januar 1953 eines natürlichen Todes im städtischen Krankenhaus von New York.

Meyer Lansky, der patriotische Gangster, hatte nun ein neues Ideal. Von seinem Heim in Hollywood, Florida, aus startete »Little Man« Lansky eine Riesenkampagne für amerikanische Unterstützung des Staates Israel. Zur Zeit seines Verhörs durch Herlands im Jahr 1954 war er einer der prominentesten Gangster Amerikas und zugleich ein leidenschaftlicher Kämpfer für die Freiheit in Übersee. Lansky lebte noch lange und übte großen und durchaus nicht immer illegalen Einfluß aus.

Zuletzt, aber nicht als Geringster, wie es in der Mafia-Hierarchie häufig der Fall ist, war da Mikey Lascari, Lucianos treuer Vasall. Kurz nach dem Krieg überließ Lascari sein kleines Musikautomatengeschäft, Riverside Music Company, einem Bruder Lucianos, der arbeitslos war. Das Geschäft soll nicht mehr als 5000 bis 6000 Dollar wert gewesen sein. Bei einem Italien-Besuch im Jahre 1950 gab Lascari Luciano 2500 Dollar. Und 1951 arbeitete er für eine Tabakgesellschaft, die an einer Firma für Belieferung von Miethäusern mit Waschmaschinen, Wäscheschleudern und Trocknern beteiligt war.

Moses Polakoff, Lucianos Anwalt, hatte mit einigen persönlichen Schwierigkeiten zu kämpfen, die er allerdings ohne Prestigeverlust in den New Yorker Juristenkreisen überwinden konnte. Im Zusammenhang mit seiner Aussage vor dem Kefauver-Ausschuß tauchte ein neues merkwürdiges Detail der Luciano-Geschichte auf. George H. White, ein Beamter des Rauschgiftdezernats, sagte aus, im Mai 1943, als er in der Armee diente, sei an ihn ein gewisser August Del Grazio, eine im Rauschgifthandel bekannte Figur, mit einem Angebot herangetreten: Luciano sei bereit, gegen bedingte Entlassung der Armee gewisse Dienste zu leisten. White sagte ferner aus, daß Del Grazio ihm mitgeteilt habe, er handle im Namen von Frank Costello und dessen Anwalt George Wolf und im Namen eines anderen Anwaltes, nämlich Moses Polakoffs. Polakoff schrieb am 27. März 1951 an Senator Kefauver, er kenne Del Grazio nicht und habe noch nie seinen Namen gehört, »ich habe eine solche Person niemals beauftragt, in meinem Namen oder im Namen von Luciano irgend etwas zu unternehmen«. Wolf, der 1943 Luciano und später Costello vertreten hatte, bestritt ebenfalls unter Eid Whites Behauptungen.

Als Herlands drei Jahre später White unter Eid darüber befragte, konnte dieser keinerlei Beweise für seine Behauptungen erbringen. Del Grazio war im April 1949 im Krankenhaus Lenox Hill eines natürlichen Todes gestorben. Seine Witwe kannte White nicht persönlich, sondern hatte nur seinen Namen gehört.

Moses Polakoff konnte vor der Herlands-Kommission von allen Zeugen am besten erläutern, wieso das Unternehmen Luciano so gut funktioniert hatte. Auf die Frage Herlands, wieso Luciano, der praktisch sein ganzes Leben in Amerika verbracht hatte, über Informationen verfügen konnte, die für die Kriegführung wertvoll waren, antwortete Polakoff:

> Ich kann Ihnen nur das sagen, was mir Haffenden berichtete und was vielleicht sogar allgemein bekannt ist. Persönlich glaube ich nicht, daß Luciano im Gefängnis

selbst viel tun konnte, doch die Italiener scheinen gewissen Personen besonderen Glauben zu schenken, ihnen besonderen Respekt entgegenzubringen. Die Marineabwehr und auch andere waren der Ansicht, daß Luciano eine solche Person war. Und ich glaube, daß er unter den Italienern tatsächlich Einfluß besaß.

Entrüstet über die Zumutung, Luciano oder er selbst hätte die ganze Sache ausgeheckt, sagte Polakoff:

> Auf jeden Fall möchte ich darauf hinweisen, daß der Gedanke, er könnte helfen, nicht von ihm oder von mir, seinem Anwalt, ausgegangen ist, sondern von der Marineabwehr oder von anderen, die der Marineabwehr die Idee gaben, daß er vielleicht imstande wäre, gewisse Dienste zu leisten. Und es scheint doch, daß er tatsächlich nützlich gewesen ist, vor allem an den Docks und unter den Fischerleuten im Hafen.
> Dafür jedenfalls kann man die Verantwortung nicht Luciano zuschieben, denn der Vorschlag kam weder von ihm noch von mir.

Kurz vor dieser Zeugenaussage vor der Herlands-Kommission war Polakoff mit seinem Klienten Luciano in Italien zusammengetroffen. »Das hat sich auf merkwürdige Weise ergeben«, erinnerte sich Polakoff:

> Wir waren zum Abendessen in einem Lokal in Capri, als etwa zehn Meter entfernt ein Kellner eine Flasche Champagner öffnete. Der Kork flog in die Luft, der Champagner schäumte über und floß auf das Kleid einer Dame. Man stand auf und lachte. Da sah ich – gerade im Begriff wegzugehen – an diesem Tisch Luciano.
> Wir ließen die anderen gehen und sprachen ein paar Worte miteinander. Er fragte, ob wir uns treffen könnten, ich sagte darauf, natürlich, gerne, und wir verabredeten uns für den nächsten Abend um 17.30 Uhr in einem Gartenrestaurant. Am nächsten Abend saßen wir dann rund 40 Minuten beisammen und sprachen über das Aufsehen, das da entstanden war.
> Darüber, daß sein Name immer wieder in den Zeitungen

auftauchte, daß immer wieder gefragt wurde, warum man ihn freigelassen hatte, und über das ganze Drum und Dran. Er sagte: »Nur die Politik steckt dahinter, wenn die nur endlich aufhören würden, über mich zu reden, aber wahrscheinlich kann man dagegen nichts tun.« Wir unterhielten uns dann noch über allgemeine Dinge, und er fragte: »Könnten wir zusammen abendessen?« Ich sagte, gerne, wenn ich allein wäre, aber ich bin mit anderen Leuten hier. Er meinte, das könne er verstehen, und fragte, wie lange ich bleibe, und ich sagte, noch drei Tage. Ich habe es ihm hoch angerechnet, daß er mein Hotel während dieser Zeit nicht betreten hat.

Damals sagte er mir, das ganze Gerede sei lauter Unsinn. All das Zeug, warum der Gouverneur ihn gehen ließ, und die Anspielungen auf Wahlspenden. Er sagte: »Nichts als Quatsch.«

Herlands fragte Polakoff, ob Luciano gesagt habe, sein Kriegsbeitrag sei ein Mythos oder ein Schwindel gewesen. »Nein«, antwortete Polakoff, »das hat er nicht gesagt.« Als Herlands einwendete, Mike Stern habe in seinem Buch *No Innocents Abroad* behauptet, daß Luciano ihm gegenüber die ganze Geschichte als Schwindel bezeichnet hätte, erwiderte Polakoff: »Herr Herlands, Sie sollten schon bemerkt haben, daß man ohne jedes Risiko Luciano alles in den Mund legen kann, was man will. Dementis von ihm werden nicht akzeptiert. Klagen kann er einen nicht. Er muß einfach alles schlucken.«

Polakoff schilderte Lucianos andere Leiden:

Er erzählte, daß ihn die Polizei festgenommen und verhört hatte. Luciano sagte der Polizei schließlich: »Wenn ich was Unrechtes getan habe, dann steckt mich doch ins Gefängnis. Ihr beobachtet mich doch auf Schritt und Tritt und wißt genau, daß ich mir nichts zuschulden kommen lasse.« Die Polizei hat dann zuletzt gesagt: »Laßt ihn laufen.« Er sagt, er hat sich wirklich nichts zuschulden kommen lassen. Er führt ein bescheidenes Leben. Und er möchte gerne hierher zurückkommen.

Aber ich habe ihm erklärt, daß das unmöglich ist, und er hat es auch eingesehen.

Polakoff berichtete der Herlands-Kommission ferner, daß Luciano ihm gesagt habe, er wisse, daß er »Glück gehabt habe und daß niemand, weder direkt noch indirekt, für seinen Strafnachlaß eine Gegenleistung erhalten habe«.

In den späteren Jahren seiner Deportation konnte Luciano, gestrandet in schäbig werdendem Luxus und umhüllt von den Nebeln der Vergangenheit, sich immer noch Leihwagen, Frauen, seidene Morgenröcke leisten, aber der eleganteste Gangster der dreißiger Jahre war weit herabgekommen; er begann nun, ähnlich wie Haffenden vor seinem Tod, konfuse Erklärungen abzugeben. In einem United-Press-Interview über seinen Kriegseinsatz sagte Luciano: »Man hat mich *nicht* deshalb freigelassen, weil ich den Vereinigten Staaten im letzten Krieg besondere Dienste geleistet habe, sondern weil die amerikanischen Gerichte meine völlige Unschuld erkannt haben.« Aber Associated Press gegenüber erklärte er: »Ich wurde begnadigt, weil ich den Vereinigten Staaten große Dienste geleistet habe und weil man schließlich eingesehen hat, daß ich unschuldig war.«

Tatsächlich hat Luciano den Vereinigten Staaten und Italien besondere Dienste geleistet, in einer unwahrscheinlich wirkenden lichten Episode seines Lebens voll dunklerer Taten. Er hätte irgendwie von der Bildfläche verschwinden sollen, solange das Lichte noch vorhielt. Bildlich gesprochen, hätte er an Bord der *Laura Keene* Abschied nehmen und sich in Nichts auflösen sollen. Am 17. September 1954 schrieb Untersuchungsrichter Herlands in seinem Bericht:

Die aufgeworfenen Probleme können in Form von zwei Fragen formuliert werden, wobei wir aus der Erklärung des Gouverneurs zur Strafaussetzung zitieren:
1. Haben »die Streitkräfte sich an Luciano gewandt«, mit dem Ersuchen, er möge »andere Personen veranlas-

sen, Informationen über möglicherweise geplante feindliche Angriffe zu beschaffen«?
2. Hat es den Anschein, daß er dabei »kooperiert hat«?

»Die Antwort auf beide Fragen«, schlußfolgerte die Herlands-Kommission, »lautet: Ja.«

Dieses kategorische, unwiderlegliche »Ja« führte zu dem Verlangen der Marine, den Bericht nicht zu veröffentlichen. Doch dieses »Ja« war auch das Urteil der Geschichte. Der Leiter der Marineabwehr hatte Herlands bestätigt, daß die Marine Lucianos Leistung als »nützlich« betrachtete. Dennoch hielt die Marine das Unternehmen Luciano anscheinend für eine peinliche Episode, die man lieber vergessen wollte. In Wirklichkeit war das Unternehmen ein kleiner Beitrag zum Sieg in dem größten Krieg, in den die Menschheit je verwickelt war – und die Marine sollte stolz auf diesen Beitrag sein. Ehrung, nicht Schmähung gebührt den Offizieren der Marineabwehr, die sich dabei ausgezeichnet haben, den zivilen Beamten, die das ganze ermöglichten, und nicht zuletzt den *mafiosi,* die damals bewiesen, daß sie auch Gutes tun konnten. Denn in jenem Krieg ging es um Sein oder Nichtsein.

Charles »Lucky« Luciano starb am 26. Januar 1962 in Neapel im Alter von vierundsechzig Jahren. Seine Leiche wurde mit dem Flugzeug in die Vereinigten Staaten gebracht und auf dem Friedhof der St.-Johns-Kathedrale im New Yorker Stadtteil Queens beigesetzt.

Bibliographie

Die Nachforschungen des Autors konzentrierten sich soweit wie möglich auf die umfangreichen Akten der Herlands-Untersuchung, die zwischen dem 28. Jänner und dem 17. September 1954 stattfand und die sich zeitgenössischer Zeitungen und Zeitschriften bediente, um ihre Primärquellen wie Aussagen von persönlich Betroffenen, eidesstattliche Erklärungen und Protokolle von Besprechungen zu ergänzen. Die folgenden Bücher wurden für zusätzliche Beschreibungen des Hintergrunds der Ereignisse und der Persönlichkeiten, die in den Herlands-Akten erwähnt werden, herangezogen:

Barzini, Luigi, *The Italians,* Atheneum, New York 1964.

Bekker, Cajus, *Hitler's Naval War,* Doubleday, New York 1975.

Blumenson, Martin, *Siciliy: Whose Victory?,* Ballantine History of the Violent Century, London, ca. 1960.

Cave Brown, Anthony, *Bodyguard of Lies,* Harper & Row, New York 1975.

Churchill, Winston S., *The Second World War,* Band V, *Closing the Ring,* Houghton Mifflin, Cambridge 1951.

Cunningham, Barry und Pearl, Mike, *Mr. District Attorney,* Mason/Charter, New York 1977.

de Beaumont, Gustave und de Tocqueville, Alexis, *On the Penitentiary System in the United States,* Carey, Lee & Blanchard, Philadelphia 1833.

Dewey, Thomas E., *On the Two-Party System,* Doubleday, New York 1966; ders., *Twenty Against the Underworld,* Doubleday, New York 1974.

Eisenhower, Dwight D., *Crusade in Europe,* Doubleday, New York 1948.
Foot, M. R. D., *Resistance,* McGraw-Hill, New York 1977.
Forbes, Colin, *The Palermo Ambush,* William Collins & Sons & Co., London 1972.
Fuller, J. F. C., *The Second World War,* Eyre & Spottiswoode, London 1948.
Gage, Nicholas, *The Mafia is Not an Equal Opportunity Employer,* McGraw-Hill, New York 1971.
Gambino, Richard, *Blood of My Blood,* Doubleday, New York 1974.
Gosch, Martin A. und Hammer, Richard, *The Last Testament of Lucky Luciano,* Little Brown, New York 1974.
Irving, David, *Hitler's War,* Viking, New York 1977.
Kefauver, Estes, *Second Interim Report of the Special Committee to Investigate Organized Crime in Interstate Commerce (S. R. 202), 81st Congress,* U. S. Government Printing Office, Washinton D. C. 1951.
Kesselring, Albert, *Soldat bis zum letzten Tage,* Bonn 1953.
Kurzman, Dan, *The Race for Rome,* Doubleday, New York 1975.
Lenton, H. T. *German Warships of the Second World War,* Arco, London 1969.
Lewis, W. David, *From Newgate to Dannemora. The Rise of the Penitentiary in New York 1796–1848,* Cornel University Press, 1965.
Mason, David, *U-Boat: The Secret Menace,* Ballantine History of the Violent Century, London ca. 1960.
Mastermann, J. C., *The Doublecross System,* Yale University Press, New Haven 1972.
Middlebrook, Martin, *Convoy,* Morrow, New York 1976.
Mitford, Jessica, *Kind and Usual Punishment: The Prison Business,* Knopf, New York 1973.
Montgomery, Bernard L., *The Second World War,* Band I: *From Alamein to the Sangro,* Hutchinson, London 1946.
Morison, Samuel Eliot, *The Two Ocean War: Sicily, Salerno and Anzio,* Atlantic Monthly Press, Little Brown, Boston 1963.
Powell, Hickman, *Lucky Luciano: Ninety Times Guilty,* Citadel Press, New York 1975.
President's Commission on Law Enforcement and the Administration of Justice, *The Challenge of Crime in a Free Society,* U. S. Government Printing Office, Washington D. C. 1967.
Reid, Ed., *The Shame of New York,* Random House, New York 1953.

Roosevelt, Kermit, *The Overseas Targets: War Report of the OSS*, Band II, Walker & Co, New York 1976.
Singer, Kurt, *Spies who Changed History*, Ace-Star, New York ca. 1960.
Smith, E. D., *The Battles for Cassino,* Ian Allan, London 1975.
Smith, R. Harris. *OSS,* University of California Press, Berkeley 1972.
Stevenson, William, *A Man Called Intrepid,* Harcourt Brace Jovanovich, New York 1976.
Tripp, C. A., *The Homosexual Matrix,* McGraw-Hill, New York 1975.
Turkus, Burton B. and Feder, Sid, *Murder, Inc.,* Farrar, Straus & Young, New York 1951.
von der Porten, Edward P., mit einem Vorwort von Karl Dönitz, *The German Navy in World War II,* Galahad Books, New York 1969.
Wilmot, Chester, *The Struggle for Europe,* William Collins Sons & Company, London 1952.
Winterbotham, F. W., *The Ultra Secret,* Harper & Row, New York 1974.

Das Gefängnis Great Meadow, wo die Mafia-Gipfeltreffen mit Luciano über die Zusammenarbeit mit der Marine stattfanden. (Strafvollzugsbehörde des Staates New York)

Luciano verbirgt sein Gesicht, als er am 9. Januar 1945 das Gefängnis Great Meadow verläßt. Er ist auf dem Weg nach Sing-Sing, wo er bis zur Deportation verbleiben soll. (Photo »Wide World«)